U0895204

教育部人文社会科学研究规划基金项目（17YJA790098）资助出版

技术进步的贸易条件效应模型及应用

JISHU JINBU DE MAOYI TIAOJIAN XIAOYING MOXING JI YINGYONG

郑列　李刚　郑江松　著

中国财经出版传媒集团
经济科学出版社
Economic Science Press

图书在版编目（CIP）数据

技术进步的贸易条件效应模型及应用／郑列，李刚，郑江松著．—北京：经济科学出版社，2021.1
ISBN 978-7-5218-2123-9

Ⅰ.①技…　Ⅱ.①郑…②李…③郑…　Ⅲ.①技术进步-贸易条件-研究　Ⅳ.①F742

中国版本图书馆 CIP 数据核字（2020）第 237364 号

责任编辑：凌　健　杜　鹏
责任校对：蒋子明
责任印制：王世伟

技术进步的贸易条件效应模型及应用
郑　列　李　刚　郑江松　著
经济科学出版社出版、发行　新华书店经销
社址：北京市海淀区阜成路甲 28 号　邮编：100142
总编部电话：010-88191217　发行部电话：010-88191522
网址：www.esp.com.cn
电子邮箱：esp@esp.com.cn
天猫网店：经济科学出版社旗舰店
网址：http://jjkxcbs.tmall.com
固安华明印业有限公司印装
710×1000　16 开　18 印张　280000 字
2021 年 1 月第 1 版　2021 年 1 月第 1 次印刷
ISBN 978-7-5218-2123-9　定价：76.00 元

前言

贸易条件是一国贸易利得的指示器，贸易条件变化及其背后的原因一直是国际经济学界关注的重点。众多学者不断引入新的变量来进行相关分析，技术进步因子自然也是其中之一。但随着新一轮全球分工的纵深发展，基于传统国际分工理论的分析已与现实严重不符。

在实践中，包括中国在内的众多发展中国家在沿着技术进步促进贸易发展的这条路径不断前行的同时，发现自己已经掉进了“贸易贫困化增长”的陷阱。然而，技术进步已经并将继续成为全球经济的主旋律，任何一国都只能通过持续的技术进步才能应对激烈的国际竞争。也就是说，我们将不得不继续“作茧自缚”。这是一个亟待解决的悖论，也是本书的写作动机所在，以期通过本书来探究其根源并找到解决之钥。

当前的经济现实告诉我们，普雷维什提出的“技术依赖性经济”将继续在长时期内存在，技术依赖性贸易模式的影响将进一步扩散，各国的技术水平和贸易模式将会不断地发生动态变动，技术作为一种生产要素已经被世界各国所接纳，技术进步在世界各国内部持续进行，只是在速度上存在差异。为此，本书沿着巴格瓦蒂、普雷维什的分析思路，基于“相对相对”假设和“均衡分析”框架，分三类技术进步并按照不同的国家、行业类型来探讨其对贸易条件变动的影响，分析其最终的福利效应。整个分析可以分为一般理论分析和具体实践验证两大部分。

就一般理论分析而言，本书先分析不同类型技术进步的贸易条件效应，进而得出两者之间的基本影响关系。在此基础上，对技术进步状况和贸易条件变动的福利效应进行了合理的评价。

在三类技术进步中，对生产率增长型技术进步的研究成果相对较为丰富，而对产品创新、工艺创新类技术进步的已有分析模型是建立在传统的南北创新——扩散假定上的，已经不再适用。为此，本书将基于一个统一的“相对相对”假设前提，分三种情形来尝试地进行“均衡分析”。

经济学界一致认为，产品创新类技术进步与工艺创新类技术进步属于典型的“嵌入式技术进步”，或称为物化型技术进步。而生产率增长型技术进步只是在人力资本理论兴起之后，才将其作为另一种“嵌入式技术进步”。同时，后者通常会是前两者的一个经济后果。为此，先对两类创新类技术进步的贸易条件效应进行分析也就在情理之中。

产品创新类技术进步的最终经济效果就是出现了新产品或产品质量提高。本书从小企业和大企业的产品创新对供给和需求影响的一般规律出发，逐步推导出小国和大国情形下的一般变动规律，进而又将其拓展到考虑“劣质性商品”的情形。

工艺创新类技术进步的一个最重要特征就是影响企业的生产成本，本书在回顾成本定价理论的基础上，利用成本加成定价理论，沿着小企业和大企业工艺创新对产品成本和价格影响的一般规律，逐步推导出小国和大国情形下的贸易条件变动规律。

对于生产率增长型技术进步，作者尝试将实际汇率对进出口价格的传导理论和HBS推断理论相嫁接而建立了同一个假设前提，进而构建了大国和小国情形下的生产率增长型技术进步—实际汇率变动—进出口价格变动—贸易条件变动的基本分析框架。

通过以上三个层面的理论分析，我们可以得出一个初步判断，即技术进步是改善贸易条件的有力途径，只是，不同行业发生的不同类型的技术进步对贸易条件的影响机制不同。为此，各国不同行业的技术进步状况就成为决定一国贸易条件及其变动的重要变量，而贸易条件变动所致的福利变动更是我们重要的关注点。已有的分析主要是从一个静态的角度展开，也没有回到引致贸易条件变动的原因本身，本书试图构建一个技术进步—

贸易条件变动—福利变动三者统一的分析框架，从动态的视角，分小国情形和大国情形来考察技术进步所致的贸易条件变动的福利效应，并应用这一框架，重点考察了“贸易贫困化增长”理论。我们得出了一个基本结论，即从静态来看，广大发展中国家并不普遍存在“贫困化增长”；可从动态来看，广大发展中国家正在“贫困化增长”的泥沼中挣扎。

毫无疑问，任何一种理论最终都要为实践服务，尤其需要经得起实践的检验。一个国际化问题的研究必须能应用于各种情形国家的实践，而“中国现象”是一个特殊的经济现实，中国实践自然又可以成为进一步印证的现实依据。通过国际和国内两个层次来进行经验数据的验证也就构成了本书的一个主要任务。

就实践印证的两个层面来说，无论是发达国家与其他发展中国家的经验数据，还是中国的经验数据都表明，已有的理论分析完全能够得到实践佐证。

以美国为首的一些发达国家的经验数据有力地证明了产品创新类技术进步与工艺创新技术进步是其贸易条件持续改善的重要原因，它们的强势本币政策为其贸易条件稳定与改善提供了保障。

基于中国经验数据而建立的产品创新类技术进步面板模型表明，我国进行的产品创新对出口价格和贸易条件有明显的改善作用，而且，这一作用在技术密集型行业要相对明显，而劳动密集型产业要相对较弱。同样，工艺创新类技术进步面板模型表明，我国的一些相关企业进行的工艺创新能够有效地降低成本、提高价格，并且，这一作用在技术含量高的企业相对明显。而对于生产率增长型技术进步的贸易条件效应的实证研究表明，在我国不仅存在着 HBS 效应，还存在着稳定的实际汇率传导，且对出口价格的传导弹性要大于进口价格的传导弹性，中国的实际汇率变动与贸易条件变动存在着明显的一致性。

理论考察和实证分析，为“技术进步是改善贸易条件的有力途径，不同类型的技术进步对贸易条件和国民福利的影响是有差异的”这一判断提供了充分支持，从而将最终标靶指向了“技术进步”，技术进步状况成了决定因素。

通过技术进步状况评价研究，可以发现，我国的几个主要出口行业的技术效率较低，我国的技术密集型行业的整体技术效率相对偏低，但低技术、中技术、高技术行业的技术效率呈现出倒“V”型分布；一些劳动密集型产业在短期内提高技术效率的手段仍是提高劳动生产率，技术密集型行业则主要靠技术创新。同时，在此基础上进行的技术进步所致的贸易条件变动的福利效应的实证分析又进一步印证了这一结论。

借助于这一系列分析的支持，作者大胆地对我国的贸易条件变动作出三个判断，即我国的贸易条件变动将会呈“N”型；贸易条件恶化的主要原因在于生产率增长型技术进步占了主体，而创新类技术进步能力不足；我国并不存在巴格瓦蒂眼中的“贸易贫困化增长”，但是正处于动态意义上的“贫困化增长陷阱”中。基于这三个判断，作者提出相应的政策建议。其基本思路又可以归结为“一条主线、五个着力点”。

“一条主线”就是引入汇率政策、竞争政策、分配政策等政策工具，合理地确立不同时期的主导政策，促成其与产业政策、贸易政策之间的有效、动态协调。

“五个着力点”就是产业政策的基本思路要以全球化视野进行产业政策的适时制定、调整与协调；政策目标以构建产业内动态比较优势为起点，以期最终获得整体比较优势；政策方向从单纯的重视出口产业向进出口产业并举转变；政策方式逐步从单纯的“选择性产业政策”向“功能性产业政策”转变；政策重点则从注重劳动力就业向提高相关产业技术水平与能力过渡。

竞争政策的基本思路就是基于全球市场的动态变化而进行竞争政策的适时出台、调整与协调；政策目标以保障我国相关企业、产业技术战略实施为起点，以期涵养国家竞争优势；政策方向与方式逐步从“一种产业政策武器”向“市场调控手段”转变；政策重点则在于建立以严格知识产权保护为基础的有效竞争环境。

贸易政策调整的基本思路就是要逐步实现“以进促出、进出协调”；

政策目标以提高我国企业、产业国际竞争力为基点，以期实现跨期、动态福利最大化；政策方向与方式逐步从“单一政策”向“综合性、战略性政策”转变；政策重点则在于建立适合我国经济成长与发展、福利提高的国际、国内经贸环境。

汇率政策的基本思路就是着眼于经济金融全球化的大趋势引入汇率政策，并将其目标定在促成名义有效汇率以及生产率影响下的实际汇率的变动均有利于促成实际汇率与贸易条件之间的均衡变化上，形成汇率政策与贸易政策、产业政策、技术政策之间的联动机制。

分配政策的基本思路就是将 SA8000 引致的挑战变为机遇，按照其基本框架进行分配制度的改革与完善；政策改革则继续沿用“先试点后推广”的方式；政策目标在于促进劳动报酬的稳步上升，提高相关产业的国际竞争力与整体福利，建立社会主义和谐社会。

技术进步的贸易条件效应模型及应用研究得到了教育部人文社会科学研究规划基金项目“基于马尔科夫链－蒙特卡洛（MCMC）方法的高维复杂纵向数据建模及应用”（项目编号：17YJA790098）的支持。作者主要得到了中国人民大学谷克鉴教授的悉心指导与无私帮助，也有幸得到中国人民大学马龙龙教授、李金轩教授、黄国雄教授、杨昌举教授、王亚星教授、陈淮教授、曹厚昌教授、李悦教授、陈甬军教授，中国社会科学院高涤陈研究员、郭冬乐研究员、白仲尧研究员、于立新研究员的及时指点，在此致以诚挚感谢。

由于水平有限，书中难免有疏漏之处，恳切希望读者指正。

作 者
2021 年 1 月 3 日
于湖北工业大学

目　　录

第1章　导　　论

1.1　研究背景

1.1.1　理论背景

“贸易条件”是国际贸易理论研究的两大基本问题之一，“贸易条件变动”在现代经济史中扮演着日益重要的角色，在分析当前的国际经济问题及部门间经济问题并寻找解决政策中起一个中心作用。[①] 国际经济学界更是从各个层面来探寻贸易条件变动的原因及其福利效应，而在已有的分析中需求面占了主体，生产面相对薄弱。表面看，贸易条件的变动也许确实是一个纯粹的外生事件，但是，外贸是一种需要付出很多努力的活动。进口者和出口者必须不断地从国际市场上搜寻更好的机会，国内生产者必须合理配置资源以使自己能够利用现有的比较优势，并一直盯住新的比较优势，这些活动都需要资源，它们都是生产过程的一个紧密部分[②]。而生产面中的一个重要决定变量是技术进步，古典贸易理论、新古典贸易理论聚集偏向型生产率增长型技术进步对贸易条件的影响及其福利效应，而新要素比例理论、基于内生增长理论基础上的新贸易理论开始纳入熊彼特的

① ROSTOW W W. The Historical Analysis of Terms of Trade［J］. The Economic History Review, New Series, 1951, 4 (1): 53－76.

② ULRICH Kohli. Real GDP, Real Domestic Income, and Terms-of-trade Changes［J］. Journal of International Economics, 2004 (62): 102.

“创新”概念，拓展技术进步理论，在南北贸易框架下，考察产品创新型、质量提高型技术进步对贸易条件波动及国民福利的影响。可是，在“创新”成为世界发展重要动力源时，一些发展中国家也已经逐步构筑起产品创新、工艺创新的平台，并成功地促成了本国贸易的发展，传统的南北框架已经不再适用于高速发展的经济现实，并且与原有的分析生产率增长型技术进步的贸易条件效应的框架大相径庭。为此，在理论上需要沿着经济学的基本逻辑，构建一个统一的框架来分析技术进步的贸易条件效应，并在此基础上探究技术进步引致的贸易条件变动所带来的国民福利变化。

1.1.2 实践背景

“东亚奇迹”的成功创造促使世界各国尤其是发展中国家以各式各样的对外贸易战略来促进经济增长，世界贸易额尤其是发展中国家的对外贸易额急剧上升。但是，全球经济知识化、信息化趋势的不断加深，直接强化了第二次技术革命以来的技术依赖性特征，促使各国尤其是发展中国家进一步重视技术进步，不断在各个行业，无论是出口行业，还是进口竞争行业努力提高其技术水平，以期更多地获取贸易利得。可是，这些国家的上空总是不断拉响“贸易贫困化增长”的警报。如图 1 – 1 所示，发展中国家的贸易条件指数从 1980 年以来持续恶化，20 世纪 90 年代中期曾短暂改善，但从 1997 年开始又大幅下降；可与此同时，发达国家却持续改善。

作为发展中的大国，中国在积极推进改革开放的同时，努力实施技术创新战略，促成技术进步与升级，提升进出口贸易中的技术含量，并取得了相应的进展。例如，我国各行业的技术水平不断提升，生产率快速提高，中国的信息产业、机电产业等技术密集型产业得到了高速发展，出口数量及其相对比重日益增大；我国对外贸易量迅速扩大，已经成为世界第三大贸易国。在一定程度上，技术因素已经并将继续影响我国的国际贸易活动。可是，在这一过程中，我国整体及各行业的贸易条件却呈现出引人注目的变化。

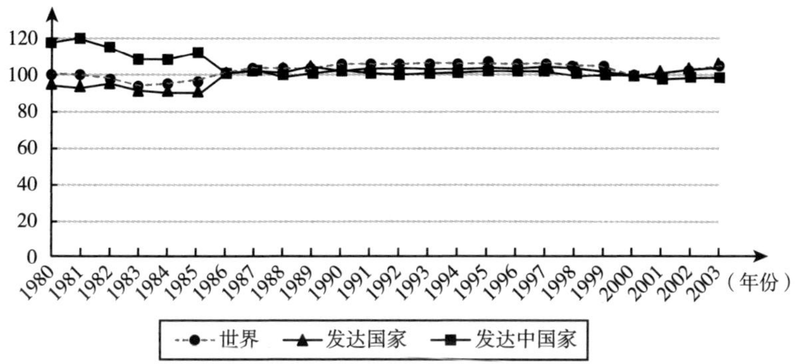

图1-1 贸易条件指数变化图（1980~2003年，2000=100）

资料来源：联合国贸易发展会议统计数据库，http：//stats. unctad. org/handbook/ReportFolders/ReportFolders. aspx？IF _ ActivepathName = P/II. % 20Trade% 20and% 20commodity% 20price% 20indices（具体数据见本书附录中的附表1）。

就我国整体及主要出口行业的贸易条件来说，这11年间，我国制成品与国家整体的贸易条件波动基本吻合，如图1-2所示。1997年以前，贸易条件小幅改善，但此后，贸易条件持续恶化；机电产业和纺织服装产业作为出口的两大龙头，贸易条件在2000年前得到较大改善，但2001年后不断恶化，近两年稍有好转。

一旦将制成品按照技术密集度来划分，就会发现，劳动资源密集型产品的贸易条件态势在2003年前要优于技术密集型行业，但此后，其恶化程度要大于后者；而中技术行业又是技术密集型行业当中变化态势最好的一个，其贸易条件在20世纪90年代末以及近几年持续走高，高、低技术行业基本呈“单边下滑”态势，低技术行业的恶化程度更甚于高技术行业，如图1-3所示。

这一现象完全有悖于人们寄希望于通过技术进步来改善贸易条件的初衷，更让各发展中国家怀疑自己掉进了陷阱。那么，技术进步到底会对一国的贸易条件变动起到什么样的作用？技术进步又是以什么样的方式来影响着一国的贸易条件变动？贸易条件的持续恶化是否意味着包括中国在内的发展中国家已经遭遇了“贫困化增长”？包括发展中国家在内的各国

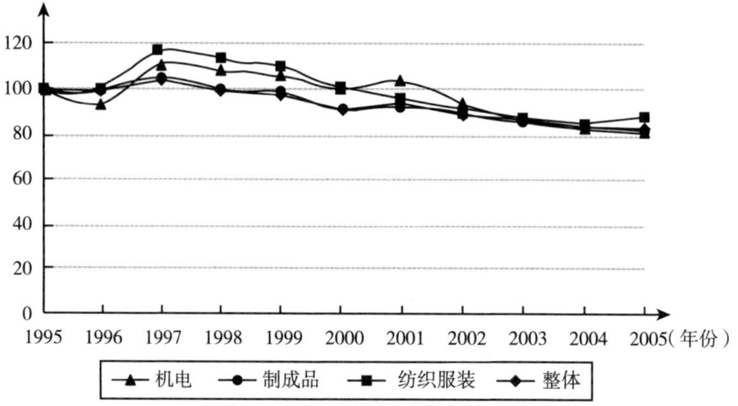

图1-2 我国贸易条件指数[①]变动图1（1995~2005年，1995=100）

资料来源：联合国贸易发展会议统计数据库，http：//stats. unctad. org/handbook/ReportFolders/ReportFolders. aspx? IF_ActivepathName = P/II. % 20Trade% 20and% 20commodity% 20price% 20indices（具体数据见本书附录中的附表2~附表6）。

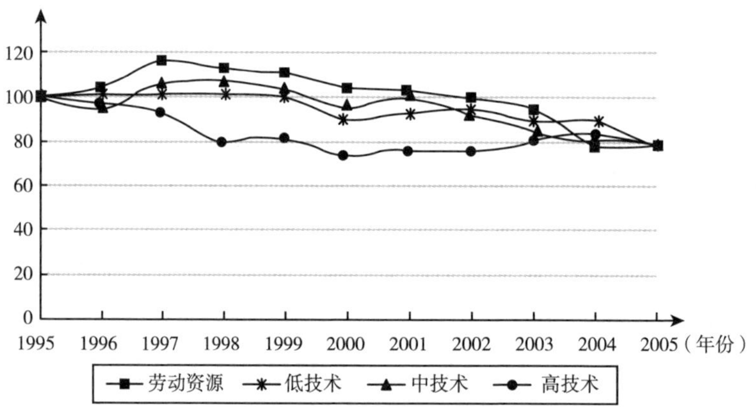

图1-3 我国贸易条件指数[②]变动图2（1995~2005年，1995=100）

资料来源：联合国贸易发展会议统计数据库，http：//stats. unctad. org/handbook/ReportFolders/ReportFolders. aspx? IF_ActivepathName = P/II. % 20Trade% 20and% 20commodity% 20price% 20indices（具体数据见本书附录中附表7~附表10）。

---

① 这里的贸易条件指数是笔者利用UNCOMTRADE数据库所提供的HS（1992）6位数的中国进出口数据，按照中国编制进出口价格指数的标准计算得来的，为了避免帕氏指数和拉氏指数所带来的偏差（前者会高估，后者会低估），这里采用了费雪指数，即最优指数。赵玉敏采用帕氏指数计算了中国1993~2000年的贸易条件指数，其结果明显地要比这一结果高。

② 这里的贸易指数的计算方式同上，对制成品的分类方式参照的是联合国贸易发展会议于1996年公布的《贸易和发展报告》第116页所提供的标准。

所持续进行的技术进步为什么会促使贸易条件恶化？一系列的问题都需要廓清，这也是本书的写作动机所在。

1.2 研究对象及其界定

本书的研究对象限定为技术进步的贸易条件效应，主要从理论分析与实践验证两个大的层面来分析技术进步对贸易条件的影响、传导机制及其引致的福利变动。本书的贸易条件仍沿用最为基本的价格贸易条件，技术进步则不再由于狭义的劳动生产率增长，而是纳入了产品创新类技术进步与工艺创新类技术进步；福利效应则指技术进步引致的贸易条件变动所带来的国民福利变动，但其不再仅限于短期、静态的贸易利得，还包括长期、动态的影响。尤其需要指出的是，技术进步对贸易条件变动的传导机制则是联结这三个研究对象之间的纽带，其重点考察各类技术进步对贸易条件变动的影响渠道及最终方向，从而在此基础上确定技术进步对一国贸易条件及国民福利的影响。

1.3 研究方法

本书所探讨的问题既有很强的理论性，又需要统计核算上的计量支持；既涉及微观层面，又直接与宏观层面相联系；既是一个封闭的短期问题，又具有长期的开放性影响。为此，采用的基本研究方法为理论分析与实证分析相结合、静态与动态相结合的均衡分析、宏观分析与微观分析相结合，具体如下。

（1）理论分析与实证分析相结合。就理论层面来说，本书的分析涉及经济增长理论、技术与贸易理论、一般均衡理论。书中的相关研究也就需要沿着前人的脚步，从理论角度进行一些适应性调整，利用一些已有的理论（如 HBS 推断、雷布津斯基定理、成本加成定价理论），来分析各类技术进步对贸易条变动的传导。但与此同时，书中涉及的一些指标（如贸易条件指数、技术进步率等）都必须以一个合理的方式进行测算；对技术进步的贸易条件效应的核算还需要通过一系列的计量分析方法进行处理，从而明确它们三者之间的影响关系。

（2）静态与动态相结合的均衡分析。技术进步对贸易条件变动的影响以及由此导致的福利变动，在开放经济条件下，都不应该仅仅是一个静态的概念，更应是一个长期、动态的概念，尤其是在各国努力地发挥自身比较优势、参与国际竞争时，跨期福利成为各国出发点。但是，无论是静态，还是动态，其分析都依托于一个统一的均衡框架。已有的分析要么过多地强调供给面，要么完全专注于需求面，对于经济学的基本分析工具利用得较少，为此，本书将利用供需均衡分析的基本框架来分析技术进步的贸易条件效应。

（3）宏观分析与微观分析相结合。技术进步的主体是微观层面的，直接作用于贸易条件变动的还是这些进出口企业自身的技术进步；但是，诸多的宏观因素尤其是政策因素（如技术政策、产业政策、汇率政策）影响技术进步，且技术进步会反过来影响国家宏观变量（如实际汇率水平、国民福利等）。

1.4 研究难点及创新

本书尝试在系统回顾贸易条件的相关研究理论基础上构建一个适合于一般情况的技术进步——贸易条件分析框架，并利用这一框架从理论和实证两个角度来解读中国的贸易实践，力图深刻辨析中国的贸易发展战略。在研究过程中需要在很多方面对一些传统理论进行一定修正，这就会带来一些相应的难点。其一，要以一个合理、统一的理论框架来分析一般情况下不同类型技术进步的贸易条件效应。其二，要适当拓展一些已有的国际贸易理论来合理分析技术进步对贸易条件及国民福利的影响传导机制。其三，要以合理的指标和有解释力的数据来系统测度贸易条件指数、技术进步状况以及技术进步对贸易条件及国民福利的影响。

这些难点的存在致使我们需要在研究过程中，采用新的研究方法、技术和思路，进而实现一定的创新。本书的创新点：其一，成功地计算了我国在一定时间内的贸易条件指数。其二，构建了一个适合一般情形的技术进步的贸易条件效应分析框架。其三，建立了一个中国贸易条件变动及其福利效应的技术进步影响方程。从而合理确立了我国的对外贸易战略中技术进步政策的着力点。

1.5 技术路线与研究内容

1.5.1 技术路线

如图1－4所示，为了达到本书的研究目标，首先，进行相关的文献综述，通过对文献的回顾找出已有研究的不足，从而确定本书研究的起点与基本分析框架。其次，应用这一基本框架，分三种技术进步类型，按照大国和小国两种情形来分别探讨其对贸易条件变动的影响，搜寻其影响机制，并利用发达国家以及中国的经验数据进行实证检验。在此基础上，得出本书的基本结论，进而对这一结论进行拓展。一方面是进行技术进步评价；另一方面则是分析技术进步所引致的贸易条件变动的动态福利效应。通过这一深化，可以有效地分析当前中国的经贸现状，发现与其相关的政策含义。

1.5.2 研究内容

本书分8章，由导论和正文两部分组成。第1章为导论，第2~8章是

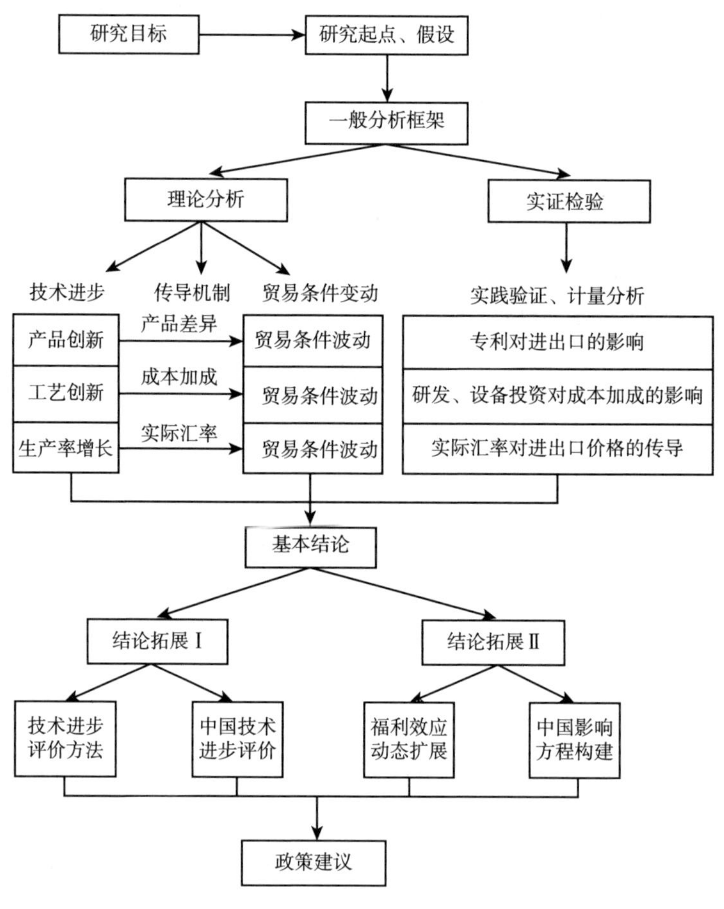

图 1-4　技术路线

正文，具体内容如下。

第 1 章导论。本章主要阐述本书研究的理论与实践背景、研究对象、研究方法、研究的难点与创新之处、研究思路、研究的不足及完善构想。

第 2 章理论基础。本章首先对技术进步、贸易条件的概念做了明确的界定，进而对技术进步的贸易条件效应分析的已有研究按照古典贸易理论、新古典贸易理论、新贸易理论三个阶段，分理论考察与实证研究两个大的路径进行了系统回顾与评述，并指出已有研究的不足和下一步的发展方向，从而为本书的研究提供理论渊源。

第 3 章研究框架。本章基于理论和实践两个角度的分析，确立了研究的起点，并利用这一起点界定了此次研究假说，设计了此次研究的均衡分析框架。在这里，理论主要是新要素比例理论，实践则指技术依赖型经济模式的形成和发展，在此基础上，笔者又将三种不同类型的技术进步之间用一种乘法形式联结起来，并利用微分公式将其与贸易条件对接。

第4章产品创新类技术进步的贸易条件效应。鉴于产品创新已经不再限于发达国家的现实，本章沿着从微观企业层面向宏观国家层面过渡的思路，利用产品生命周期理论，从供给和需求均衡角度，分不同行业分析了产品创新所导致的价格变动规律以及由此决定的贸易条件变动规律。在理论分析的基础上，本章先后利用发达国家和中国的专利数据进行了实践验证。对于发达国家，则主要是利用经验数据作一实践解析；对于中国情形，则利用几个代表性行业的专利数据，借助面板模型分析了各行业发生的产品创新类技术进步对出口价格以及贸易条件的影响。

第5章工艺创新类技术进步的贸易条件效应。本章同样沿着从微观企业层面向宏观国家层面过渡的思路，利用产品成本加成定价理论，从供给和需求均衡角度，分不同行业分析了工艺创新所导致的价格变动规律以及由此决定的贸易条件变动规律。在这一理论分析的基础上，我们又分别利用发达国家与发展中国家的研发投入数据、中国的新增设备投入数据进行了实践验证。前者主要是利用经验数据进行解析，后者则是利用十几家上市公司的新增设备数据，采用面板模型来分析各个公司新增设备的投资（即工艺创新投资）对其成本加成比例的影响。

第6章生产率增长型技术进步的贸易条件效应。本章在嫁接传统的HBS推断和汇率传导理论基础上，将其分为小国情形和大国情形来考察生产率增长型技术进步对贸易条件变动的影响机制；同时，利用中国的实践数据来验证这一分析思路。在这里，对HBS推断理论做了进一步拓展，将原有的贸易品与非贸易品部门分类推进到出口部门和进口部门；对汇率传导理论则进行了中国验证和动态扩展，重点考察生产率增长型技术进步所引致的汇率变动及贸易条件变动的溢出效应。

第7章基本结论及其拓展。本章首先对前面三章所做的分析得出了一个初步的结论，明确地界定了各种技术进步对贸易条件的传导机制及最终影响。其次，分别针对技术进步和贸易条件变动的福利效应进行了深入探究，前者主要是构建一个合理的方法对技术进步进行评价，后者则主要将对贸易条件变动的国民福利考察从静态拓展到动态。通过这一延伸和拓展，有力地分析了我国技术进步状况，并从技术进步角度探寻贸易条件变动及其福利效应，构建了贸易条件及福利变动的技术进步影响方程。

第 8 章政策建议。本章主要是利用第 7 章的相关分析结果，就我国的现状提出一些有针对性的建议。建议主要集中在相关政策间的协调以及单个政策着力点的确定上。

1.6 不足及其完善构想

本书的研究是将两个涉及多个领域的问题综合起来进行系统分析，由于笔者自身学识有限，加之对一些领域了解不深，难免存在一些不足。其一，对技术进步缺乏全面的研究，不仅没有考虑技术扩散，也没有专门分析贸易对技术进步的反向效应。其二，贸易条件的研究仅限于价格贸易条件，没有考虑其他各类贸易条件。其三，本书所研究的贸易只限于货物贸易，而没有分析服务贸易，但服务贸易是当前及今后主要的贸易形态。其四，对技术进步所引致的贸易条件变动的福利效应没有进行深入的实践验证。

也正是因为存在着这些不足，笔者计划在今后的工作学习中，从以下几个方面进一步完善。其一，全面、深入地研究贸易条件和技术进步两个变量。其二，逐步将研究重点从货物贸易向服务贸易转变。其三，系统研究贸易发展史，从历史的视角来丰富本书的研究。

第 2 章　理论基础

2.1　技术进步探源

2.1.1　技术

据《新大不列颠百科全书》的解释，Technology（技术）一词最早由希腊词 Techne（技艺、手工艺制品）和 Logos（词、言语）组成，意为既是好的又是可用的。“技术”的原意就是“熟练”，熟能生巧中的“巧”就是“技术”，是人类为实现自身需要而利用已有的科学知识和实际经验创造的手段的总和。到 20 世纪，技术一词的含义迅速拓宽，它既包括满足社会需要的各种物质手段（如工具、机器设备等），也包括运用各种物质手段以达到一定目的的知识、技能和技巧（如操作、控制等方法）。正如英国技术史家查理·辛格所说，技术是“人类能够按照自己愿望的方向来利用自然界所储存的大量的原材料和能量的技能、本领、手段和知识的总和[①]”。在这里，技术在人与自然的关系中取得了特定的含义。随后，诸多学者对其进行了界定，有的将其延伸到协调社会分工制度即社会关系的技术上。但是，费里拉（J. Friar）等在 1986 年对其的定义得到了大多数学者的认可，即技术是指一种创造出可再现性方法或手段的能力，这种方法和手段能导致产品、工艺过程和服务的改进。

---

① 查理·辛格.《技术史》第六卷［M］. 王前，译. 上海：上海科技教育出版社，2004.

2.1.2 技术进步

2.1.2.1 诠释

关于技术进步的定义，由于人们研究的角度不同，给出的定义也不尽相同。第一种，美国经济学家罗森堡（N. Rosenberg）所下的定义：“技术进步就是某种知识在一给定的资源量上，能使产量增加，提高产品质量。”第二种，施慕克勒（Schmookler）将工艺变革的影响视为技术进步，其定义包含三个方面的含义：以同量投入可以生产更多的产出（或用较少的一种或多种投入得到同量的产品）；现有产品质量已经得到改进；生产出全新的产品。这两个定义有其共同之处，即都将技术进步同知识联系起来，并且包含的内容大致相同。1988 年，经济合作与发展组织（OECD）在《科技政策概要》中也对其下了第三种定义：“技术进步通常被看作一个包括三个既相互重叠又相互作用的要素的综合过程。第一个要素是发明，即有关的新的或改进的技术设想，发明的重要来源是科学研究；第二个要素是创新①，创新是发明的首次商业化应用；第三个要素是扩散，它是指创新之后被广泛使用②。”第三种定义目前得到了学术界的广泛认可，以上三种定义也是比较有代表性的。

---

① 1934 年，熊彼特于 1911 年出版的《经济发展理论》（德文版）一书被翻译成英文出版，翻译时首次使用了“创新”（innovation）一词。1928 年，熊彼特在《资本主义的非稳定性》一文中首次提出创新是一个过程。1939 年，熊彼特出版了《商业周期》一书，在该书中，他对创新理论进行了比较详细的论述。但即便如此，他也未对“创新”一词提出明确的概念界定，他只是总体上认为“创新是新的生产函数的建立”，就是“企业家对生产要素的新组合”，就是把一种从来没有的生产要素和生产条件的新组合引入生产体系，即在纷繁的经济世界里洞悉潜在的盈利机会，并调动资源去实现利润。具体来说，它包括五个方面的内容：（1）创造一种新产品或提供一种产品的新质量，即制造一种消费者还不熟悉的产品，或一种与过去产品有质的区别的新产品；（2）采用一种新的生产方式，即采取一种该产业部门从未使用过的方法进行生产；（3）开辟一个新市场，即开辟有关国家或某一特定产业部门以前还未进入的市场，不管该市场以前是否已经存在；（4）取得或控制原材料或半成品的一种新的供给来源，不管这种来源是已经存在，还是被首次创造出来；（5）采取新的企业行业组织形式，即借由新形成的产业组织形式创造一种垄断地位或打破垄断地位。

② 庄卫民．产业发展与技术进步［M］．上海：立信会计出版社，2003．

根据经济合作与发展组织对技术进步所下的定义，可知技术进步的内涵较为丰富，它涵盖了技术发明、技术创新和技术扩散。所谓技术发明，是指有关新的或改进的技术设想，即从技术上产生出一种从未有过的全新的事物。技术发明可以是在理论研究的基础上有意识地进行探索的结果，也可以是凭一时灵感的产物。但归根结底，技术发明的重要来源是科学研究。技术创新就是一个产品或新工艺的设想从产生到市场应用的完整过程，它包括新设想的产生、研究、开发、商业化生产到扩散这样一系列的活动①。技术扩散是指技术创新通过市场或非市场渠道的传播，进而使创新的产品、技术被其他企业通过合法手段采用的过程，它体现了技术的时空传播、渗透和交叉作用。从企业角度而言，技术扩散主要表现为技术引进和技术改造。而它们三者之间的关系是，技术创新是技术进步的灵魂。技术进步主要是通过技术创新的途径来实现的，企业只有通过技术创新才能提高自身的技术水平，才能实现技术进步。从这个角度而言，我们可以把技术创新看作技术进步。

2.1.2.2　分类

技术进步可从三种不同的角度进行区分，具体如下。

（1）从技术进步的起因划分，可分为外生的（exogenous）技术进步和内生的（endogenous）技术进步。外生的技术进步是指由经济体系之外的因素决定的技术进步；内生的技术进步是指创新是由现在资源的数量决定的，并且创新的速度及其对产出的影响是由经济体系内在力量决定的技术进步。内生技术进步是对现实经济更为真实的反映，外生技术进步的假定更是为了分析的便利。

（2）从技术进步的传导机制来划分，可分为嵌入式（embodied）技术进步和非嵌入式的（disembodied）技术进步。一般来说，创新是与新机器结合在一起的，创新不会影响在该创新之前所生产的机器的生产率，因而

---

① 这一定义是由美国国会图书馆研究部提出的。转引自夏国藩．技术进步与技术转移［M］．北京：航空工业出版社，1993.

工艺和技术进步是被物化在各项新的资本设备中的，这种技术进步被称为嵌入式技术进步。若假定技术进步对产出的影响与机器制造年代无关，则称这种技术进步为非嵌入式的技术进步。爱德华·丹尼森就曾作出一个貌似合理的假定，即一半的新技术是嵌入型，另一半则是非嵌入型①；但索洛（1962）在更大程度上认为，嵌入式技术进步更为重要；谷克鉴教授（2006）更是基于现代微观企业实践提出，在企业活动中，技术变化将毫无例外地"嵌入"有形和人力资本②。

（3）从技术进步给生产要素带来的影响来划分。受古典学派以及马克思的"劳动是唯一要素"思想的影响，一些学者特别是国内学者对技术进步的理解往往是狭义的，即从技术对劳动要素产生影响的角度将技术进步归结为两种：其一，劳动要素节约型技术进步，如表现为引进先进机器设备和采用新工艺等内容的生产工具的改进；其二，劳动要素内在质量提高型技术进步，如表现为生产过程中劳动者劳动技能和熟练程度的提高。无论是劳动要素节约型技术进步，还是劳动要素内在质量提高型技术进步，其最终结果都表现为劳动的节约，或者说一切技术进步都归结为劳动生产率的提高或劳动生产成本的下降，即单位劳动时间内产量的增加或单位产品劳动投入量的减少。

随着西方经济学理论的发展，西方学者将生产要素的范围由劳动扩展到资本和包括其他一切自然资源的土地，认为技术进步不仅会提高劳动的生产效率，也会提高资本和土地的生产效率。在此基础之上，他们对技术进步的理解也由狭义变为广义。经济学家希克斯（John Hicks，1932）、哈罗德（Harrod，1948）、巴特拉（Batra，1970）以及索洛（Solow，1970）等都从不同角度将技术进步划分为三类，即中性技术进步、劳动节约型技

① 转引自 ROBERT M. Solow. Techincal Progress，Capital Formation，and Economic Growth［J］. The American Economic Review，1962，52（2）：76－86. 这一假定的原始出处为 Edward F. Denison，The Unimprotance of the Embodied Question［J］. The American Economic Review，Vo1.54，No.2，Part 1，1964（Mar）：90－93.

② 谷克鉴．中国的经济转型与贸易流动——基于制度和技术因素的理论考察和计量研究［M］．北京：中国人民大学出版社，2006.

术进步和资本节约型技术进步。目前，应用得最广的当属希克斯的定义，他眼中的中性技术进步（neutral technical progress）是指在生产过程中，若劳动和资本同比例增加，则在资本/劳动的相对要素价格（即工资率/利率）比率保持不变的情况下，不会发生劳动替代资本或资本替代劳动的现象；劳动节约型技术进步（labor-saving technical progress）是指在生产过程中，若资本要素生产效率的增加大于劳动要素生产效率的增加，则在资本/劳动的相对要素价格比率保持不变的情况下，发生了资本替代劳动的现象，引起资本/劳动比率上升，即对每单位劳动而言，现在需要使用更多的资本；资本节约型技术进步（capital-saving technical progress）是指在生产过程中，若劳动要素生产效率的增加大于资本生产效率的增加，则在资本/劳动的相对要素价格比率保持不变的情况下，发生了劳动替代资本的现象，引起资本/劳动（K/L）比率下降，即对每单位资本而言，现在需要使用更多的劳动。

2.1.2.3　表示方法

人们在考察技术进步的作用时，有两种不同的表示方法。一种是将技术进步要素视为外生变量，把它确定为一个固定的系统。如希克斯（Hicks，1935）将技术进步看作时间变量 t 的函数，随着时间的推移，技术在不断进步，使得生产要素劳动和资本的相对投入量随之发生变化，并导致产出提高。另一种是将技术进步视为经济的内生变量，将技术进步归结为某一个因素变化的函数。例如，在罗默、卢卡斯的模型中，把技术进步隐含在物质资本和人力资本中，从而把技术内生化，但从其模型的描述来看，技术仍然没有成为一个独立的因素在经济增长中起作用，而且从实证研究结果看，这些模型也得不到很好的验证。20 世纪 90 年代以来，将技术内生化的增长理论是在生产函数中引入 R&D 活动。这种模型又可以分为两大类：一类是产品品种多样化的模型，假设通过 R&D，新产品品种被引入市场（Romer，1990；Grossrnan & Helpman，1991）；另一类是产品质量升级的模型（Aghion & Howitt 1992；Grossman &

Helpman，1991），这些模型都隐含着 R&D 是一种技术知识活动，对 R&D 进行投资就体现为内生的技术进步，内生技术进步是推动经济创新增长的主要力量。

2.1.2.4 技术进步的测度

在实践中，我们衡量技术进步及其作用时遇到的困难会比较多的原因：一是至今还无较为理想的量化办法；二是相关统计数据不全面且搜集难度较大。目前，人们主要从技术进步的投入、技术进步的产出与技术进步效果等方面来加以研究。

从技术进步投入的角度来看，在各种技术本身的开发效率大致相同的情况下，技术进步的投入越多，其创新成果也就越多。R&D 支出能够较好地衡量技术进步投入的情况，根据瑞士洛桑国际管理发展学院（International Institute of Management & Development，IMD）出版的《世界竞争力年鉴》（*The World Competitiveness Yearbook*）所列出的指标，R&D 费用支出可以细化为 R&D 总支出额、人均 R&D 支出额、R&D 支出占 GDP 的比重、企业 R&D 支出额、人均企业 R&D 支出额等指标。

衡量技术进步产出的变量包括知识产权以及高技术产品出口等方面的内容，主要涉及批准授予国民专利件数、批准授予国民专利件数年均增长率、国民在国外获取专利数、平均每 10 万国民持有的有效专利件数、商业专利授予数、高技术产品出口额、高技术产品出口额占制造业出口的比例等指标。

技术进步效果变量包括 R&D 人员储备和人力资本储备两部分。R&D 人员储备变量包括全国研究与开发总人数、人均研究与开发总人数、企业研究与开发总人数、企业人均研究与开发人数、获得合格工程师状况、信息技术熟练工人的可获得性等；人力资本储备变量主要包括公共教育支出占 GDP 比重、已获得高等学历的比例等。实际上，在目前许多有关技术进步的研究中，往往将技术进步效果变量归类于技术进步投入之中。

2.2　贸易条件

2.2.1　贸易条件的概念与定义

贸易条件的理论渊源就在于比较成本（利益）理论，或者说是比较成本理论的补充与完善①，其作为一个概念，植根于两大经济思想：一是短期国际贸易理论；二是经济发展理论②。

概念表述的目的在于构筑贸易与福利之间的桥梁，始于李嘉图的诸多学者提出了诸多备择概念，迄今为止应用得最为频繁的术语无疑是商品贸易条件（commodity terms of trade），这一概念的完整表述走了很长一段路，最终由穆勒、马歇尔沿用短期分析方法初步完成。李嘉图（1817）只是基于贸易利得，包括商品种类的增加和由此而导致的享受的增加这一理论来暗示出口和进口的价格比例的增加会导致享受的增加，而并没有提出将这一比例作为贸易条件的概念性表述。约翰·斯图亚特·穆勒（1848）则比李嘉图走得更远，为了解释贸易利得的分配方式而希望准确地计量贸易利得。他明确地提出两国间机会成本比例差异是总贸易利得的一个指数，商品贸易条件即出口和进口价格的相对比例是贸易利得分配方式的一种象征，商品贸易条件和机会成本比例一起揭示了总贸易利得的分配方式。马歇尔（1879）则给出了“商品贸易条件”的一种替代表述，即交换指数（exchange index）。此后，陶西格（1927）引入了两个对应概念，即纯易货贸易条件（net barter terms of trade）和总易货贸易条件（gross barter terms of trade），前者的统计表示（即出口和进口的相对价格比例）一般都用价格指数来反映；后者则是出口与进口之间的相对数量比例，即一国出口的实际价

① FREDERIC B. The Terms of Trade [J]. Economica, 1940 (7): 360 – 376.

② ROSTOW W W. The Terms of Trade in Theory and Practice [J]. The Economic History Review, New Series, 1950, 3 (1): 1 – 20.

值占进口实际价值的百分比。在他们的基础上，维纳（1937）首次明确地提出了商品贸易条件概念，不过，这一概念与陶西格的纯易货贸易条件是完全同等的。同时，尤其需要指出的是，这些界定的前提就是，给定技术状态下的固定资源供给、完全竞争、充分就业的国内经济，且边际条件满足。

陶西格的两个概念特别是总易货贸易条件的提出标志着贸易条件现代分析的开始，毕竟，这一概念开始触及贸易条件的长期分析方法[①]。马歇尔、俄林、维纳、哈伯勒、多伦斯（Dorrance）等学者沿用长期分析方法，进一步修正并完善了概念表述。

马歇尔（1879）提出了两个对称的生产要素贸易条件概念，即单要素贸易条件（single factorial terms of trade）和双要素贸易条件（double factorial terms of trade）。其中，前者是指出口部门中某一生产要素边际的或平均的生产率，按商品贸易条件用进口的商品来计算；后者则是用进口产品和出口产品的生产率变动来校正商品贸易条件，是一种试图走到商品交易背后去探究这些商品所包含的生产要素贸易条件的努力而提出的一个最基本的古典概念。这一概念被不止一位经济学家称为“真正”的贸易条件[②]，但维纳（1937）和哈伯勒（1955）对此表示怀疑，德芬斯（Ely Devons，1954）更是通过自己对英国单一要素贸易条件的统计核算明确地指出这一概念存在一个问题，即“单位生产要素的生产率”这个专业概念很难进行定义，而采用计量劳动生产率来代替要素生产率不仅不能取得满意的研究结果，还不能揭示福利变化的真实方向，这一概念也因此沉寂。直到伊曼纽尔（A. Emmanuel，1972）的“不平等交换理论”才使其重获生机，并将双要素贸易条件、商品贸易条件以及南北贸易有机结合在一起，特别是当以格罗斯曼、克鲁格曼等为代表的新贸易理论学派将肇始于希克斯（1953）的关于技术进步对贸易条件的影响的论述进一步向前推进，从而真正地将技术引入贸易与增长以及福利的分析之中时，使得这一概念进一

---

① 短期分析方法直接考虑进出口价格的变动，即解释两个国家或地区的货币或需求状况；长期分析方法则接近于古典的实际成本假说，长期需要考虑相对生产率及需求结构的变化。参见P17 注②。

② 参见新帕尔格雷夫经济学大辞典 pp. 673 – 674　词条 Terms of Trade。

步得到了广泛应用，并且单一要素的生产率也拓展为相对全要素生产率，中国学者张烨（2002）更是将其拓展为全员劳动生产率。

维纳（1937）在辨别了以上三个概念[①]的同时，又提出了三个新的表述，即实际成本贸易条件（real cost terms of trade）、效用贸易条件（utility terms of trade）、总贸易利得指数（index of total gain from trade）。实际成本贸易条件是用不断变动的生产方法和资源生产比例所导致的效用来校正单一要素条件，效用贸易条件即实际贸易条件乘以每一单位进口商品和本国商品之间的相对效用指数；总贸易利得指数则是一个用来表述在相对价格发生不利变化时的贸易利得仍可增加的概念，其统计表示即商品贸易条件乘以贸易量。前两个概念被罗伯逊（robertson，1940）应用于对德国赔款问题的分析，但其是否可以以令人满意的数量形式进行表述是值得怀疑的，也正因为如此使其昙花一现。

这六个概念的传统分析都可以归入古典分析框架，且都不能反应相当时间内价格变动所引起的需求和供给价格弹性。鉴于此，多伦斯（dorrance，1948，1949）针对欧洲经济的准均衡状况提出了收入贸易条件（income terms of trade），伊姆利（Imlah，1950）将其称为“出口贸易利得”，统计表示即出口价值指数与进口价格指数之商。不过，收入贸易条件是与维纳所定义的总贸易利得指数以及后来由拉美经济委员会的秘书处（1949）提出的进口能力是同等的概念，这三个概念都是针对商品贸易条件所导致的福利结论的明显缺陷而进行校正的，但他们都需要将贸易量和价格结合在一起，而这就不可避免地会在一国所得实际收入的变动方向上得出错误的结论。

这些概念表述在有效地反映进出口商品的质量、属性、结构（含国别结构）、消费偏好、运输成本、部门间要素结构及流动上仍显得有所欠缺，这也成为一个努力方向，其最新进展就体现在对贸易结构及产业结构的开发性应用（Kouparitsas，1994），对引入商品价格和国别价格来考察进出口商品结构的影响（Baxter，2000），利用克鲁格曼（1989）对产品差异化的

① 以上三个概念是指商品贸易条件、单要素贸易条件和双要素贸易条件。

引入和内生化以及芬斯特拉（Frenstra，1994）对生产率增长背景下的贸易净福利效应的界定而提出的一个新的福利型价格指数定义，这一概念可以用其来反映产品篮子中的种类和质量的变动（Broda & Weinstei，2004）。不过，仍然还没有形成一个有充分现实解释力的、系统的、能有效反映福利变化的指标体系。

2.2.2 贸易条件的基本决定因素

贸易条件①的基本决定因素即贸易条件及其变动的基本影响因素。李嘉图（1817）未曾明确地确定贸易条件，只是给出其存在区间。约翰·斯图亚特·穆勒（1848）则利用“相互作用的供求”数例成功地解决了这一问题。马歇尔（1923）在此基础上通过“提供曲线”的几何推导，精确地将两国的两种商品的过度供给与需求和贸易条件以函数的形式联结在一起，并确立了一个均衡的稳定性标准，即马歇尔—勒纳条件。本亨（Benham，1940）更是明确指出贸易条件的实际数值区间取决于各国的进口需求价格弹性和出口供给价格弹性，它的实际取值可以计量两国间的“贸易利得的分配”。这些研究基本上奠定了这一领域的一般分析方法，即在一般均衡框架下的供求分析。随后的研究也主要是从供给和需求两个基本面展开，就连罗斯图（W. W. Rostow，1951）对贸易条件进行历史性分析时首次采纳的阶段性分析方法也是先进行比较价格分析（comparative price analysis)，而比较价格分析又被他明确界定为供给与需求两大层面。

2.2.3 贸易条件的变动趋势及其计量核算

对贸易条件变动趋势的分析按照两大思路进行：一是以比较静态分析为主的短期趋势考察；二是以比较动态或动态分析为主的长期趋势考察。

---

① 在一般理论分析和计量核算中，如果没有专门标示则都是采用商品贸易条件这一表述。

短期趋势分析直指进出口价格的变动，结合一个特定国家的最为重要的特定商品的趋势地位，并考虑以前的投资特征。在第一次世界大战后至凯恩斯的通论发表之前，对贸易条件的考察都可以认为是短期货币价格论的一个方面，即没有考虑供给和需求。当然，诚如俄林所言，那时紧迫的问题是赔偿、战争债务，美国的资本流动也客观上促成了对短期问题的关注。也正因为如此，罗斯图（1950）认为这些分析具有欺骗性。

至于贸易条件的长期趋势，早在古典贸易理论中就已经出现了抽象的假说。李嘉图的关于封闭经济的定理，即经济增长将使粮食的相对价格上升（因此而命名为“地租上升”）直至接近“静止状态”为止已经扩展到国际经济情形，即存在一种贸易条件向着不利于制成品而有利初级产品的方向变化的趋势。从杰文斯到穆勒都秉承这一古典经济学思想，想当然地认为，相对制成品而言，初级产品价格呈上涨趋势。凯恩斯、贝弗里奇（Bveridge）、罗伯逊三人则以区别于陶西格的另一条路径，通过对第一次世界大战前英国贸易条件的争论开始了贸易条件的现代分析，即长期趋势分析。他们利用古典的实际成本假说来考察最大比重的商品的长期趋势和特定产品的短期需求波动。凯恩斯借用托伦斯（Torrens，1852）关于不同部门之间生产率不同的论点，基于实际成本学说，认为英国贸易条件恶化；贝费里奇（Beveridge）从生产效率出发，认为持续恶化；罗贝森（Robertson）则从交换比率、劳动转移、资本出口增加三个方面进行阶段性调整，认为贸易条件基本维持不变。克拉克（Clark）在他们的基础上又将这一分析延伸到了农业品与工业品之间的贸易条件的长期变动趋势。这一争论一直相持不下。第二次世界大战后，普雷维什（Prebisch，1950）和辛格（Singer，1950）的观点一直居支配地位。他们认为，历史记录表明欠发达国家初级产品的贸易条件呈现恶化的长期趋势；其实践证据就是，一系列统计数字表明，1870～1940 年英国贸易条件明显地得到长期改善，而其理论依据就是初级产品需求的收入弹性低于制成品、节约使用进口原材料的技术进步，以及工业国垄断市场结构与初级产品供给的竞争性条件。但是，这一结论招致很多反对意见，尤其是其统计证据。这些反对又可以分为四个方面：其一，以金德尔伯格（Kindleberger，1956）、迈耶和鲍德温（Mayer & Baldwin，1957）、利普斯（Lippes，1963）等为代表的学者认为英国的贸易条件不能代表整个工业国的贸易条件；其二，以迈耶和鲍德温（1957）、弗兰克（Frank，1976）为代表的学者认为工业国进口的初级产品包括从发达国家进口的那一部分；其三，以维纳（Viner，1953）、斯库拉斯（Skouras，1977）为代表的学者认为这些计量核算做了一个概括和评价，他们认为运输成本引起的到岸价和离岸价之间的差异是贸易条件长期趋势的一个重要解释变量；其四，维纳（1953）、鲍德温（1955，1956，1957）、斯库拉斯（1977）等为代表的学者认为制成品的价格指数不能反映新产品的进入和产品质量的提升。斯普劳斯（1980）在对这些证据进行一个概括和评价的同时，又将商品贸易条件变为双要素贸易条件，并重点从统计时期①和指数和统计方法选取上给出一个更为系统的结论，这一结论基本上与普雷维什—辛格假说相吻合，即并没有确定的证据可以证明初级产品的贸易条件存在恶化趋势，只是普雷维什所采用的数据让这一恶化扩大了1/3。萨普斯普特（Sapsford，1985）将斯普劳斯的分析范围延伸到了20世纪80年代初期，并对1900年的数列做了统计。他发现，不仅是1900年以来的战前时期和战后时期，而是在1900年以来的整个时期，这一假说都得到了有力的证明。萨卡（Sarkar，1986）更是系统考察了发展中国家两套出口价格的变化，并从研究结果上支持这一结论。

不论这一理论是否正确，这一理论影响力已吸引越来越多的学者来分析与拓展，出现了一系列的“南北贸易模型”将贸易条件作为一个关键的中介变量进行动态分析。刘易斯（1954）将李嘉图模型拓展为一个南北贸易模型，一方面承认南方的贸易条件存在一个长期恶化的趋势，另一方面又强调了国内的消费结构和国内生产率变动的行业属性决定了一国贸易条件的长期趋势。芬德伦（1980）则对一些与之相反的观点进行总结，并提供了分析贸易条件变化长期趋势的两个维度，即单个国家和南方。达里缇

---

① 斯普劳斯一方面将普雷维什—辛格假说中的统计时期延伸到战后，并将其分解为两个子时期来逆行考虑。

（Darity，1990）则指出，长时期均衡下，贸易条件等于南北方各自的边际资本产品的比率，此时，如果北方的自发投资率低于南方的自发投资率，一旦北方的垄断程度加深，其贸易条件会恶化；反之，则贸易条件改善。

2.3 技术进步在贸易条件效应研究中的引入与拓展

托伦斯（1852）说过，“在政治经济学中，没有一个问题要比与国际交换条件相关的问题重要”。针对这一问题，国际经济学界不断引入新的变量以校正、发展基本理论命题，搭建合理的桥梁来分析国际贸易、经济增长与国民福利，使得贸易条件及其变动的相关理论研究日臻成熟，技术进步因子正是其中之一。历经古典贸易理论、新古典贸易理论、新贸易理论三个阶段的完善和发展，从技术进步视角来分析贸易条件及其变动的成果层出不穷，成功构造了技术进步情形下的贸易条件变动分析的供给和需求方程。但迄今为止，仍未能实现技术进步语境中贸易条件及其变动的有效、深入的理论考察和计量研究，更没能准确地测度技术进步所引致的贸易条件变动及其福利效果，尤其是动态福利效果。

2.3.1 古典分析：技术进步在 Ricardo-Viner 框架中的引入

虽然，一个普遍接受的观点是，约翰·穆勒（John Stuart Mill）于 1848 年首次分析了技术进步对贸易条件的影响。① 但实际上，此前，诸多学者已经开始简单地分析技术进步对贸易条件的影响。

2.3.1.1 约翰·穆勒前（1817～1848 年）的相关分析

李嘉图（1817）就曾基于贸易利得，包括商品种类的增加和由此而导

① 芬德伦（Findlay，1981）曾明确地说“约翰·穆勒是第一位考虑技术进步对贸易条件影响的经济学家”。

致的享受的增加这一理论来暗示出口进口价格比例的增加会导致享受的增加，只是没有提出将这一比例作为贸易条件的概念性表述。① 但是，他的“两国两种产品、一种生产要素（劳动）”的理论假设奠定了整个古典分析的基本框架，后续分析也一直围绕着单位劳动生产率，即单位必要劳动量（unit labor requirement）的变动，来分析技术进步对交换比例的影响。单纯地就1817～1848年这一阶段而言，众多学者沿着两条路径将技术进步引入分析之中。

（1）从实际物物交换条件展开。马尔萨斯（Malthus，1817）首先基于实物交换框架明确地分析了增长对贸易条件的影响，尤其重点评析了在一国技能水平的提高和机械的采用所导致的生产率提高的情形下，如果可出口商品供给的增加不能被一个相应增加的国外需求匹配，就会导致技术进步国的贸易条件恶化。斯克诺普（Scrope，1831）在1830年又极大推进了这一论点。他不仅认为，在一国的一般生产能力增加的速度超出贸易伙伴时，技术革新国的贸易条件恶化，还指出，在此情形下，利润和工资将会下降。因此，通过生产率的提高，该国的一般条件将会恶化而不是改善。可以说，在他的心目中已经出现了“贫困化增长”概念的雏形，只是他没能解释革新国贸易条件恶化一定会超出生产率增加的效应的原因。此间，埃利斯（Ellis，1825）、斯里曼（Sleeman，1829）的分析和结论也属此类。

（2）从纯货币条件展开。帕里顿（Pennington，1840）从纯货币方面重点讨论了相互需求决定英国和葡萄牙之间的贸易条件这一议题。他假定在英国采用一个新的机器而导致的技能改善，使其主要出口商品——布可以更加便宜地生产出来，价格随之从50英镑下降到40英镑，简言之，在英国出现了直接的贸易条件恶化。当葡萄牙对布的需求弹性大于1时，葡萄牙会扩大其购买量，从20捆上升到30捆，英国对葡萄牙酒的需求维持不变。因此，黄金就会从葡萄牙流到英国，葡萄牙酒的价格下降，而英国

---

① 约翰逊（H. G. Johnson，1963）提出，“对技术变动对贸易的影响的古典分析始于穆勒，也终于他对生产方法的改进对贸易条件变动的影响的分析”。卡夫（Caves，1960）和巴特拉（1973）提到关于这方面的论述时，也提到了约翰·穆勒。

布的价格上升，这会导致贸易余额，直到黄金停止流动时才能平衡，英国初始的贸易条件恶化会部分地被随后价格—货币—流动机制而导致的相对价格的变化逆转。但他没有告诉我们技术进步对贸易条件的最终影响，也没有考察葡萄牙对英国布的需求弹性小于1的情形。

这两类分析都还未能明确划分技术进步的不同类型及其涉及的不同行业①，区分技术进步引致贸易条件变动的福利效应。并且，除了马尔萨斯简要涉及了单要素贸易条件外，其他学者都仅限于商品贸易条件。

2.3.1.2 穆勒及其后继的古典贸易理论分析

这一阶段的分析主要是针对前一阶段分析中的缺陷进行不断修正。其演进路线可以分为三种。

(1) 从技术进步本身来区分其贸易条件效应。穆勒（1848）首次分两种情形将技术进步引入贸易条件分析之中。一种是一国的技术进步创造了一个新的出口产品，而这一产品又正好可以替代外国原先自己在国内生产的商品，在这一增加的国外需求的驱动下，使得技术进步国的贸易条件改进；而外国从新产品中受益，不过将需要为自己从技术进步国进口的其他产品支付更多。此时的贸易条件就是商品贸易条件。另一种则是一国的技术进步降低了现有出口产品成本，此时的技术改进会使得本国贸易条件恶化，并且本国贸易条件变化的比例与产品生产成本变化比例之间的差异依赖于外国对本国商品的需求弹性的状况。如果外国对这一变得便宜的产品的需求弹性小于1，则贸易条件恶化的比例将大于成本缩减的比例；如果外国对这一变得便宜的产品的需求弹性大于1，则贸易条件恶化的比例将小于成本缩减的比例。这时的分析则关注单要素贸易条件。此后，埃奇沃斯（Edgeworth）、巴斯特波（Bastable）也相继证实了第一种情形，并提出，在本国进口相对于本国出口商品价格的需求弹性不消失时，这一结论有效。

① 事实上，穆勒前的分析都假定技术进步或者发生在出口行业，或者假定一般行业都存在，而没有假定出现其专门发生或主要发生在进口竞争行业的情形。

（2）从发生技术进步的不同行业来区分其引致的贸易条件变动。马歇尔是这一方面研究的先驱。他于 1903 年就利用领先行业（leading industries）和落后行业（lagging industries）来分别指代出口行业和进口竞争行业，通过一些实例区分了分别发生在两个不同行业的两类技术进步①所引致的贸易条件变动。他认为，发生领先行业的技术进步会扩大贸易量，使贸易条件恶化；落后行业的技术进步会缩减贸易量，使贸易条件改善。

（3）对技术进步所引致的贸易条件效应的初步界定。这一理论考察始于埃奇沃斯（Edgeworth，1903）对穆勒分析的福利含义的明确，他认为，此时的福利效应既包括贸易条件不变时的效应，也包括与贸易条件变化相关的效应。技术进步国在本国居民消费自己的出口商品情形下，仍然有可能由于革新而受损。需要指出的是，尽管维纳（Viner，1937）明确要求将单要素贸易条件用作跨期福利分析，可是古典学者甚至包括哈伯勒（1950）都无一例外地将实际国民收入的变化当作贸易条件变动的福利效应来考察。他们通常认为，贸易条件的改善或恶化直接会带来实际国民收入的提高或降低，即国民福利的增加或减少。这种直接联系并没有考虑收入所引致的福利影响因素。

不难看出，截至 20 世纪 50 年代的整个古典分析仍主要基于李嘉图－维纳（Ricardo-Viner）的物物交换框架，此时的贸易条件是由相互需求决定的，技术进步相对于资本累积、人口增加等仍处于边缘，根本没有形成一套系统的技术进步理论②，更谈不上真正地将技术进步引入贸易条件分析之中。这一项工作直到 1977 年才由多恩布什、费希尔、萨缪尔森三人首次完成。他们将李嘉图模型拓展为多商品情形，并考虑两国间同一性技术进步和最小成本技术的国际转移两种形式。他们认为，前者会导致本国相对工资下降，贸易条件改善；后者（也称为技术协同）则会导致低工资国家的贸易条件改善，国民福利增进，而高工资国家受损。需要强调的

① 此时的前两类技术进步后来被希克斯称作“出口偏向的技术进步”和“进口偏向的技术进步”。

② 即便他们讨论了技术进步的诸多方面，都始终假定技术进步将会促进出口而不是减少革新国的进口，并断定这些技术进步将会迅速扩散到其他国家。

是，此时两国相对工资就是两国之间的要素贸易条件。

2.3.2　新古典分析：H-O 模型框架的引入、拓展与应用

肇始于 H-O 模型的新古典贸易理论提出，贸易条件是由生产技术、要素稀缺性和家庭及个人的偏好决定的。这也就直接使得技术进步因素迅速成为分析中的一个核心，H-O模型框架成了这一阶段研究的起点。

2.3.2.1　引入——传统要素比例理论框架下的相关考察

希克斯（1953）是这方面分析的开拓者。他在 H-O 模型假定下①，拓宽了增长的贸易条件效应的理论可能性范围，使其进入了现代分析阶段。后继的新古典贸易学者又不断推进他的理论分析，至少在三个方面取得了进展。

（1）对技术进步的深入解析。这一方面的工作包括两个部分。一部分是进一步从行业角度来区分技术进步及其贸易条件效应。希克斯提出，如果生产率的改进是出口偏向的，则对进口国有利。但是，如果进口国的进口行业（即与出口国出口紧密竞争的行业）发生了技术进步，则出口国的要素贸易条件一定不利于出口国。坎姆（Kemp，1955）进一步分析了在本国所有行业发生同等的技术进步的情形，并认为此时贸易条件对本国不利。柯顿（Corden，1956）则利用几何图解对此做了一个明确结论，即如果产出扩展是“极度的反贸易倾向的（ultra-anti-trade-biased）”，则对于增长国家而言，贸易条件得到改善。反之，如果产出扩展是“极度的支持贸易倾向的（ultra-pro-trade-biased）”，则对于增长国家而言，贸易条件恶化。众多中国学者正是源于这一判断而认为，中国的贸易条件恶化与出口偏向型的技术进步直接相关。这方面的研究包括曾铮和胡小环（2004）以及王

① 具有讽刺意义的是，希克斯自己并没有使用自己的这一理论模型，他使用的是李嘉图的不变成本模型，并假定每一个国家只生产出口品和“非贸易品”。而其后继者约翰逊、戈登、芬德伦、格鲁贝尔特也沿用 H-O 模型框架。

平和钱学锋（2007）等。

另一部分是进一步丰富了技术进步定义。希克斯吸取了穆勒对运输成本分析中的营养，明确地将出口偏向的技术进步定义为不仅包括生产率的改进，还包括交通运输成本和商业技术的改进。不过，此时的技术进步被后人称为“希克斯中性技术进步①”。芬德伦和格鲁贝尔特（Findlay & Grubert，1959）则对中性技术进步给出了另外一种解释②，并指出在可出口行业的中性技术进步会导致一种“极度有利于贸易倾向的”产出扩展，其具有明确的贸易条件效应。可是，巴特拉（Batra，1969）却沿着极度偏向型技术进步的研究思路再次定义了技术进步，并将其分为中性技术进步、密集要素使用型技术进步、密集要素节约型技术进步三类③，通过代数和几何分析比较三类技术进步所导致的不同结果。他认为，在进口商品或出口商品生产中所发生的中性技术进步会导致与希克斯同样的结论；但在一国进口商品或出口商品生产中所发生的密集要素节约型技术进步是极度进口或出口偏向的，会使得本国的贸易条件改善或恶化的程度远远超过中性技术进步情形下的；而在一国出口商品或进口商品生产中所发生的密集要素使用型技术进步有可能会是极度出口偏向，也有可能是极度进口偏向，它对贸易条件的影响是不确定的。

（2）引入技术进步的传导效应。新古典贸易学者重点考察了两种传导机制。一是技术进步——产品生产传导机制。斯库拉斯（Asimakopulos，1957）认为，同一生产率变动所引致的贸易条件效应的不同结果依赖于实际生产的商品的数量和种类，在一个国家内同一生产率增长，只有在没有货币调整困难情况下，才会对一个非变革国家的贸易条件有利。

① 如果当资本—劳动比为任一不变值时，资本的边际产量对劳动的边际产量之比保持不变，即资本与劳动的技术替代率不变，技术进步就是希克斯中性的。

② 即在初始相对要素价格下，发生技术进步后最优的资本劳动比例不变。

③ 这里所指的中性技术进步（neutral technical progress）是指在同一要素价格比例下保持要素密度不变的技术进步；密集要素使用型技术进步（intensive-factor-using progress）是指在同一要素价格比例下，发生技术进步的商品的要素密度发生了改变，其更多地使用密集要素；密集要素节约型技术进步（intensive-factor-saving technical progress）是指在同一要素价格比例下，发生技术进步的商品的要素密度发生了改变，其更多地使用了非密集型要素。

二是技术进步在贸易品部门和非贸易品部门之间的传导。哈罗德（1939）、巴拉萨（Balassa，1964）和塞缪尔森（Samuelson，1964）首次将非贸易品部门引入两国模型之中。他们认为，在一国贸易品部门的生产率增长会同时降低国内非贸易品部门的相对价格，尤其恶化本国的贸易条件，并提高国内非贸易品的相对价格。中国学者谷克鉴（1998）巧妙地对传统的 HBS 推断进行了改进并将其应用于中国经贸实践。他用国民部门和外资部门来代替贸易品部门与非贸易品部门，并将前者界定为资本密集型，后者界定为劳动密集型，还给出了每一部门的贸易品价格，并设计了一个工资系数。其基本结论是两个部门间的相对价格依赖以生产率为基础的工资变动，各部门的出口竞争力的提高即贸易条件改善直接与自身的工资系数正相关。

（3）对技术进步所导致的贸易条件效应的深入考察。相关分析体现在两个方面。一方面是对技术进步所引致的贸易条件变动的福利效应的界定。其界定采用了生产论和效用论两种方法，生产论即将贸易条件效应直接与生产或供给挂钩。迪沃特和莫里森（Diewert & Morrison，1986）更是明确地将贸易条件变动近似为技术水平的变动。效用论则是将贸易条件效应直接与消费者剩余或消费者效用相联系，但后者应用较少。

另一方面是对贸易条件效应实现条件的考察。坎姆（1955）推断，技术进步所导致的贸易条件效应依赖于本国居民对进口商品和出口商品之间的偏好以及价格变化的程度。勒道（Lerdau，1962）则认为贸易条件效应依赖于反应，而反应又依赖于政策、资源禀赋、市场规模和技术状态等，这也引发了后继者对国内经济状态的考察。巴格瓦蒂（1963）率先探究了国内扭曲下的增长所引致的贸易条件变动的福利效应，并提出了贫困化增长概念①。

（4）对南北贸易问题的初步分析。这一问题的分析可以追溯到普雷维

① 其实按照布洛姆菲尔德（Bloomfield，1984）的观点，斯克诺普（1833）、托伦斯（1835）在分析技术进步所引致的增长对贸易条件的影响过程中，就已经提前使用了“贫困化增长”的概念。

什（1950）和辛格（1950）。他们认为，技术进步的成果在南北的生产者和消费者之间的分配机制的不对称、制造业的技术进步使得收入增加，在欠发达国家的食物和原材料行业则使得价格下降。萨卡（Sarkar，2001）在二元经济框架下进一步佐证并完善了这一观点。

2.3.2.2 拓展——新要素比例理论框架下的进一步诠释

以上相关考察通常都由于资本、劳动两要素分析框架，技术进步以间接形式作用于生产及贸易活动，可是，这一框架在“里昂惕夫悖论”面前显得苍白无力，个别的分析为了简化还间或回到了单要素假设，与经济现实相去甚远。为此，琼斯（Jones，1970）[①] 直接利用技术差异来调整了传统的H-O框架，克森（Kessing，1965）、韦默（Wachrer，1966）为代表的学者更是开始将劳动技能、人力资本等直接作为生产要素引入分析中来，进而逐步形成了一个新的理论体系，即新要素比例理论（neo-factor proportions theory），这也为以直接形式分析技术进步的贸易条件效应提供了便利，之后，针对这一问题也出现了一系列更加深入的解释。

（1）对存在技术性要素禀赋差异条件下的技术进步的贸易条件效应的解析。这一方面分析的集大成者莫过于琼斯，他于1970年重点考察了技术差异对贸易条件的影响。他认为，如果一国的贸易伙伴国在生产某一劳动密集型产品上拥有相对强有力的技术优势，则即使本国是低工资国家，其劳动密集型产品仍会相对昂贵，也使得本国在劳动密集型产品生产上处于比较劣势，在这类产品（即出口产品）生产上的技术进步会导致其贸易条件相对改善。其他的一些新要素贸易理论学者也都是沿着这一分析思路展开，重点考察国家间技术性要素丰裕度差异，得出的结论都与此相同。

（2）对南北贸易问题的新阐释。新要素比例理论的出现为分析南北贸易问题作出了新的解答。普雷维什（1959）率先考虑“技术密度[②]”

---

① 国际经济学界的一个共识就是，琼斯是第一个系统地拓展H-O框架，并在技术差异条件下分析技术进步对贸易条件影响的学者。

② 这里的技术密度是指技术知识的数量和生产中使用技术的实际能力。

（technological densities）差异。他认为，在存在这种差异的条件下，假定两类国家发生同等水平的技术进步或生产率提高，中心国的改进将会全部反映在工资率的增加上，在外围国家有一部分则通过出口价格的下降而转移到中心国家，进而使得外围国家的贸易条件相对恶化。并且，一旦外围国家的出口生产率的增速要快于进口行业的边际生产率，出口价格进而贸易条件恶化程度将会更加严重。琼斯（1970）更是直接应用了维农的“产品循环”理论，引入了第三种生产要素，即针对部分劳动或资本需求的一系列特定技术。他认为，先进国家由于拥有与较大的国内市场相关的特定技术以及已经具备的相关知识存货，使得自身更易于生产新产品，而落后国家只能生产标准化产品，这也就直接使得落后国家的贸易条件相对恶化。

2.3.2.3　应用Ⅰ——数理模型构建

（1）探寻模型的理论基础。其一，理论考察的复杂与多样。无论是传统的要素比例理论，还是新要素比例理论，都仍沿用 H-O 框架或其拓展，以各种不同的、较为复杂的方式在结论上进行修正，并一直迂回于“偏向（baised-ness）”概念，从没有得到一个一般化的关于增长引致贸易条件变动的充要条件或重要的充分条件，在分析的过程中也存在着一些矛盾和模糊之处（Takayama，1964）。为此，在理论拓展的同时，经济学家们开始谋求以数理方式实施模型构造。

其二，两要素数理模型。米德（Meade，1951）首次从 H-O 模型框架出发，以数理方式构建了一个明确的两要素模型，并用于国际贸易理论分析。生产要素的成功引入也为技术进步因子的引入奠定了基础。

（2）数理模型构建。新古典贸易学者在构建数理模型上，一直是依托于一般均衡理论框架，从需求与供给入手，探寻技术进步—贸易条件—贸易条件效应之间的关系。

其一，需求方程和供给方程。需求方程的构建是按直接方式和间接衍生两种形式展开的。前者的代表是特克亚玛（Takayama，1964），他利用

Slutsky-Hicks 型消费者需求方程成功描述了两国的需求方程；后者的代表则是琼斯（1970），他利用瓦尔拉斯法则，定义了一个派生世界需求方程，即在发生技术进步条件下，商品价格会进行调整以使得市场出清，每一国家的需求依赖本国的收入和贸易条件。

供给方程则严格按照 H-O 模型框架展开，主要变化为生产要素种类的变化，传统的要素比例理论的表现形式为两国家两要素两产品模型下的产出变动方程，以特克亚玛（1964）为代表；在新要素比例理论下，则是利用不同的投入产出系数来推导各自的产出。

其二，技术进步引致的贸易条件变动及其效应解析。这一问题的分析有两种表达方式。一种是进出口价格差额表达方式。特克亚玛（1964）推导出一个囊括希克斯、约翰逊等在内的众多分析的一般方程，琼斯（1970）也沿用了这一种方法。另一种是微分方式。巴格瓦蒂是这一方面的领路人，他利用这一方式系统地考察了三者之间的关系，并提出了贫困化增长方程。只是，他没有明确论及技术进步，国民福利仍由实际收入替代。

2.3.2.4 应用Ⅱ——计量分析

事实上，在新古典贸易理论文献中鲜见技术进步、贸易条件、贸易条件效应三个变量之间的整体性计量分析，其进展体现在以下的基础性工作上。

（1）对相关变量的界定与计量。就贸易条件而言，在实际计量分析中，或者使用帕氏（Paasche）指数，或者使用拉氏（Laspeyres）指数。但在一般情况下，都用后者。

至于技术进步的数量形式或者以全员劳动生产率、边际生产率来表示，或者以通过索洛剩余计算得到的全要素生产率来表示。

贸易条件变动的效应则主要通过三个不同的方法来表示。第一种方法是将贸易余额的部分变动归结为贸易条件变动。斯塔菲尔（Stuvel，1956；1958）利用一个“两结合折中方案”分析了英国 1948 ~ 1951 年 GDP 和支出数据的变动，并将部分贸易余额归结为价格结构效应（即贸易条件变动对贸易余额）的影响。施慕勒（Schimmler，1976）也沿用这一方法。第二种方法是按一个不同于实际 GDP 的标准计量方式来计量“实际国民收入”，并将两者差异归结为贸易条件效应。吉尔雷（Geary，1955）和尼科尔森（Nicholson，1960）先后使用一个相似的公式定义了贸易条件效应，可这一方法只能在一个不存在技术进步条件下的进行静态福利比较。第三种方法是将实际国民收入、实际 GDP、贸易条件效应计量整合在一个连续的实际国民收入核算体系中。三位经济学者（Geary & Burge，1967；Stuvel，1967）曾给出了一个一体化计量体系。

（2）变量间相关关系的计量分析。此时的计量分析主要是利用要素贸易条件来体现。勒道（1962）率先成功地计算了生产率指数、商品贸易条件和单要素贸易条件，并反映了生产率指数与单要素贸易条件变动中的一致性。斯普劳斯（1980）则在对南北贸易条件变动做总结性分析时，将商品贸易条件变为双要素贸易条件，并证明了生产率变动型技术进步在南北贸易条件变动中的支配作用。

客观地说，在整个新古典贸易理论框架下，对技术进步的理论考察及计量分析基本按照新古典增长理论展开，忽略了国内需求和国际传导；重点关注技术进步的生产效应是否是“极度偏向的”，将技术进步限定为外生给定状态：由于某种形式的劳动生产率（或全要素生产率）一次性提高，聚集于生产率变动而引致的工资变动的贸易条件含义，而忽视了其他形式的持续性技术进步，更遑论技术学习、技术外溢等活动的增长效应。也正因为如此，新贸易理论迅速将新（内生）增长理论的一些新进展应用于贸易条件分析之中，并将封闭经济推向开放经济。

2.3.3　新贸易理论分析：内生技术进步理论与开放经济宏观经济学框架的引入与应用

新贸易理论开始重点考察内生技术进步的贸易条件效应，尤其是利用新凯恩斯主义的框架，或者说是开放经济宏观经济学框架，研究开放条件下的长期动态效应。

2.3.3.1 理论进展Ⅰ——技术进步理论的拓展及其内生化

（1）对产品革新类技术进步的重点考察。克鲁格曼（Krugman，1979）利用维农（1966）的“产品循环”理论开发了一个南北贸易模型，重点考察创造新产品类技术革新对贸易条件的影响。在他的模型里，贸易模式是由持续的革新过程和技术转移来决定的，不存在固定的贸易模式，每一产品首先由北方出口，最后成了南方的出口产品。北方的工资要相对高些，这是因为北方对新产品具有垄断权，北方的工资部分地反映了北方对新产品垄断的租金，革新的持续进行（即出口新产品的不断出现）会提高北方的相对工资，即贸易条件改善；而革新的下降和技术转移的加速会缩小工资差异，会导致北方工人生活水平的绝对下降，即贸易条件恶化。克鲁格曼（1989）又从单纯的南北贸易扩展到全球一般情形，并得出了一致的结论。可是，这些分析只关注革新和技术转移的影响，而没有关注其原因，且都假定为外生形式。格罗斯曼和赫尔普曼（Grossman & Helpman，1991）将其演化为内生产品循环理论，重点分析了内生的产品革新和技术转移对贸易条件的影响，他得出了与克鲁格曼相反的结论，即南方的相对工资（即要素贸易条件）在此情形下会相对恶化，北方则相对改善。诺尔（Ruhl，2003）尝试在克鲁格曼分析框架的基础建立了一个包括供需弹性和创造一个新产品在内的模型；柯思缇等（Corsetti et al.，2005）则进一步将生产率的“溢出效应”直接纳入分析中，并提出当生产率改进的利得降低了引进新的产品品种和开办新的企业的成本时，由国内企业供给的品种数量和供给给世界消费者的品种数量上升，本国的贸易条件得到了改善。

（2）对工艺革新类技术进步的重点考察。两位经济学者（Sehleifer，1986；Krugman，1990）探讨了持续性成本革新过程，其他三位经济学者（Segerstrom，1990；Aghion & Howitt，1990）则创新性地提供了重复性质量革新理论，这也就初步形成了工艺革新类技术进步理论框架。可是，他们或者假定工艺革新在产品间按顺序进行，或者假定其在一个经济体层面展开，这也就不可避免地造成分析上的困难。为此，格罗斯曼和赫尔普曼（1991）假定存在一系列产品，每一个产品沿着一个质量阶梯进行自身的随机性提升，此时，技术进步所导致的贸易条件效应必须与各种不同质量水平的产品所处的地理位置相联系在一起，并不能得出一个像南北贸易条件变动的一般性结论，毕竟，这种情形下不仅有产业内贸易，还有产业间贸易。不过，有一点可以确定，就是这类革新肯定会使得生产者可以在既定成本条件下提供更多的服务。可是，十分遗憾的是，除了以上几篇文献曾触及贸易条件效应外，自此之后尚未发现有一篇文献将其深入。

（3）生产率增长型技术进步的内生化延伸。迪贝尔和李（Debaere & Lee，2004）首次将技术进步延展到研发，并提出，由研发以及相对贸易伙伴的人均GDP的增长所引致的生产率改进对贸易条件具有一个积极的影响。这也暗示着快速的产出扩张并不一定意味着一国贸易条件的下降，而非研发导致的快速的相对产出扩张会对贸易条件有一个不利的影响。

（4）贸易条件变动的福利效应的深入考察。在新贸易理论分析中，已经在以下三个方面取得了突破：一是重点考察经济中的内在差异。伊顿和帕纳加里亚（Eaton & Panagariya，1982）将不变规模报酬拓展为可变规模报酬，并认为在一定条件下，可变规模报酬下的小国经济的要素积累或者技术进步引起的增长会导致福利改进。乔和余（Choi & Yu，1985）引入了外部经济，并将其拓展到大国情形，得出了技术进步所引致的贸易条件变动的福利效应依赖于行业间的规模报酬弹性。二是重点分析贸易条件变动的国际福利效应。柯思缇等（2006）的研究体现了最新进展，他们在对近期相关分析系统总结的基础上提出，当产品品种供给是内生时，国际溢出不仅依赖于贸易条件的变动，还在于消费者可得到的产品品种变化对消费者的福利含义。国际福利效应并不是直接与相对价格变动相关的，如果消费者对产品品种的偏好更大，则生产率变动的国际溢出可能会是正，即使贸易条件变动对外国不利。三是重点分析跨期动态福利效应，尤其是代表性厂商或家庭的福利。无论是产品革新型技术进步，还是工艺革新型技术进步，都将福利效应考察的重点聚焦于代表性厂商或家庭，并从静态延伸到了动态、从产品市场延展到资本市场。多位经济学者（Grossman & Helpman，1989，1991；Krugman，1990；Aghion & Howitt，1990）的分析均属于此类，虽然他们没有明确地界定水平产品革新和垂直产品革新所导致的贸易条件变动的福利效应，但已经直接将其所导致的福利效应分为消费者剩余效应、利润损失效应、跨时域溢出效应三部分。

2.3.3.2 理论进展Ⅱ——开放宏观经济学框架的引入及其与内生技术进步理论框架的融合、应用

众多学者利用开放宏观经济学框架，重点考察了内生技术进步对贸易条件变动及其福利效应的影响。

（1）开放经济宏观经济学理论框架的引入。奥伯斯法尔德（Obstfeld）和罗戈夫（Rogoff）于1995年设计了有微观基础的开放经济动态最优化模型，又被称为Redux模型，开辟了开放经济的宏观经济学研究的新领域，创建了新开放经济的宏观经济学。随后，许多经济学家致力于这个领域的研究，引发了西方经济学界研究开放经济的宏观经济学的新热潮。在对开放经济的宏观经济学的研究热潮中，在众多学者的努力下，新凯恩斯主义在开放经济的宏观经济学的研究方面形成了自身的特色（从多方面发展了Redux模型），尤其这一框架能有效地将技术进步分析从静态均衡框架拓展为动态优化的一般均衡框架，这也就为技术进步的贸易条件效应研究提供了开放经济的动态基础。

（2）两个理论框架的有机融合。罗默（Romer，1990）、赫尔普曼和克鲁格曼（1985）、克鲁格曼（1989）、格罗斯曼和赫尔普曼（1991）所开创的内生增长理论首次专门描述了创造一个新产品的特征及其对经济增长的影响，从而有效深入了对技术进步的考察。正是在他们的引导下，包括芬斯特拉（1999）在内的诸多现代贸易学家重点探析了新产品的引入和出口产品品种对贸易绩效的影响。而与此同时，一些宏观经济研究的文献也开

始了对企业动态学和内生产品品种的考察，即考虑企业对内在边际（如选择一个给定产品品种的生产规模）和外在边际（引入一个新产品）的选择及其宏观经济影响。这就有机融合了两大理论框架（即内生技术进步理论与开放宏观经济学）。

（3）开放经济宏观经济学理论框架的应用以及微观拓展。单就这一框架的理论应用而言，柯思缇等（2006）的研究成果体现了这方面的最新进展，他们引入资本市场、消费风险等影响国内需求的因素，在经济体具有充分高的吸收的国内偏向、国内贸易品的长期价格弹性相对高、经济主体只能在国际市场借进或借出三个假设条件上，分短期和长期两种情况考察了技术进步或生产率变动的贸易条件效应。他们认为，贸易条件对长期持续的生产率革新的动态反应包括短期升值、长期贬值。也就是说，在生产率革新是持续的或者可以被预期的情况下，贸易条件确定地会相对于初期均衡而贬值，贸易条件溢出在长期是正的。这是因为新资本被投入并且具有生产能力，生产率得到更新，并到了更高的生产水平，相应地，贸易余额得到改善。在短期是则是负的，当预测未来生产率改善所导致的国内吸收的上升提高了国内贸易品的国际价格时，会伤害国外消费者。

同时，一些国际经济学家开始尝试对开放宏观经济学理论进行微观拓展。克罗尼克和梅里兹（Ghironi & Melitz，2006）将技术进步引入进国际商业循环模型，并假定生产率变动系统地减少生产产品的边际成本和建立新企业的沉没成本，此时，贸易条件在生产率上升时升值。柯思缇等（2004）的研究则放松了这一假定，并证实贸易条件对生产率的反应的差异依赖于哪一个成本受影响，如果进入成本下降则贸易条件升值，如果技术革新使产品制造变得更便宜则贸易条件贬值。当然，这种拓展由于微观经济个体行为、结构与绩效分析的限制，还没能取得突破性进展。

2.3.3.3 数理模型的完善

（1）数量模型的理论基础。如前所述，新凯恩斯主义理论框架和内生技术进步理论成为此时构建模型的基础。

纵观相关文献，可以发现，需求方程的构建是按两种不同的思路展开的。一是间接形式的社会效用方式。乔和余（Choi & Yu，1985）利用拟凹的社会效用函数描述了一个经济体的需求面。其数学表述为：

$$\begin{aligned} &U = U(D_1, D_2) \\ &X_1 + pX_2 = D_1 + pD_2 \end{aligned} \tag{2-1}$$

二是简约形式（reduced form）的代表性（家庭）消费者的消费效用。尽管克鲁格曼率先构建了引入新产品品种类技术进步对贸易条件的影响的理论模型，但这一思想源于迪克西特和斯蒂格利茨（Dixit & Stiglitz，1977），只是后续的研究不断增加了诸如汇率等影响变量。其一般数学描述为：

$$\begin{aligned} &U_t = \int_t^{+\infty} \mathrm{e}^{-(\tau-t)} \log D(\tau)\,\mathrm{d}\tau \\ &D = \left[\int_0^n x(j)^a \mathrm{d}j\right]^{\frac{1}{a}}, 0 < a < 1 \end{aligned} \tag{2-2}$$

而对于产品质量提高型技术进步对贸易条件影响的理论模型，一直沿用质量梯度理论的思路，更加注重跨期效用，只是不断变换其影响层面。其一般的表现形式为：

$$\begin{aligned} &U = \int_0^{+\infty} \mathrm{e}^{-\rho t} \log u(t)\,\mathrm{d}t \\ &\log u(t) = \int_0^1 \log\left[\sum\nolimits_j q_j(\omega)\,\mathrm{d}_{jt}(\omega)\right]\mathrm{d}\omega \\ &\int_0^{+\infty} \mathrm{e}^{-R(t)} E(t)\,\mathrm{d}t \leqslant A(O) \\ &E(T) = \int_0^1 \left[\sum\nolimits_j p_{jt}(\omega)\,\mathrm{d}_{jt}(\omega)\right]\mathrm{d}\omega \end{aligned} \tag{2-3}$$

供给方程的描述也可以分为两种方式。一是一个国家两产品（产业）两要素模型下的生产函数。乔和余（1985）率先在生产要素充分就业的条件下引入可变规模报酬内生于行业，但外生于企业的假设前提，构造了应用贸易条件分析的可变规模报酬生产函数。其数学表达为：

$$
\begin{aligned}
&x_i = g_i(X_i)F_i(c_i, l_i; t_i), i = 1,2 \\
&X_i = g_i(X_i)F_i(K_i, L_i; t_i) = G_i(K_i, L_i; t_i), i = 1,2 \\
&e_i = \left(\frac{\mathrm{d}g_i}{\mathrm{d}X_i}\right)F_i = \left(\frac{\mathrm{d}g_i}{\mathrm{d}X_i}\right)\left(\frac{X_i}{g_i}\right), i = 1,2 \\
&(1 - e_i)\mathrm{d}X = g_i(F_{K_i}\mathrm{d}K_i + F_{L_i}\mathrm{d}L_i + F_{t_i}\mathrm{d}_{t_i}), i = 1,2 \\
&w = p_i g_i F_{l_i} = p_i g_i F_{L_i}, i = 1,2 \\
&r = p_i g_i f_{c_i} = p_i g_i F_{K_i}, i = 1,2
\end{aligned}
\tag{2-4}
$$

二是简约形式的内含产品，品种多样性和产品质量的供给方程。其一般表现形式分别为：

$$
\begin{aligned}
x(j) &= \frac{Ep(j)^{-\varepsilon}}{\int_0^n (j')^{1-\varepsilon}\mathrm{d}j'} \\
p_D &= \exp\left\{\int_0^1 \log\left[\frac{\overset{v}{p}(j)}{\overset{v}{q}(j)}\right]\mathrm{d}j\right\}
\end{aligned}
\tag{2-5}
$$

（2）技术进步引致的贸易条件变动及其效应解析。此时，相关分析采取两种不同的表达方式。一是微分方式。在巴格瓦蒂的指引下，后继学者（Eaton & Panagariya，1979，1982；Choi & Yu，1985）直接引入技术进步，并划分为小国和大国两种情形，附加了可变规模报酬的新约束，以效用来替代国民福利。其表达式为：

$$
\begin{aligned}
&\frac{\mathrm{d}p}{\mathrm{d}t} = p\frac{\partial X_2/\partial t}{(a_f + a_h - 1)E_2}[m_h(1 - \alpha s) - 1] \\
&\frac{\partial p}{\partial t_f} = -\frac{\partial X_{tf'}/\partial t_f}{(a_f + a_h - 1)E_2}\left[m_f\left(1 - \frac{1}{\alpha_f s_f}\right) - 1\right] \\
&\frac{1}{U_1}\frac{\mathrm{d}U}{\mathrm{d}t} = (1 - \alpha s)p\frac{\partial X_2}{\partial t} \\
&\frac{1}{U}\frac{\mathrm{d}U}{\mathrm{d}t} = (1 - \alpha s)pX_2\left(\frac{\varepsilon_t}{t}\right) + [(1 - s)X_2\varepsilon_s]\frac{\mathrm{d}p}{\mathrm{d}t} - E_2\frac{\mathrm{d}p}{\mathrm{d}t}
\end{aligned}
\tag{2-6}
$$

二是回归方程方式。众多学者直接构建一个回归方程，通过回归系数和显著性程度来描述两者之间的关系。其数学表述包括简约形式和结构形式，后者只是在前者的基础上增加了一些结构系数。前者的一般表达式为：

$$\Delta p = a \cdot \Delta t + \varepsilon$$
$$\Delta U = a \cdot \Delta p + \varepsilon \text{ 或 } \Delta I = a \cdot \Delta p + \varepsilon \tag{2-7}$$

2.3.3.4 计量分析

（1）对相关变量的界定与计量。在内生技术进步和开放宏观经济学框架下，对贸易条件的使用更多地考虑技术进步、汇率变动、经济结构等供需因素的国际影响。库帕萨斯（Kouparitsas，1994）构建了一个指数，该指数可以分析贸易结构及产业结构的影响；巴克斯特（Baxter，2000）引入商品价格和国别价格来考察进出口商品结构的影响，布罗达和温斯特（Broda & Weinstei，2004）则利用克鲁格曼（1989）对产品差异化的引入以及芬斯特拉（1994）对生产率增长背景下的贸易净福利效应的界定而提出了一个新的福利型价格指数定义，柯思缇等（2006）更是直接将出口折算因子为基数的实际汇率作为贸易条件的近似代表。

至于技术进步，一部分仍以全要素生产率来表示，另一部分用新产品的数量变动来表示，克鲁格曼（1989）以出口国潜在的产出增长来代表进口需求中的产品品种变动，盖农（Gagnon，2004）以出口国的实际产出增长率来代表进口需求中的产品品种变动。不过，一直没有涉及产品质量改进类技术进步。

至于贸易条件变动的效应，则主要以两种不同的方法来界定。第一种方法就是将实际 GNP 或实际 GDP 作为一个动态开放经济条件下的福利指标。哈马达和伊瓦特（Hamada & Iwata，1984）扩展三位经济学者（Saumelson，1961；Krueger & Sonnenschein，1967）动态框架下的福利分析，利用显示性偏好理论，将实际 GNP 作为分析当前贸易条件效应和预期贸易条件效应的福利指数。至于实际 GDP，则一直深受质疑，柯力

（Kohli，2004）认为，在出现不断变化的贸易条件的情况下，实际 GDP 会是一国福利的一个十分误导的指数。实际 GDP 会系统地低估当一国的贸易条件改善时的实际收入的增长，实际 GDP 和实际国内收入是两个完全不同的概念，前者关注于生产可能性，后者强调消费可能（或者一个更为一般的吸收），以及最终的福利。为此，国际经济学界更倾向于使用实际国内收入。另一种方法则是将国家整体和家庭或个人的消费和投资需求的变动作为贸易条件变动的福利效应指标。在动态一般均衡模型下，生产率变动不仅影响相对价格和财富，而且形成消费和投资需求，罗戈夫（1995）是这方面研究的拓荒者。

（2）变量间相关关系的计量分析。此时的计量分析则是利用一国的实际贸易数据，通过协整分析、单位根检验、格兰杰检验等计量技术来进行统计检验。盖农（2004）通过对美国的进口和出口情况的实证考察证明了克鲁格曼（1989）的结论。多位经济学者（Acemoglu & Ventura，2003；Dabaere & Lee，2004）进行的实证分析也都相继证明了格罗斯曼等（2005）的结论。

2.3.4　简要评述

毫无疑问，古典贸易理论以来众多贸易学说不断丰富和发展了这一论题；成功构建了理论模型，尤其是需求、供给及其变动方程式；利用单个的国别数据实施了初步计量研究。但毋庸讳言，近两个世纪的相关分析未能实现技术进步条件下贸易条件及其变动的有效深入的理论考察和计量研究。究其原因在于，这些相关变量研究都包含着一系列重要的假说和一整套完整的理论体系。

2.3.4.1　技术进步

在已有文献中的技术进步一直只是一个笼统的概念，并且，实质涉及的仅是生产率的提高和创造新产品。但事实上，一般意义上的技术进步还应包括垂直创新，即质量提高以及工艺创新。不同技术进步又以不同的方式扩大一国的生产和消费可能，进而对一国的生产和消费产生不同的含义。针对技术进步的理论分析及其实证研究的进展直接受制于增长核算研究进展的制约，与增长核算模型对应的、描述不同类技术进步的模型在暗含的偏好、市场结构、生产技术、研究部门的特征、技术溢出的程度、政府的作用等方面存在种种差异，且增长核算本身正面临着重大的“核算瓶颈”。

要素生产率的提高是用人均产出或人均收入的提高来代表的；水平创新是用产品品种的数量来代表的；垂直创新是用一个特定消费者的效用增长率来代表的。但对应实证研究也存在不同的含义，即决定要素生产率的增长是用资本——劳动比率的增长率和人均产出的增长率之间进行比较，其他两者的表述则相当困难（Jensen & Wong 1997）。仅以要素生产率而言，传统的计量方法是利用索洛剩余来计量的，但这一方法在经常出现贸易条件变动的开放经济条件下是明显不合理的。索洛剩余是通过投入—产出的 C-D 技术取得的，这种计量是用一种陈旧的函数形式，并且将所有产出加总，抽象掉了进口和出口，也就不可能汇总贸易条件效应；利用非参数估计等方法进行全要素生产率核算在近年来蓬勃兴起，但在遵循比较优势的经济中，并不能显著反映中性技术进步。[①]

2.3.4.2 贸易条件

贸易条件的理论渊源就在于比较成本（利益）理论，或者说是比较成本理论的补充与完善[②]，其基本理论假说就是两国和两商品的分析前提，由于经济理论史上所谓的贸易理论检验问题，“两两性”假说根本不能实现对双边贸易的计量研究（谷克鉴，2006）。

从一个概念的角度来说，“贸易条件”植根于两大经济思想：一是短

① 对于遵循比较优势的经济，由于技术进步更多隐含在引进的资本设备中，故在 TFP 实证分析中，其中性的技术进步应当并不显著。

② FREDERIC B. The Terms of Trade [J]. Economica, 1940 (7): 360-376.

期国际贸易理论；二是经济发展理论[①]。源于这些思想所给出的众多表述总是存在这样或那样的疏漏，并不能有效反映一国长期的进出口商品质量、属性、结构（含国别结构）、消费偏好、运输成本、部门间要素结构及流动，更没有形成一个有充分现实解释力的、系统的、能有效反映福利变化的指标（体系）。

作为一个计量指标，在其统计核算中，经常应用的各类指数都存在这样或那样的困难或暗含假设，使其计量不可避免地存在着系统偏差。例如，最为常用的拉氏指数，用其统计的贸易条件指数（无论是商品贸易条件，还是单要素贸易条件）来进行福利分析，也只有在以下三个额外限定条件下才是明确的：一是在基期的相对要素和产品价格准确地反映了不同投入和产出的实际成本和效用；二是生产要素的充分就业，要素可以流动、价格灵活并且替代曲线是连续的；三是生产率指数只代表出口部门，经济体中没有其他变动。

除此以外，如前所述，关于贸易条件效应的界定是一个难以跨越的坎。加之，在实际计量中方法的选择更是颇费脑筋。

2.3.5 下一步发展方向

这一问题研究的发展方向应该主要集中在以下三个方面：一是构建一个能贯穿宏观经济现象和微观经济个体行为的理论分析框架，毕竟，贸易条件及其变动不只是一个宏观现象，更应该迅速实现向微观行为研究的转移；二是搭构建正确描述现代经贸实践的贸易条件概念体系、深刻辨识技术进步，以系统的理论和实证数据来刻画各层次技术进步；三是深入探寻技术进步的贸易条件效应及其传导机制，尤其贸易条件变动的动态效应，构建合理的理论模型，并对其进行实证检验。而对于正处于“进口价格上升、出口价格下降”泥沼中的中国，构建一个反映中国经济转型、经济开

---

① ROSTOW W W. The Terms of Trade in Theory and Practice [J]. The Economic History Review, New Series, 1950, 3 (1): 1-20.

放和经贸发展的贸易条件分析的供需及其方程式，并实施数据检验是一个重要任务。并且需要强调的是，对中国转型经济中的制度因素、相关外贸外汇管理体制（如人民币汇率制度、企业行为转变的现实影响的描述）也是其应有之义。

第 3 章　研究框架

3.1　研究起点

3.1.1　实践起点：技术决定性贸易模式的形成与深化

普雷维什（1964）结合多年的南北贸易实践提出了所谓的“技术依赖型经济”，即先进国家出口较高技术水平的产品，进口较低技术水平的产品；新兴工业化经济体则与此相反。这一点已经被实践证实，不过，其主要分析的是产业间贸易，而没有谈及产业内贸易。

一旦考虑产业内贸易，我们不得不承认，发达工业国家间的贸易量已经成为国际贸易的主要部分，远远超过普雷维什所论及的“南北贸易”的发展规模，并且现在已经不仅存在于发达国家之间，还存在于发达国家与发展中国家之间。而这一现象背后的一个重要原因就是同产业同类产品间的贸易量大大增加，产品贸易从原来的不同产业之间→同一产业不同行业之间→同一行业不同类产品之间→同类产品不同生产过程之间的贸易逐步深化和趋同化。这一现象的出现则直接源于同类国家，尤其是发达国家间整体技术密度的相同性和产业或产品结构层次上的差异性。若没有相同的技术密度，他们就不可能在同一产品和同一技术水平上竞争以及在贸易竞争中达到均衡；不可能都大量生产，各自达到规模经济效益；也不可能在一国抢先占领对方市场。同时，若没有产业或产品层次上的差异，同一产品的不同生产阶段的技术分工及不同技术的不同产品以及同一产品不同型号的产品开发就不可能加强，另一国不可能迅速进入同一类不同型号产品的大量生产，使产品品种不断增多、成本下降，贸易量和贸易额不断增加，双方共享分工和规模经济的好处。

可以说，技术及技术密度已经是全球贸易的首要影响变量，技术决定型贸易或技术依赖性经济已经形成并将持续发生作用，其影响将越来越深远，表现形式也越来越多样化。这一点可以从各类国家的不同产品的净出口额、产业内贸易指数以及一些客观的经济现象（如全球产业转移）来给予有力的证明。

3.1.1.1 各类国家的 SITC 分类产品的净出口额比较分析

下面，笔者从发达国家与发展中国（不含中国）以及中国两个方向来进行阐述和分析。

（1）发达国家与发展中国家（不含中国）。首先，从每一章产品来看，具体情况如下。

就 0 类产品（即食品及主要供食用的活动物）而言，1980 ~ 2003 年，发达国家在 00、01、02、04、09 这五章产品的净出口额一直为正值，而同期发展中国家对应的净出口额一直为负值；发达国家在 03、05、06、07、08 这五章产品的净出口额一直为负值，而发展中国家的对应净出口额一直为正值，见附录中的附表 10 和附表 11。可是，一旦我们将这些代码分别对应其相应的产品，就会发现，前五章产品分别为活动物、肉及肉制品、乳品及蛋品、谷物及制品、饲料。活动物的饲养与谷物及制品的生产都是极易发生要素密集度反转的行业，在发达国家它可以归于技术密集型行业，也正是由于较高的技术含量，所以它们在这些产品贸易上获取了大量的收益；而肉及肉制品、乳品及蛋品、饮料都涉及加工、脱水、冷冻、储藏等一系列较为复杂的技术，发展中国家在这方面一直没能有效解决，发达国家自然而然也就成了创汇国。至于后五章产品，则分别是鱼、甲壳及软体类动物及其制品，蔬菜及水果，糖、糖制品及蜂蜜，咖啡、茶、可可、调味料及其制品，杂项食品，这些基本都属于自然资源性产品，而发展中国家由于其所在地域正好具有丰富的原生资源，对技术水平的要求也不高，只需进行简单的处理，即使进行深加工处理也多半进行贴牌生产。为此，发展中国家也就成为这五章产品的出口获益国。

就1类产品（即饮料及烟类）而言，发达国家在1999年前，其11章产品（即饮料）的净出口额一直为正值，但在21世纪后，基本为负值。而同期发展中国家的饮料产品在1999年前，一直为负值，但此后一直稳定为正值，成为一个稳定的出口创汇点，见附录中的附表12和附表13。由于发展中国家的经济不断发展，发展中国家的国内消费量不断提升，发达国家适时地将这一产业转移到劳动力成本低的发展中国家，进而也提高了发展中国家的生产技术水平，使得发展中国家可以有效生产出这些产品。至于12章产品（即烟草及其制品），发达国家的净出口额在2000年前基本稳定为正值，但2001年后一直为负值，同期，发展中国家则一直稳定为正值。这种现象与发展中国家丰富的烟草资源直接相关，加之，国内消费所推动的技术水平提升也有力地增强了这一产品的创汇能力，压缩了发达国家的出口竞争空间。

就2类产品［即非食用原料（燃料除外）］而言，1980～2003年，发达国家在23、24、28、29这四章产品［即生橡胶（包括合成橡胶及可再生橡胶）、软木及木材、金属矿砂及金属废料、其他动植物原料］的净出口额一直为负值；而同期发展中国家在这几章产品上基本为正值，除了24章、28章产品由于自身需求的不断扩大和本身处理技术的落后而逐步加大了自身的进口量，而在近几年出现了负值，见附录中的附表14和附表15。这种现象的出现也与这同类产品本身主要是资源性产品相关，其要求的技术水平较低。而相比之下，两类国家在21章、22章、26章产品（即生皮及生毛皮、油籽及含果实、纺织纤维及其废料）则出现了逆转，尤其是近年来发展中国家的净出口额由正变负值，发达国家则由负变正。其中的一个重要原因就是发展中国家在这些产品的清洁处理技术上一直停滞不前，发达国家则在相关生产环保上取得了突破。对于25章产品（即纸浆及废纸），发达国家则迅速由负变正，发展中国家则一直为负，这与发展中国家在这方面较低的技术水平和不断增长的需求直接相关。至于 27 章产品［即天然肥料及矿物（煤、石油及宝石除外）］，发达国家则一直为负值，而发展中国家迅速地由正变负，其重要原因就是该类产品是资源性产品，而发展中国家和发达国家在这方面的需求都处于不断上升之中。

就 4 类产品（即动、植物油、脂及蜡）而言，1980～2003 年，发达国家的 41 章产品（即动物油、脂）的净出口额一直为正，而发展中国家一直为负值；可是，对于 42 章产品（即植物油、脂），发达国家的净出口额一直为负，发展中国家则一直为正值，见附录中的附表 16 和附表 17。比较后就可发现，动物油脂的提炼、储藏所要求的技术水平远远高于植物油脂，并且，后者与当地天然储藏直接相关。至于 43 章产品（即已加工的动植物油、脂及动植物蜡），随着世界对加工处理油脂物质及动植物蜡所剩的残渣、油鞣回收脂上的技术要求不断提高，发达国家在这一产品的净出口额不断提高，并于 2002 年成为正值；发展中国家则在 1987 年顺利变成了正值，并基本稳定，但是其自身的进口额也在不断提高。

就 5 类产品（即化学成品及有关产品）而言，1980～2003 年，发达国家在 51、53、54、55、56、58、59 这七章产品（即有机化学品，染料、鞣料及着色料，医药品，精油、香料及盥洗、光洁制品，制成肥料，非初级形状的塑料，其他化学原料及制品）上的净出口额一直稳定为正值，而同期发展中国家一直为负值，见附录中的附表 18 和附表 19。毋庸置疑，这七章产品都可以归于技术水平要求较高的制成品，发展中国家一直处于落后地位。可是，对于 52 章产品（即无机化学品），发达国家的净出口额在 1990 年前一直在正负之间波动，而 1990 年后却稳定为负值；发展中国家则从 1981 年开始一直稳定为负值。这与发达国家自身进口需求尤其是与发达国家之间的产业内贸易份额的加大相关。对于 57 章产品（即初级形状的塑料），其生产技术相对要求低，发展中国家易于追赶并逐步掌握其生产技术，所以，发展中国家的净出口额在 1986 年后基本稳定为正值，其出口额也不断增加，而同期发达国家的进口额不断上升，其净出口额稳定为负值。

就 6 类产品（即按原料分类的制成品）而言，1980～2003 年，发达国家在 62、64、67 这三章产品（即橡胶产品，纸及纸板、纸板制品，钢铁）的净出口额基本稳定为正值，同期发展中国家则一直为负值。可是，同期发达国家的 61 章、63 章产品［即皮革、皮革制品及已鞣毛皮，软木及木制品（家具除外）］则一直为负值，发展中国家则一直为正值，见附录中的附表 20 和附表 21。在这一现象背后的原因就是，后两种产品的生产更多地依赖于各国对应的资源丰裕程度，而前三种产品的技术水平要求相对较高。不过，对于 65 章、66 章、69 章产品（即纺织、织物、制成品及有关产品，非金属矿物制品，金属制品）出现了发达国家由正到负、发展中国家由负到正的逆转；对于 68 章产品（即有色金属），发达国家的净出口额一直稳定为负值，发展中国家则出现了由正到负的变化。对应这种变化的解释就是，发展中国家前三类产品的生产技术通过引进外资、加进自身发展的方式而不断提高，已经成为这些产品的主要出口国，这些产品也是其出口收入增加的来源；而在后一产品的生产上还存在一些技术瓶颈，并不能完全满足国内对一些特殊差异化产品的需求，为此，其进口需求也在不断扩大。

就 7 类产品（即机械及运输设备）而言，发达国家在 71、72、73、74、77、78、79 这七章产品［即动力机械及设备，特种工业专用设备，金工机械，通用工业机械及零件，电力机械、器具及其电气零件，陆路车辆（包括气垫式），其他运输设备］的净出口额一直为正值，发展中国家则一直为负值。而同期，对于 75 章、76 章产品（即办公用机械及自动数据处理设备、电信及电音的录制及重放装置设备），出现了净出口额发达国家由正到负、发展中国家由负到正的逆转，见附录中的附表 22 和附表 23。通过分析，不难看出，后两章产品为新兴机电产品，产品生命周期短，发展中国家正是发挥自身在技术上的“后发优势”，通过引进和自主研发相结合，逐步在 20 世纪 80 年代末 90 年代初成功地成为世界主要的净出口额国；而前七章产品主要是一些工艺复杂、技术含量高的机电产品，发达国家垄断了其技术优势。

就8类产品（即杂项制品）而言，发达国家在81、82、87、88这四章产品（即活动房屋、卫生、水道、供热及照明装置，家具及其零件、褥垫及类似填充制品，专业、科学及控制用仪器和装置，摄影器材、光学物品及钟表）的净出口额一直为正值，发展中国家则一直为负值。而同期，对于83章、84章、85章产品（即旅行用品、手提包及类似品，服装及衣着附件，鞋靴），发达国家的净出口额一直为负值，发展中国家则一直为正值；对于89章产品（即杂项制品），出现了出口额发达国家由正到负、发展中国家由负到正的变化，见附录中的附表24和附表25。通过分析，我们可以发现，前四章产品的技术含量较高、生产工艺较复杂；而后四章产品的技术含量相对较低、生产工艺较简单，发展中国家易于利用其劳动力比较优势来打开国际市场。

其次，就8类产品的整体来看，具体情况如下。

整体上，在0、1、2、4类产品（初级产品）中，发展中国家的净出口额一直为正以及由负变正的共有13章，占全部章数的54.17%；而在5、6、7、8类产品（工业制成品）中，发展中国家的净出口额一直为正以及由负变正的只有10章，占全部章数的27.78%。由于前者的技术水平相对较低，且多半与各国的资源禀赋相关，发展中国家也就更多地依赖这类产品出口来获取出口利得；而后者的整体水平较高，其产品生产及其国际市场竞争力更多地依赖于各国所积累的技术能力，为此，发展中国家只能在这些更易于发挥“后发优势”以及“劳动力比较优势”的少数产品上成为净出口额国。

（2）中国。首先，就SITC三位数的产品分类来看，见附录中的附表26。

就0类产品而言，在1980~2004年的25年间，其净出口额基本稳定为负值的产品为022、023、024、041、042、043、061、072、091。其中，前三种产品均属于奶制品，中间三种产品为小麦、大米、大麦这种极易发生要素密集型反转的农作物，后三种产品分别为本章产品中生产技术水平要求较高或者直接与自然资源禀赋相关的糖、可可、杂项制品。同期，中国在 073、081 两种产品（即巧克力、动物饮料）上的净出口额也逐步由正变负，毫无疑问，这两类产品可以被称为“初级产品中的制成品”。与此同时，净出口额一直为正值或者由负变正的产品，如 001、011、012、014、025、034、035、036、037、045、047、048、054、056、057、058、062、074、075、098、044、046、071，这些主要是活动物、蔬菜水果等原始产品以及经过简单技术处理的肉类及制品。

就 1 类产品而言，在这 25 年间，中国在 111、112（即饮料、酒）上的净出口额基本稳定为正值，而在 121、122（即烟草原料及废品、烟草制成品）上逐步由负变正。毫无疑问，这四种产品都更多地与各国的自然资源（如水质、烟草）直接相关，前者的技术水平相对后者要低一些，后者的净出口额也就随着烟草生产技术的不断提高而逐步由负变正。

就 2 类产品而言，在这 25 年间，中国在 232、233、244、247、248、251、266、267、274、281 上的净出口额基本稳定为负值；在 211、212、222、263、264、265、268、269、273、277、282、287、288、289 上的净出口额出现了由正变负的现象；在 271 上出现了由负变正的现象；同期，则一直在 223、245、246、261、278、291、292 上稳定为正值。对比后可以发现，后九种产品分别为天然肥料、不挥发性油籽、木炭及燃烧用木头、纸浆用木材及废木、其他天然矿石、天然动物原料、天然蔬菜原料，它们所要求的技术水平相对于同类产品而言，明显要低一些；稳定为负值的 10 种产品为主要天然橡胶、合成橡胶、天然软木、方木、各种纤维类制品，其他 15 种产品主要为金属矿石、非铁金属等，这 25 种产品要么是自然资源产品，要么是生产技术水平较高的产品。尤其需要指出的是，在 26 章产品中，中国仅在 261（即丝绸）上的净出口额一直为正，而在 263、264、265、266、267、268、269 这七种产品上或者一直为负或者由正变负，明显的是，后七种产品都是纤维制品，其技术发展迅速；前者则是典型的传统产品，其技术发展比较缓慢。

就 4 类产品而言，在这 25 年间，中国在 411、431（即动物油与脂肪、加工过的动植物）上的净出口额一直稳定为负值，在 423、424（即不易挥发的软植物油、其他不易挥发的植物油）上的净出口额出现了由正变负的现象。毫无疑问，这四种产品都对提炼技术要求较高，中国在这方面的技术仍处于世界落后水平。

就5类产品而言，在这25年间，中国仅在515、522、524、541、553、572、585的净出口额上一直稳定为正值，在523、531、591上出现了由负到正的变化，在511、512、513、514、532、533、562、582、583、584、598上一直稳定为负值，在516、551、554、592上出现了由正到负的变化。将各个代码对应其代表的产品之后不难发现，前10种产品分别为有机与无机混合物、无机化学物与氧化物、放射性原料、医药产品、香水与化妆品、爆炸物与烟火、塑料原料、其他无机化合物、合成染料、杀虫剂与消毒剂，这些产品或者是其所属章中的技术水平低的产品（如585、554），或者是该类产品中启动成本要求较低、易于发挥“后发优势”的产品（如522、524、541、572）。

就6类产品而言，在这25年间，在61~64这四章产品中，613、625、635、642一直稳定为正值，在612、634上出现了由正到负再到正的变化，在611、641上稳定为负值，在628上出现了由负到正再到负的变化；前六种产品分别是棕褐色毛皮、橡胶胎与橡胶管、木制品、切割的纸及纸板、皮革制成品、胶合板与夹板，这些产品的生产所要求的技术水平在整个该类产品中属于相对较低的那一部分。并且，尤其需要特别指出的是，在65~69这五章产品的净出口额上出现了明显的技术一致性。在65章中，在651上出现了由负到正再到负的变化，在652、653、656上都出现了由正到负再到正的变化，在654、657上出现了由正到负的变化，在654、658、659上则一直稳定为正值；在66章中，在661、662、663、665、666上一直稳定为正值，在664、667（即玻璃、珍珠与玉石）上分别稳定为负值和出现了由正到负的变化；在67章中，在671、679上出现了由正到负再到正的变化，在672、673、674、675、676上一直稳定为负值，在677上出现了由正到负的变化，在678上出现了由负到正的变化；在68章上，在681、685、686、688上出现了由负到正的变化，在 684、687、689 上一直稳定为正值，在 682、683 上一直稳定为负值；在 69 章产品上，在 691、692、693 上出现了由负到正的变化，在 695、696、697、699 上一直稳定为正值。不难发现，在这五章中，其净出口额出现由负到正的变化的那些产品的生产技术，在近年来都得到快速提高并逐步赶超了先进国家，如 691（即建筑零件）、655（即纺织物等），那些稳定为正值的产品的生产技术则一直保持在世界前列，如 666（即陶器）、658（即纺织品等）；那些稳定为负值的产品的生产技术则仍然落后于先进国家，如 673（型钢等）。

就 7 类产品而言，在这 25 年间，在 71 章中，除了在 716 上出现了由负到正再到负的变化以外，在 711、712、713、714、718 上则一直稳定为负值；在 72 章中，除了在 721、722（即除拖拉机外农业机械、非公路用拖拉机）上出现了由负变正的现象，在 723、724、725、726、727、728 上都一直稳定为负值；在 73、74 章中，在其全部产品上都一直稳定为负值；在 75、76 章上，则都出现了由负到正的变化；在 77 章中，在 771、773、775 上出现了由负到正的变化，在 772、774、776 上则一直稳定为负值，在 778 上出现了由负到正再到负的变化；在 78 章中，则在 781、782、783、784 上都一直稳定为负值，在 785、786 上则出现了由负到正的变化；在 79 章上，除了 792 一直稳定为负值上，791、793 都出现了由负到正的变化。一经分析就可以看出，一直稳定为负值的这些产品都属于技术水平相对较高的那一部分，如飞机、发动机和电动机、专业机械等；而那些出现由负到正的变化是我们由于不断进行技术革新，成功实现技术跨越的那一部分，如电子计算机、农业机械、船、发电设备等。

就 8 类产品而言，在这 25 年间，在 81、82、83、84、85 章（即活动房屋、卫生、水道、供热及照明装置，家具及其零件、褥垫及类似填充制品，旅行用品、手提包及类似品，服装及衣着附件，鞋靴）上一直稳定为正值；在 87 章（即专业、科学及控制用仪器和装置）中，871 出现了由负到正再到负的变化，872 出现了由负到正的变化，873 则一直稳定为正，874 则稳定为负；在 88 章（即摄影器材、光学物品及钟表）中，881、884

都出现了由负到正再到负的变化，882、885 都出现了由负到正的变化，883 则一直稳定为负值；在 89 章（即杂项制品）中，892、893 都出现了由负到正的变化，894、895、896、897、898、899 都一直稳定为正值。如果我们将其对应其所代表的产品，就可以发现，那些一直稳定为正值的产品基本上都是技术水平要求低且中国具有相对技术优势的传统制成品，如纺织服装、内衣、鞋类等；那些一直稳定为负值都是技术含量高的产品，如电影胶片、测量机械等；那些出现了由负到正变化的都是中国逐步实现了技术赶超的产品，如塑料品、印刷品等。

其次，就整体来看，具体情况如下。

在 0 类、1 类、2 类、4 类产品（初级产品）中，中国的净出口额一直为正以及由负变正的产品分别为 22 种、2 种、8 种、0 种，分别占该类产品总数的 64.71%、50%、25%、0；而在 5 类、6 类、7 类、8 类产品（工业制成品）中，其净出口额一直为正以及由负变正的分别为 10 种、30 种、16 种、22 种，分别占该类产品总数的 40%、50%、35.56%、78.57%。显而易见，在四类初级产品中，其生产所要求的技术水平呈现出梯次递进；在后四类工业制成品中，8 类产品（即杂项制品）多半采用传统的生产技术，6 类产品（即按原料分类的制成品）的技术要求较多地受制于自然资源禀赋，其生产技术相对于高于 8 类产品，5 类产品（即化学成品及有关制品）主要受制于化学工业的发展，技术要求较高，但 7 类产品（即机电产品）是典型的高科技产品，其技术水平要求是四类产品中最高的。

最后，纺织业的跨产品分类分析。

在整个 SITC 三位数的产品分类中，与纺织业的相关的产品包括 651、652、653、654、655、656、657、658、659、724、842、843、844、845、846、847、848。在这 17 种产品 25 年的净出口额上，仅在 657（即专门纺织品）和 724（即纺织机械）上分别出现了由正到负的变化和一直稳定为负；而 654、658、659 以及 84 章中的 7 种产品一直稳定为正，其他的 8 种产品则都出现了由负到正的变化。不言自明的是，657、724 是这些产品中技术含量最高的，中国现有技术水平达不到其要求；中间 10 种产品则绝大部分都可以利用传统工艺，发挥中国的劳动力成本优势进行生产；其余5种则一直采用半人工、半机械生产，且其机械化水平和劳动生产率都在这25年间得到了逐步提高；这也就直接促成了对应产品的净出口额的相应变化。

通过以上的分析，我们可以毫不夸张地说，整个中国的产品净出口额及其变化直接受制于中国对应的产品的技术水平状况及其变化。

3.1.1.2 各类国家之间的产业内贸易指数分析——以纺织服装业为例

纺织服装业是典型的传统产业，既是各个发展中国家的出口大户，也是一些全球产业转移的一个重要日标，更是贸易争端的“多发地”，这一产业对于分析产业内贸易，尤其是分析产业内贸易在各类国家之间的变动情况再合适不过。

（1）美国与各类国家之间的产业内贸易指数。

从单个国家来看，美国与加拿大之间的产业内贸易指数最高，日本次之，中国最低，见表3-1。这一点也客观地反映了美中两国之间在这一产业上的技术差异最大，而与加拿大、日本存在巨大的相似性的事实。并且，尤其值得注意的是，由于欧盟25国与欧盟15国之间的技术整体水平基本一致，所以，美国与欧盟15国和美国与欧盟25国之间产业内贸易指数没有发生什么变化。

表3-1 美国与各类国家之间的产业内贸易指数（1998~2003年）

纺织服装业	1998年	1999年	2000年	2001年	2002年	2003年
美国与欧盟15国	0.6326960	0.5398390	0.5434790	0.4978250	0.4850180	0.4538510
美国与欧盟25国	0.6210279	0.5316550	0.5336503	0.4917547	0.4791417	0.4515129
美国与中国	0.1141064	0.0749086	0.0892998	0.0964802	0.1301080	0.1291621
美国与加拿大	0.9298240	0.9921359	0.9806319	0.9635331	0.9377508	0.9445972
美国与日本	0.7784170	0.8970848	0.8662386	0.8617144	0.8986666	0.9228094
美国与发达国家	0.8554301	0.7840078	0.7729604	0.7399214	0.7222715	0.7058769
美国与发展中国家	0.4438493	0.4129780	0.4225820	0.4135892	0.3836719	0.4000096

资料来源：根据联合国贸发会议的年度报告整理。

从不同类型国家来看，美国在这一产业与发展中国家的技术水平存在巨大的差异，而与发达国家之间的整体水平差距不甚明显，为此，美国与发展中国家之间的产业内贸易指数一直远远低于它与发达国家之间的产业内贸易指数。

（2）欧盟25国与各类国家之间的产业内贸易指数。

从单个国家来看，欧盟25国与美国之间的产业内贸易指数最高，日本次之，中国最低，见表3－2。这一点也客观地反映了欧盟与中国在这一产业上的技术差异最大，而与美国、日本存在较大的相似性的事实。并且，尤其需要指出的是，欧盟等其他地区或发达国家与美日两国之间在经济技术水平上的差距在扩大，且美日两国之间的技术相似性在不断增强，为此，欧盟与美国、日本之间的产业内贸易指数基本呈现同一变化，稳定在45%左右，而与加拿大之间的指数在不断增大，但仍小于前者。

表3－2　欧盟25国与各类国家之间的产业内贸易指数（1998～2003年）

纺织服装业	1998年	1999年	2000年	2001年	2002年	2003年
欧盟25国与美国	0.6210279	0.5316550	0.5336503	0.4917547	0.4791417	0.4515129
欧盟25国与中国	0.1223700	0.1334190	0.1409490	0.1459285	0.1411186	0.1456249
欧盟25国与加拿大	0.1970443	0.2509503	0.2641224	0.2967506	0.2945237	0.3225265
欧盟25国与日本	0.5396015	0.6039980	0.5751890	0.4795374	0.4866052	0.4507731
欧盟25国与发达国家	0.9632520	0.9607278	0.9579799	0.9541369	0.9548931	0.9538003
欧盟25国与发展中国家	0.4567703	0.4340240	0.4267521	0.4419961	0.4492302	0.4317407

资料来源：根据联合国贸发会议的年度报告整理。

从不同类型国家来看，欧盟在这一产业与发展中国家的技术水平存在巨大的差异，而欧盟25国的整体水平基本上代表了发达国家的平均水平。为此，欧盟与发展中国家之间的产业内贸易指数一直远远低于它与发达国家之间的产业内贸易指数，而后者一直稳定在95%以上。

（3）日本与各类国家之间的产业内贸易指数。

从单个国家来看，日本与美国之间的产业内贸易指数最高，欧盟次之，中国最低，见表3－3。这一点也客观地反映了日本与中国在这一产业上的技术差异最大，而与美国存在巨大的相似性的事实。并且，尤其需要指出的一个事实就是，随着日本经济技术水平的不断提高，其紧随美国而居世界次席，美日两国之间的差距在急剧缩小，而与欧盟、加拿大的差距在不断拉大，为此，日本与美国之间的产业内贸易指数显著增大，与欧盟、加拿大、中国之间的指数在逐步缩小。

表3－3　日本与各类国家间的纺织服装产业内贸易指数（1998～2003年）

纺织服装业	1998年	1999年	2000年	2001年	2002年	2003年
日本与美国	0.7784170	0.8970848	0.8662386	0.8617144	0.8986666	0.9228094
日本与中国	0.3894959	0.3962210	0.3616283	0.3413321	0.3489629	0.3542695
日本与加拿大	0.5003692	0.4416762	0.4174696	0.3961081	0.3883119	0.3839032
日本与欧盟25国	0.5396015	0.6039980	0.5751890	0.4795374	0.4866052	0.4507731
日本与欧盟15国	0.5357039	0.6014847	0.5707018	0.4753978	0.4830976	0.4479617
日本与发达国家	0.6115199	0.6890668	0.6735692	0.5929437	0.609152	0.5839432
日本与发展中国家	0.5533408	0.5362295	0.4964781	0.4662693	0.4874992	0.4602675

资料来源：根据联合国贸发会议的年度报告整理。

从不同类型国家来看，日本在这一产业与发展中国家的技术水平存在较大的差异，而与发达国家之间整体水平基本持平，为此，美国与发展中国家之间的产业内贸易指数一直远远低于它与发达国家之间的产业内贸易指数。不过，需要补充的是，日本由于地缘上的原因与亚洲国家在这一产业的贸易额也客观地促成了日本与发展中国家之间产业贸易指数相对其他发达国家要高，与发达国家之间相对于其他发达国家要低一些。

（4）中国与各类国家之间的产业内贸易指数。

从单个国家来看，在1998年，中国与日本之间的产业内贸易指数最高，加拿大次之，美国最低；在2003年，中日两国之间仍然最高，欧盟次之，加拿大最低，见表3－4。但同时需要指出，中日两国之间的产业内贸易指数不断走低，中欧之间不断走高，这一点也客观地反映了在这一产业上，中欧之间的技术相似性在不断加大，中日、中加、中美两国之间技术差异性不断扩大的事实。尤其是在中欧之间不断扩大的纺织服装贸易更是有力促成其指数走高。

表3-4　中国与各类国家间的纺织服装产业内贸易指数（1998~2003年）

纺织服装业	1998年	1999年	2000年	2001年	2002年	2003年
中国与欧盟15国	0.1415345	0.1541603	0.1647803	0.1735026	0.1661784	0.1710391
中国与欧盟25国	0.1223700	0.1334190	0.1409490	0.1459285	0.1411186	0.1456249
中国与美国	0.1141064	0.0749086	0.0892998	0.0964802	0.1301080	0.1291621
中国与加拿大	0.2025302	0.1671709	0.1704104	0.1503906	0.1342004	0.1017242
中国与日本	0.3894959	0.3962210	0.3616283	0.3413321	0.3489629	0.3542695
中国与发达国家	0.2833710	0.2796126	0.2759851	0.2687199	0.2677718	0.2710172
中国与发展中国家	0.8057038	0.8295674	0.8132274	0.7912791	0.6997671	0.6458721

资料来源：根据联合国贸发会议的年度报告整理。

从不同类型国家来看，中国在这一产业与发达国家的技术水平存在很大的差异，而略高于发展中国家的整体水平，并且这一差距在近些年有扩大的趋势。毕竟，我国在这一行业的生产技术水平出现了长足的进步，而其他的一些发展中国家主要以传统工艺和利用比中国更加低廉的劳动力成本进行生产。为此，中国与发展中国家之间的产业内贸易指数一直远远低于与发达国家之间的产业内贸易指数，但两个指数之间的差异正在缩小。

通过以上分析，我们完全可以得出一个结论，即国家间产业内贸易的发展依赖于国家间的技术水平差异及其变动。

3.1.1.3　经济全球化背景下的典型化事实：全球产业梯度转移与国际分工的深化

随着经济全球化进程的不断深化，贸易伙伴在参与国际经贸实践过程中，已经并将持续考虑经济全球化的影响。经济全球化有效地限定贸易双方在国际交易中进行收益成本分析的边界与层次，并决定双方利得与利失的动态变化。

经济全球化与国际产业转移相伴相生，经济全球化的发展丰富了国际产业转移的形式和内容，但产业梯度转移仍是其经典范式。发达国家和地区从“传统（技术水平较低）产业”入手，向发展中国家实施产业转移，被转移产业的层次由低到高呈梯度展开，形成了一个以转出国为起点的产业递次转移链。20世纪发生的美日两国之间的大规模产业转移和近些年不断深化的美国、欧盟向中国的产业转移（如一些跨国公司将其制造基地转移到中国）就是一个明证。

在产业梯度转移的同时，全球化不仅继续扩大宏观层面的商品、资本、人员、服务及其他要素国际流动，且进一步使得国际分工主体日益微观化，生产分工深入价值增值的各个链接点，全球制造和全球分销的理念不断深化，服务外包迅速崛起；分工模式也由传统的“两端模式”向“波谱模式”① 转变。这也使得新形势下的产业分工基本上以价值链为基础，而现代产业价值链的研究表明，产业链利润呈“V”型，即所谓的“微笑”曲线（smiling curve）②。

如图3－1所示，产业（产品）的上游和下游，即产品研发、零部件生产、模块零部件生产、销售、售后服务的附加值高，利润空间大，而处于中游的组装环节附加值低，利润空间小。结合当前的国际分工，不难看出，发达国家利用其技术优势处于这些产业（产品）的上游和下游，而发

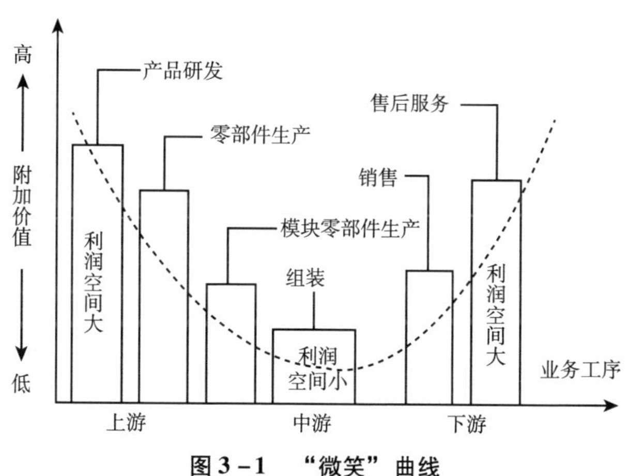

图3－1　“微笑”曲线

① 谷克鉴，吴宏．外向型贸易转移：中国外贸发展模式的理论验证与预期应用［J］．管理世界，2003，4：9－16.

② “微笑”曲线是我国台湾地区宏碁公司董事长施振荣先生最早提出的，用来描述生产个人计算机的各个工序的附加价值特征。在整个个人计算机的产业链里，上游的CPU、操作系统和下游的售后服务等工序具有较高的附加价值，而处在中游的组装生产等工序则利润空间最小。

展中国家却由于自身技术水平只能处于中游，这也使得发达国家得到其中的大部分利润，而中国只能获取微利，并且利润空间正在不断收缩。

在产业梯度转移和价值链分工的双重作用下，经济全球化背景下的国际贸易的内在驱动力也就直指国家间的技术水平。

3.1.2 理论起点：新要素禀赋理论

3.1.2.1 新要素禀赋理论的理论演进

传统要素禀赋理论在“里昂惕夫悖论”以及第二次世界大战后出现的“产业内贸易”面前显得苍白无力，这也直接促成了国际经济学界对经典H-O框架的重新校正。众多学者直指其生产要素假说（即仅限于资本、土地、劳动三项），而沿着内生和外生的两条路径逐步将技术引入生产要素概念之中，人力资本、研究与开发、信息、制度等纳入要素概念之中，考虑偏好、规模经济、知识存货等其他影响供给、需求的因素，逐步形成了新要素禀赋理论、贸易技术论、产业内贸易理论等。

（1）新要素禀赋理论。新要素禀赋理论通过增加人力资本和R&D支出等新要素比较成功地解释了国际贸易的模式；从“劳动”这一传统生产要素中分离出熟练劳动（即人力资本）和非熟练劳动，将知识也视为一国的禀赋之一；将“技术”变量引入要素禀赋模型，如同传统的劳动和资本一样，强调创新及其背后的技术对贸易模式的影响。这里的技术变量主要借助研究人员的数量和质量、R&D支出水平和具体的创新数据来表示。

这一理论提出，有些国家掌握的生产要素是其他国家所没有的；国家间的要素不再是同质的，而是异质且存在着国际转移上的困难；国家间相互交换的更多是使用权而不是所有权。

（2）贸易技术论。贸易技术论将技术差异视作贸易的主要决定因素。在波斯纳（1961）的“贸易技术差距模型”中，一国由于发现了某种新产品和新工序而获得了暂时的比较优势，直到其竞争对手具有了相应的创新模仿能力，创新国才会丧失这种比较优势。但是，由于创新国在技术上的领先地位，可以不断地通过新的创新来取代被竞争对手模仿的旧创新，进而在各阶段始终保持比较优势。在海什（1965）和弗农（1966）的“产品周期理论”中，假定一国在创新生产上具有优势，在商品生产的初期，生产需要较高的技术水平、商品价格较高、产量较低，加上接近市场有助于接受消费者的信息反馈和进行相关的服务，生产在创新国进行；随着商品的成熟和标准化，价格下降、生产时间变长，商品生产可以转移到其他具有成本优势的国家；创新国继而可以生产另一种新产品。多马（1976）专门论述了新产品引入型技术进步在决定国际贸易模式中起重要作用，尤其是在发达国家与发展中国家之间。①

这一理论强调在引进一种新技术对产品生产定位影响中的时间的重要性，认为新产品的生产和 R&D 密集型产品的生产应该位于技术能力发达的国家。但是它忽略了以下两个事实：其一是时间，时间会使产品趋于标准化，增加成本的重要性；其二是技术扩散，技术扩散会提高外国生产新产品和模仿现有产品的能力。

（3）产业内贸易理论。对产业内贸易的研究最早可以追溯到 20 世纪 50 年代末。当时在欧洲经济共同体成立后，研究其成员国之间贸易格局的变化，是评价区域经济一体化组织形成与否的一项重要依据。20 世纪 60 年代，巴拉萨和格鲁贝尔等研究发现，欧共体市场贸易的增长，并不是由于 H-O 定理所描述的那种产业间贸易的增长，欧洲经济一体化显示的则主要是产业内部的贸易，这种贸易格局在中美洲及其他区域性市场上也得到迅速发展。格鲁贝尔等就将此称为“产业内贸易”。

20 世纪 70 年代中期，格鲁贝尔与他人合作出版《产业内贸易：差别产品的国际贸易理论和计量》一书，通过对所有主要工业化国家进行系统比较研究，为探讨有关产业内贸易现象提供了详细证据。从 20 世纪 70 ~ 80 年代初，已经出现了大量有关产业内贸易现象的理论解释。其代表性的观点即瑞典经济学家林德尔（S. B. Linder）所提出的偏好相似论、坎姆和

① DAVID D. Technological Lnnovation, Capital Mobility, and the Product Cycles in North-South Trade [J]. The American Economic Review, 1986, 76 (1): 177 - 190.

克鲁格曼提出的规模经济贸易论 、马库森等提出的技术差异理论、格鲁贝尔提出的产品差异论。

其实，一旦我们将这些新的理论解释综合分析，不难看出，无论是产业内贸易理论中的偏好相似学说、规模经济学说、技术差异学说，还是贸易技术理论中的产品循环学说、质量梯度学说、技术扩散学说，其中的一个关键影响因子都可以归结为普雷维什所提出的“技术密度”，即各贸易参与国之间的技术知识数量和生产中使用技术的实际能力。当然，这里的技术密度既反映了一国接受、利用、创新技术产品的能力，又反映了一国物质装备程度，即资本有机构成比例和物质装备的先进性以及人员素质、管理水平等。从产业或产品层面而言，以某一产业、某一产品技术水平的高低来划分技术层次；从国家整体经济层面而言，则要通过整个国民经济中的综合因素来考察。

3.1.2.2 新要素禀赋理论的实践印证

新的世界经济增长和发展格局处于网络经济条件下，消费替代存在着新的发展趋势，因此有“强制贸易”的现象。[①] 一方面，物质消费的比例下降，信息消费的比例上升；另一方面，信息消费存在生产和生活两个方面的消费，其不可替代的趋势越来越明显，尤其是生产性消费。生产技术需要升级、管理技术需要升级、营销方式需要升级，这些都与计算机和网络有关，与新技术有关。因此，国内没有能力生产需要的信息产品和提供需要的信息技术，只能通过国际贸易获取。同时，各国利用其拥有的特殊的“新要素”所生产出来的产品尤其是信息类产品将会时刻受到“摩尔定律[②]”、国家安

---

① 葛伟民. 新要素禀赋理论——信息经济条件下的国际贸易理论［J］. 上海经济研究，2002，10：46.

② 在计算机领域有一个共知的“摩尔定律”。英特尔公司创始人之一戈登·摩尔（Gordon Moore）于1965年在总结存储器芯片的增长规律时（据说当时在准备一个演讲），发现“微芯片上集成的晶体管数目每12个月翻一番”。当然这种表述没有经过什么论证，只是一种现象的归纳。但是后来的发展很好地验证了这一说法，使其享有了“定律”的荣誉。后来表述为“集成电路的集成度每18个月翻一番”，或者说“三年翻两番”。这些表述并不完全一致，但是它表明半导体技术是按一个较高的指数规律发展的。就在“摩尔定律”提出近3年，英特尔公司诞生了。后来，人们又将这一技术规律扩展为一个商业规律即存储电路的成本按照每年40.9%的速度下降。

全、知识产权三把利剑的约束，发展中国家常常掣肘于后两者。这一经济现象也就直接将新条件下国际贸易产生、发展的原因和结果①指向了“新要素禀赋”。

简言之，新要素禀赋理论，尤其是其中重点关注于技术影响贸易模式的专门学说能够作为当前解释各类国家间贸易结构及其竞争力的重要理论基石。特别在以信息技术为主导的各类技术已经成为推动全球经济持续增长与发展引擎的背景下，这一理论具有更加旺盛的现实解释力，新要素禀赋理论就是信息经济条件下的国际贸易理论②，并将继续成为国际贸易实践的立足点。当然，在实际应用时又需要不断赋予新的时代特征。

3.1.3　小结

国际经济贸易实践已经在自觉或不自觉之间受制于国家的相对技术密度，国家间技术密度的相对变化在引领着国际经贸实践发展动向的同时，又在各类型国家之间绘就一幅动态画面，它们之间的差异在局部已经开始缩小甚至逆转，其范围也在逐步扩大。这一现象也有力地佐证并丰富了新要素比例理论，尤其是其中的技术依赖型贸易学说，并为其赋予了更多新的时代特征，特别是创新概念。作为标示贸易利得的指标——贸易条件自然而然地在其影响范围之内，影响国家间技术密度动态变化的技术进步因素的考察同样需要以此为起点，分析涵盖技术创新在内的技术进步的相对变化对贸易条件的作用。这里的相对，既指国家间的相对变化，又指不同行业乃至产品间的相对变化，可以被称作为“相对相对”概念。

---

① 其实，国际贸易学就是一门探讨国际贸易产生的原因和结果的学问。

② 葛伟民．新要素禀赋理论——信息经济条件下的国际贸易理论［J］．上海经济研究，2002，10：45－47.

3.2 基本研究框架

3.2.1 已有研究框架的不足

在已有研究中，对于贸易条件及其变动的研究多半是从需求面展开，主要分析需求弹性、收入、偏好、名义汇率等需求约束因素；即使基于技术进步视角进行的分析也更多地考察技术进步对以上需求约束因素的影响，而忽视了技术进步对供给因素的作用，更谈不上均衡分析。

3.2.2 本书研究框架

本书尝试利用均衡分析框架来考察技术进步的贸易条件效应，力求全面刻画技术进步对贸易条件变动及其福利效应的深刻影响。

3.2.2.1 基本假设前提

正如熊彼特和其他的一些学者已经注意到的，在竞争压力下，创新越来越成为一个惯例性的和可预测性的过程，企业已经将经济中的很大一部分研究与开发转变为一种内在的、有管理的、有控制的过程，如医药业、计算机业，甚至摄影业。换言之，他们都已经将创新常规化。[①] 在此过程中，包括中国在内的众多发展中国家已经并将继续构筑产品创新、工艺创新的平台。本章所显示的发达国家和发展中国家在不同产品的净出口额上的动态变化就是一个明证，而印度的软件业、中国的机电业更是一个经典案例。这种现象在经济全球化趋势下只会进一步加强，发展中国家的技术水平将不再限于引进、吸收，有必要摒弃传统的“南北创新—扩散”假

① 威廉·鲍莫尔．自由创新机器：资本主义的增长奇迹［M］．郭梅军，唐宁，等译．北京：中信出版社，2004．

定。任何一个国家、行业乃至产品都在进行着各种类型的技术进步，只是相对速度的不同，国家、行业及产品在国际经济学上所属类型的不同。在分析过程上，对于一国而言，整个世界是本国和外国组成；对不同国家而言，整个世界只是大国和小国①之分，对于参与贸易的行业而言，只有可出口行业和可进口行业之分②。

3.2.2.2 相关变量的假定

由于本书将发展中国家作为一个创新源，所以，本书的技术进步不再包含扩散，而按照技术进步对生产的最终影响来划分，其包括生产率增长型技术进步、工艺创新类型技术进步和产品创新类技术进步，而产品创新类技术进步又包括新产品的出现和产品质量提高两种情形。

尽管价格贸易条件并不是一个最为合理的解释指标，但在还没能找到一个更好的指标之前，本书将继续沿用这一指标。

至于贸易条件变动的福利效应，将其限定为贸易条件变动所引致的国民福利的变化，但书中将不仅仅指当期的贸易利得、国民收入的变化，更包含了跨期变化。

3.2.2.3 理论框架的渊源

前面的分析也表明，普雷维什的技术依赖性经济学说是本书研究的理论和实践起点。同时，巴格瓦蒂关于“贸易贫困化增长”分析框架的两个产业假定以及经济增长对贸易条件变动的分析思路又进一步为本书分三种不同层次的技术进步来解析其贸易条件效应提供了理论支点。本书的分析也就沿着他们两人的思路逐步开展。

3.2.2.4 理论框架设定

既然理论上可以将技术进步分为这三个层面，也就不妨将技术进步写

---

① 国际经济学意义上的大国和小国分别是指国际市场的价格制定者（price-maker）和价格接受者（price-taker）。

② 巴格瓦蒂在分析经济扩张对贸易条件的影响时，一直将一国的行业分为可进口行业和可出口行业。

成这三者之间的一种乘积形式，即：

$$TP = PG^{\alpha} PI^{\beta} PCI^{\delta}$$
$$\alpha + \beta + \delta = 1, 1 \geqslant \alpha, \beta, \delta \geqslant 0 \tag{3-1}$$

式（3－1）中，TP、PG、PI、PCI 分别代表一国、行业乃至产品的总体技术进步，生产率增长型技术进步、产品创新型技术进步、工艺创新型技术进步。

同时，在考察技术进步的贸易条件效应时，我们为了简化，可以采用简约型的微分方式，即用贸易条件（用 P 来表示）对技术进步进行求导，则有：

$$\frac{\mathrm{d}p}{\mathrm{d}TP} = \frac{\mathrm{d}p}{\mathrm{d}PG} \times \alpha \times \frac{TP}{PG} + \frac{\mathrm{d}p}{\mathrm{d}PI} \times \beta \times \frac{TP}{PI} + \frac{\mathrm{d}p}{\mathrm{d}PCI} \times \delta \times \frac{TP}{PCI}$$
$$\frac{\mathrm{d}p}{\mathrm{d}TP} \times \frac{1}{TP} = \frac{\alpha}{PG} \times \frac{\mathrm{d}p}{\mathrm{d}PG} + \frac{\beta}{PI} \times \frac{\mathrm{d}p}{\mathrm{d}PI} + \frac{\delta}{PCI} \times \frac{\mathrm{d}p}{\mathrm{d}PCI} \tag{3-2}$$

式（3－2）告诉我们，技术进步对贸易条件的影响弹性等于三类技术进步各自对贸易条件的影响弹性之和。

为此，我们可以逐步剖析各类技术进步对贸易条件的影响，再在这些基础上分析其总体影响。但是，无论是哪一种类型技术进步，尽管其都属于供给面，但其对贸易条件的最终作用都需要通过供给与需求的共同作用。为此，基本分析框架将贯穿均衡分析的思想。不过，由于经济学界已经接受了生产率增长是技术创新的经济后果，这就要求从逻辑上先分析两类创新类技术进步，再分析生产率增长型技术进步。

首先，分析产品革新型技术进步对贸易条件变动的影响。这一部分则从创新产品所独有的供需规律来推演不同国家、不同行业所发生的革新类技术进步对进出贸易条件变动的一般作用规律。

其次，分析工艺革新型技术进步对贸易条件变动的影响。这一部分则从工艺创新对成本及其定价的影响来导出最终的需求及贸易条件的变动。

最后，分析生产率增长型技术进步对贸易条件变动的影响。这一部分则从实际供给面出发，重点分析生产率增长而引致的实际汇率变动对需求面的进出口价格的不同的传导作用，进而解读贸易条件的变动。

通过这些分析，可以初步得出关于技术进步对贸易条件变动的一般影响规律。然后，对这一结论进行拓展，目的在于以合理的方法来测试总体的技术进步，度量技术进步所导致的贸易条件变动的福利效应。

3.2.2.5 实证研究思路

就本书的实证研究而言，直接与上面的理论框架相对应，可分为以下4个部分。

(1) 利用发达国家和中国的经验数据来分析产品革新型技术进步对中国贸易条件变动及福利效应的影响。

在这一部分，以发达国家和中国的专利数据来描述产品革新型技术进步，并利用统计技术解析产品革新型技术进步对贸易条件变动的影响。尤其在对中国数据进行计量分析时，重点分析了不同行业尤其不同档次的技术密集型产业之间差异的原因。

(2) 利用发达国家和中国的经验数据来分析工艺革新型技术进步对中国贸易条件变动的影响。

在这一部分，分别以研发投入和新增设备率指标来界定工艺革新型技术进步，并利用统计技术描述工艺革新型技术进步对贸易条件变动的影响。尤其在对中国数据进行计量分析时，重点解剖了不同类型公司之间差异的原因。

(3) 利用中国1980~2005年的数据来分析生产率增长型技术进步所引致的实际汇率变动对中国进出口价格的传导弹性。

在这一部分，主要利用HBS推断并将其与汇率传导理论对接，分析实际汇率对进出口价格的传导弹性。

(4) 对中国技术进步状况的整体评价与中国贸易条件、福利变动的技术进步影响方程的构建。

在这一部分，利用DEA的综合评价方法来分析中国的整体技术进步状况，并在此基础上，考察了中国的技术进步对中国的贸易条件变动及其福利的影响。

第4章　产品创新类技术进步的贸易条件效应

在熊彼特的《商业周期》一书中，创新的首要方面就是“创造一种新产品或提供一种产品的新质量，即制造一种消费者还不熟悉的产品，或一种与过去产品有质的区别的新产品”。可见，产品创新是他最关注的点。也正因为此，后继的国际贸易学者相继将产品创新理论引入贸易模型之中。其中，代表性的有技术差距模型、产品生命周期模型、南北贸易动态一般均衡模型、格罗斯曼—赫尔普曼的产品生命周期模型、技术蛙跳模型等。可是，它们更多的是从垄断视角进行诠释，都只是单纯地从供给或需求面来分析，且都将技术创新的发生源限定于某一方（通常假定南方创新、北方模仿），而较少地考虑技术创新速度上的差异。可是，在经济全球化的有力推动下，众多落后国家在实施赶超的过程中，在一些技术密集型行业中迅速形成竞争力，且多半是低技术行业和高技术行业，这一点在一些亚洲国家表现得尤其明显，谷克鉴教授于2000年就曾撰文指出，中国改革开放以来迅速在低技术产品和高技术产品上形成了全球竞争力，印度则是另一个代表，班的罗尔就是一个明证。而这种竞争力的形成单纯地靠模仿是不可能的，其自身的自主创新能力都得到大幅提高。

这种新的经济现象在经济全球化的进程中只会不断深化，其影响不断扩散。各类国家所发生的产品创新会不断加快，产品技术的生命周期将会大大缩短，绝大多数产业的产品都因此而不停地更新换代，即使一个企业、国家内部生产的某一品牌的产品，也会有代表不同技术水准的系列，新兴产业的产品上这一趋势更加明显。例如微电子技术，自 1975 年以来，一直遵守摩尔定律增长，即单位面积 IC 上的晶体管数量每 18 个月增加一倍①。也就是说，各国内部围绕着产品上的技术创新几乎无时不在发生，产业内部同时生产不同技术水准的一系列产品，在同一市场上一般都会出现以标志性技术划分的数代产品已是在所难免。这些标志性技术不同，使处于其生命周期不同阶段的产品共存于同一市场上，进而使产品市场呈现多样性。技术、产品、价格、需求以一种链状关系相互影响，触一发而动全身。要想分析产品创新类技术进步对贸易条件即相对价格比例的影响，不摒弃传统南北创新—模仿假设，而追溯到创新产品的供需规律尤其是产品创新类技术进步条件下的供需规律是不合乎经济学逻辑的。

4.1　产品创新类技术进步的贸易条件效应的一般理论分析

4.1.1　产品创新类技术进步界定

产品创新是由熊彼特（1912）首先提出的，随后，众多学者及各类组织相继给出了自己的界定。经济合作与发展组织（OECD）成员国合作编写的奥斯陆手册（OSLO manual）给出了一个权威定义，即采用全新技术的产品或有显著改良已有产品。中国学者基本上都是沿用这一界定，只是表述不同。吴贵生（2000）认为，产品创新既是指在产品技术变化基础上进行的技术创新。产品创新既包括在技术发生较大变化的基础上推出新产品，也包括对现有产品进行局部改进而推出改进型产品。广义的产品包括服务（无形产品）。因此，产品创新包括服务创新。吴兰屏（2001）则将产品创新分述为：一是技术创新的产品，是指该产品在技术上的特性或用

① 樊美勤，邓斌．新经济批判［M］．北京：企业管理出版社，2000.

途与之前的产品明显不同，如将传统的电话加上答录功能，而成为一台电台答录机。二是技术改良的产品，是指将既有产品的性能予以显著改良或提升，如用符合人体工学的椅子来取代老式传统座椅。鲍莫尔（2004）认为，产品创新是指使最终产品的需求曲线向右移动的创新，成功的产品创新可以增加最终产品的产出。

结合本书研究思路，我们倾向于鲍莫尔的界定，对产品创新的界定回到产品供需规律，即产品创新是为了更好地适应市场需求，而在生产中引进并最终推向市场的新产品或服务，新产品或服务与旧产品或服务在性能、质量上有着显著的差异，能迅速地吸引市场注意力。产品创新类技术进步就是与成功地生产并将创新类产品推向市场相对应的技术变化，没有这些技术变化的有力支持，是不可能出现创新产品的。

4.1.2 基本分析框架及应用

4.1.2.1 产品创新类技术进步条件下的供需均衡分析框架

（1）产品创新技术进步条件下的需求。一般经济学意义的“需求”即消费者在一定时间内在各种可能的价格下愿意购买且能够购买（有能力支付）的商品数量。[①] 在其背后至少包括两个方面的假定：一是行业内不发生技术进步，所有产品的生产技术水平（或者说技术含量）是相同的（或者说行业只生产一种产品），从而排除产品供需问题上技术因素的干扰；二是行业内的产品技术水平始终是不变的，因而也排除了时间因素的干扰，即商品供需量与时间无关。可是，这种假定与持续发生产品创新的当代经济条件大相径庭。

假定某行业（厂商）发生产品创新类技术进步，在 t 时刻市场上会推出一种技术创新产品，新旧产品技术性能、质量上出现变化，更能体现人的需求意向，给人更大的满意度和更多的效用，即消费者消费每一个产品时

---

① 高鸿业．西方经济学［M］．北京：中国经济出版社，1996.

（对应原有消费量）获得的效用会有一个增量，在市场上所有商品效用价格比为常量的条件下，技术创新产品的需求价格水平有所增加。假设单个创新产品消费效用增量是均值，大小与消费量无关，则相对于 t_0 时刻原产品需求 P_0，t 时刻创新产品需求价格曲线沿价格坐标轴上移到 P_1，如图 4－1 所示。

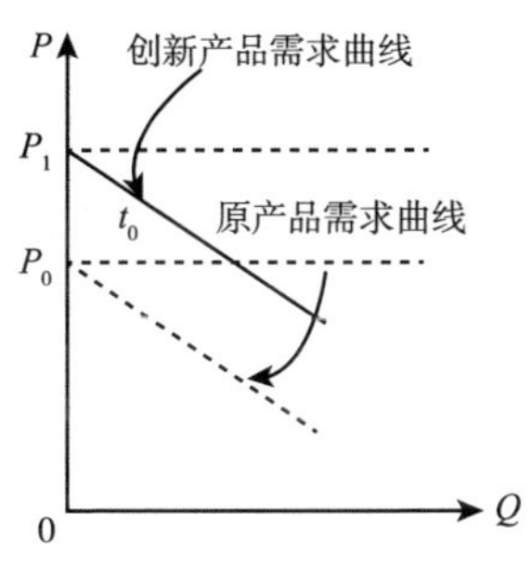

图 4－1　创新产品需求曲线

当然，所有行业不发生技术进步是不可能的，尽管部门技术进步的步调是不规则的、幅度是有大小的，且产品创新的效用增量大小不同，但是技术进步的总体趋势是不可逆转的。只要消费者收入不变，从 t_0 到 t 时，效用价格比必然要随时间增加。这样，原产品需求价格因效用价格比增加而下降，需求曲线由 t_0 对应的 P_0 水平下移到 t 对应的 P_t 水平，如图 4－2 所示。产品创新引起价格水平上涨的幅度会因效用价格比的变化而减小，幅度也由图 4－1 中 P_1 对应的水平调整到图 4－2 中 P_2 对应的水平。而且，产品一旦形成，产品效用的大小就确定下来，不随时间改变，而效用价格比却随时间不断增加，因此，技术创新产品需求曲线不断随时间下移，于 t_1 时需求曲线移到图 4－2 中 P_3 水平。

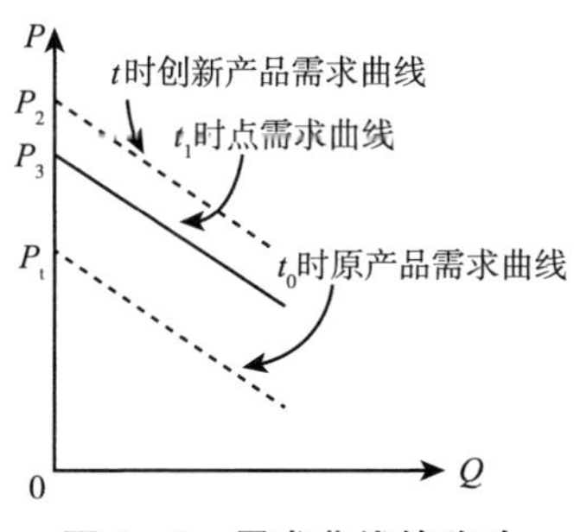

图 4－2　需求曲线的移动

（2）产品创新类技术进步条件下的供给。一般经济学意义上的“供给”即商品供给者一定时间内在各种可能的价格下愿意且能够提供给市场出售的该商品的数量。同样，这至少包含与“需求”一样的两个假定前提，正好对应于产品同质性假说，而产品创新类技术进步恰恰可以有效地增加产品和厂商的异质性。

假定某行业（厂商）由于产品创新类技术进步，通常厂商将创新产品导入投放到市场时，其凭借对创新技术成果的独享，生产出比其他企业在属性和功能优越的新产品（这就是我们通常所说的产品差异性），产品差异性减少了市场竞争因素，培育了企业垄断优势，厂商也因此获得较高垄断价格与利润。但是，这种产品市场垄断是有一定时效性的。

厂商的垄断凭借的是其对创新技术的独占；而创新技术究其本质而言，属于知识产品，界于私人品和公共产品之间，有着两重属性。由于保密措施和专利保护，短时间内创新技术通常为创新主体所独占，并为他们带来经济上的利益。但这种独占是有一定时效性的，技术创新的目的是投放技术创新产品获得利润，在市场上实现其价值，这样技术信息自然就会通过产品反映出来，并受到其他人的模仿，这就是所谓的技术扩散。保密措施、产权制度的保护一定程度上会延缓扩散的进程，但不能避免扩散的趋势。不仅如此，创新技术研发通常需要的是一次性投入，一旦形成创新技术成果，则可以低成本甚至是无成本地无限复制，这一经济层面上的原动力，使技术扩散不可避免。所以创新企业向市场投放创新产品并获得利润后，市场上将会很快出现跟随企业，以极大的热情进行模仿。[①] 这样，创新企业和模仿企业的产量之和构成创新产品的市场供给。

尽管技术创新产品市场供给都是随技术扩散而逐步增加的，但由于创新产品最初是由创新企业向市场导入的，创新企业的市场行为带有一定的主动性，而模仿企业通常处于被动的跟随和适应状态，因而创新企业在市场上的行为方式对创新产品的供给是有很大影响的。而企业规模不同，企

① 周寄中．科学技术创新管理［M］．北京：经济科学出版社，2002.

业的市场行为能力是不同的；相应地，创新产品的市场供给规律往往不同。小企业的技术创新产品市场供给通常在时序上是变动的，但在时点上是刚性的①，如图4－3所示。大企业的技术创新产品市场供给是模仿企业在不同时点由其生产能力决定的跟随品产量和创新企业面对市场需求与跟随品产量下按最大化原则确定的产量之和。

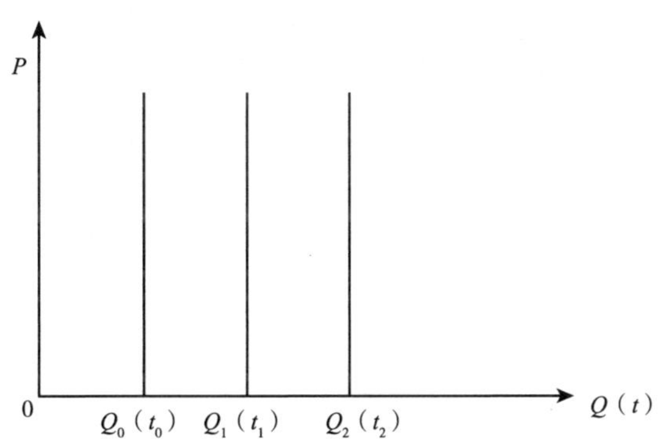

图4－3　小企业创新产品的供给

（3）产品创新类技术进步条件下的供需均衡分析。第一种，小企业产品创新的供需均衡分析。

设市场已有某商品，供给曲线为 S_0，需求曲线为 D_0，形成均衡价格 P_0。现有创新产品导入投放到市场时，需求曲线由原先的 D_0 向右上移到 D_1。由于技术进步，技术创新产品需求曲线不断随时间下移。设市场上有小企业技术创新产品，企业于 t_0 时间将产品投放到市场，产品需求曲线位于图4－4中 D_0 水平，创新企业产品供给为 S_0，在 E_0 形成均衡价格 P_0、均衡产量 Q_0。随时间的推移，需求曲线开始下移，于 t_1 时间达到图中 D_1，同时供给量递增，供给曲线达到 S_1。新的供给曲线 S_1 和新的需求曲线 D_1 共同作用，价格从 P_0 下降，在 E_1 形成均衡价格 P_1，而不是 P_0，此时均

① 技术创新产品的市场供给刚性是由生产能力决定的，即企业能生产多少就生产多少的特点是在一定时间范围内有效，必须在产品生产的超额利润大于或等于0时加上技术复制无成本，这样产量增加会给企业带来经济利益；否则，企业生产必然会按边际成本等于边际收益的原则组织生产，一旦出现亏损，就会立即减少产量或退出行业。

衡产量为 Q_1。

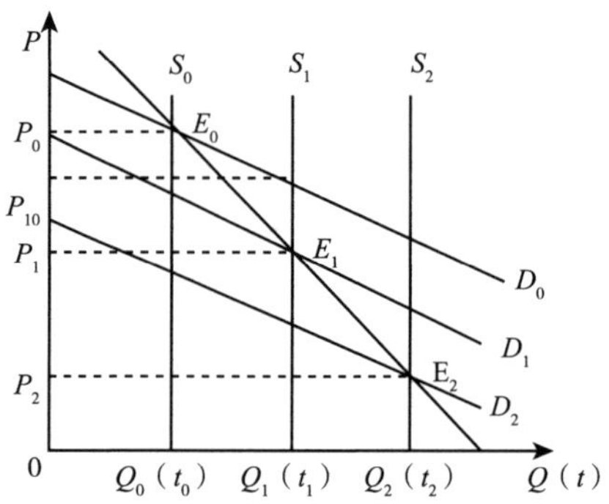

图 4－4　小企业创新产品均衡价格曲线

在 t_0 到 t_1 这段时间，技术创新产品价格由 P_0 下降至 P_1。但相对于图 4－5 一般产品的均衡价格 P^*，创新产品价格仍然较高。厂商仍然能得到超出正常利润之外的垄断利润，厂商的生产热情不减，产量增加依旧。这样，需求曲线下移和供给量增加趋势将会继续，并于 t_2 时间分别达到 D_2 和 S_2，形成新的均衡价格 P_2。这一价格与一般产品的均衡价格 P^* 趋于相等。此刻，由于技术进步引起需求曲线下移这一趋势不变，即使所有厂商继续保持现有供给量，创新产品价格依然要进一步下降，部分厂商会出现亏损，必然会选择减少产量或退出行业，从而产品供给递增趋于递减，产品市场开始进入衰退期，直至淡出市场。

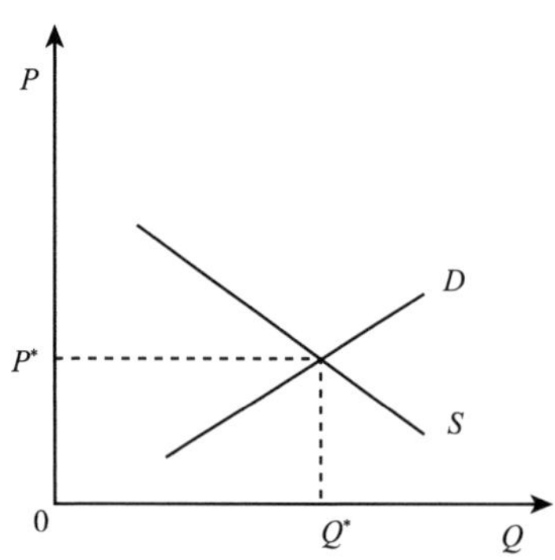

图 4－5　一般产品均衡价格曲线

第二种，大企业产品创新的供需均衡分析。由于大企业的技术创新产品供给特点和小企业是不同的，故大企业技术创新产品的市场均衡过程与小企业也是不同的。大企业的技术创新产品市场上，模仿企业多采用跟随定价，大企业是价格的决定者，而大企业决定价格时不仅要考虑市场需求，而且要考虑跟随厂商产量。

如图4-6所示，大企业面临的创新产品的市场需求曲线也是不断移动的。产品的市场需求价格曲线随时间移动在 t_0、t_1、t_2 时分别为 D_0、D_1、D_2。由于跟随品出现，其在 t_0、t_1、t_2 时点随时间而增加的产量曲线分别为0、Q'_1、Q'_2，如图4-7所示，这样大企业面临的企业需求曲线在 t_1、t_2 时分别由 D_1、D_2 沿水平方向左移到 D'_1、D'_2，即平移量分别为 Q'_1、Q'_2。

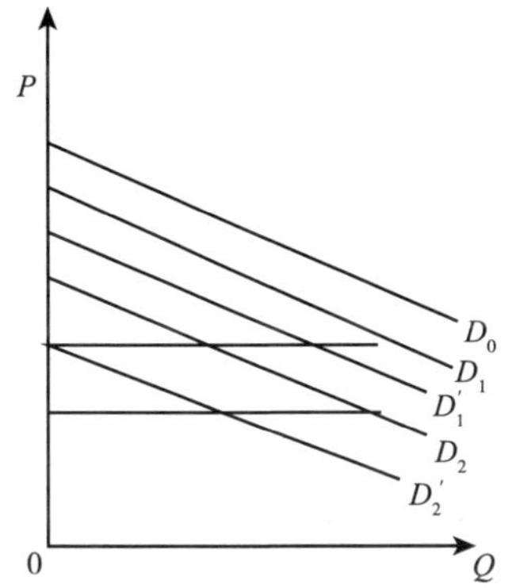

图4-6 市场与创新大企业需求曲线

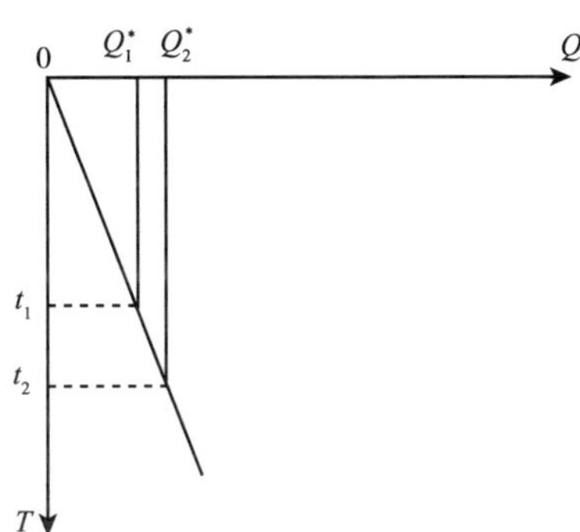

图4-7 跟随厂商时间产量曲线

此时，大企业在 t_0、t_1、t_2 时点面临的需求曲线分别为 D_0、D'_1、D'_2，如图4-8所示。其边际收益曲线为 MR、MR_1、MR_2。在边际成本不变为常量 C 且小于平均成本时，大企业按边际收益等于边际成本的定价策略来确定其产量 Q_0、Q_1、Q_2，并确定其价格 P_0、P_1、P_2。① 从而就形成了一条大企业创新产品的均衡价格曲线，如果将时间在坐标轴上表示出来，那么，这条均衡价格曲线是一条随时间递减的价格曲线。

① 此时产品创新大企业的价格明显地要大于边际成本，这样就可以补偿创新所需付出的高昂的固定成本，这时才会进入市场。

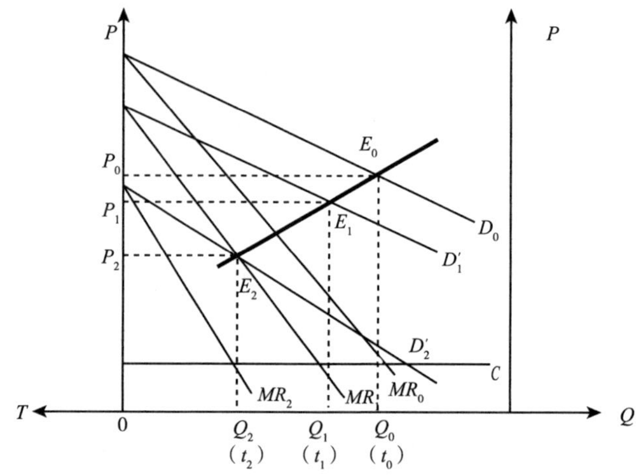

图 4－8　大企业创新产品的均衡价格曲线

4.1.2.2　供需均衡分析框架在产品创新类技术进步的贸易条件效应分析中的引入

利用上面的分析，我们就可以基于供需均衡分析框架，分大国情形和小国情形，按照发生产品创新类技术进步的产业（行业）来探讨其贸易条件效应。以下分析的一个基本假定就是，某一行业发生产品创新类技术进步，不仅是相对贸易伙伴国而言，也相对另一行业而言，即“相对相对”概念。①

（1）小国情形。第一种，可出口行业发生产品创新类技术进步的贸易条件效应分析。

假定相对于出口目的地而言，本国可出口行业（厂商）发生产品创新类技术进步的速度或者产品创新类技术进步的速度快于对方，则本国出口的创新产品在导入阶段能够有效地迎合并在一定程度上引导出口市场需求，出口目的地对该产品的需求曲线在一定时间内会上移，不过，由于本国是一个价格接受者，本国的创新产品的供给是刚性的，所以，本国出口产品同时投入国际市场和国内市场时，尤其作为一个价格接受者更多地将

① 采取“相对相对”假定的好处就在于，我们可以避免脱离经济现实，毕竟，现实中不可能只有一个行业发生技术进步，而另一些行业完全静止，它们之间只是速度等方面的差异而已。

其导入国内市场时，其供给量并不会迅速上升。如图 4－9 所示，本国的消费和生产都相对偏向于可出口行业，可出口品的生产量分别从 *OA*、*OQ* 增加到 *OB*、*OT*；可进口品、出口品的消费需求分别从 *OP*、*OS* 增加到 OP_1、*ON*；明显地，可出口品的国内消费增长的速度相对快于进口品消费增长的速度，即本国的进口数量相对于出口数量增加得更多，此时，*UR* 明显变得比 *HM* 陡，即本国的贸易条件相对改善，但幅度较小。

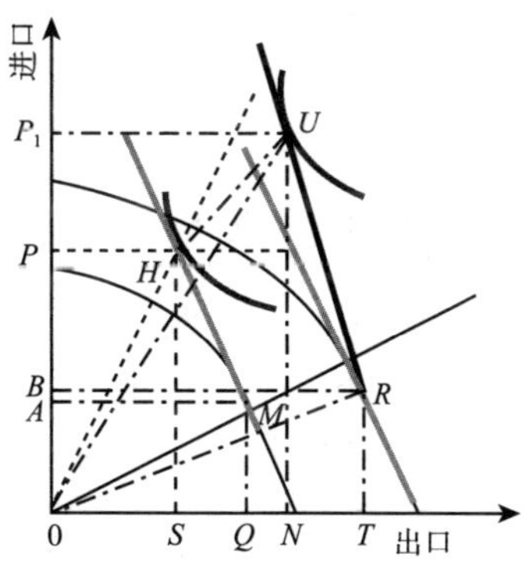

图 4－9　创新产品导入阶段（一）

一旦创新产品进入成熟阶段，本国的出口供给就会相对于导入阶段增加得更快，与此同时，本国对出口产品的需求增长速度也相应增长并远远超过了对进口品的需求增长速度，即本国的进口数量相对于进口数量的增速差要相对大于导入期，此时，*QS* 变得比 *RM* 陡，如图 4－10 所示，即本国的贸易条件改善，幅度较导入期更大。

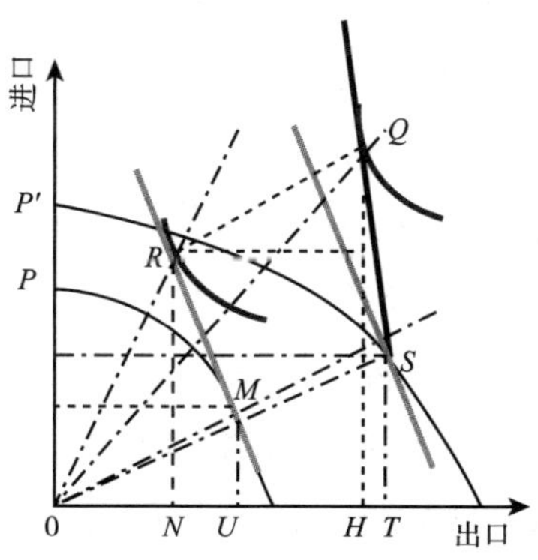

图 4－10　创新产品成熟阶段（一）

但是，当创新产品步入标准（衰退）阶段时，小国的供给刚性使得其出口产品的供给仍然继续增加，可是，消费更多地偏向于进口行业，本国的贸易条件恶化也就在情理之中，如图 4 – 11 所示，*UH* 变得比 *RM* 更平坦。这也就说明了，小国的出口行业的产品创新类技术进步必须是常态，不可能一劳永逸。

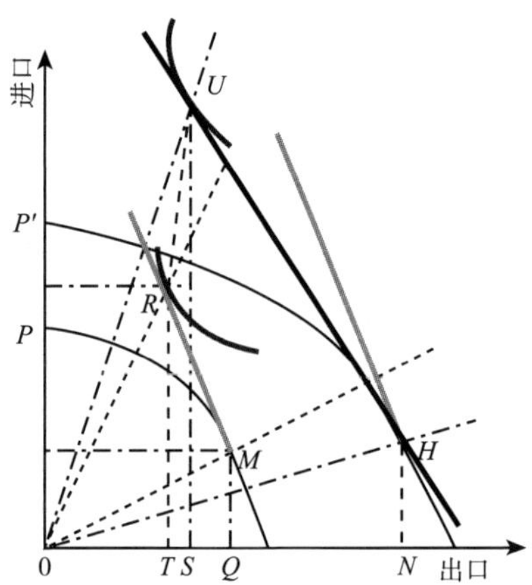

图 4 – 11　创新产品标准（衰退）阶段（一）

第二种，可进口行业发生产品创新类技术进步的贸易条件效应分析。

假设相对于进口来源国，本国的可进口行业（厂商）发生了产品创新类技术进步或产品创新的速度快于对方，则该创新产品在导入阶段能够有效地迎合并在一定程度上引导本国的市场需求，本国对该产品的需求曲线会上移。由于本国只是国际市场上的价格接受者，却是国内市场的价格决定者，为此，本国的创新产品的供给在国内市场具有弹性，且能逐步减少进口需求。所以，如图 4 – 12 所示，本国的可进口产品、出口产品的生产量分别从 *OB*、*OQ* 上升到 *OA*、*OT*，消费量分别从 *OS*、*OP* 上升到 *ON*、OP_1，也使得进口价格相对于出口价格开始略有上升，*UR* 变得比 *HM* 更陡，即本国的贸易条件有所改善，但幅度较小，其幅度取决于创新产品对原有进口产品的替代力和在本国市场的接受程度。

一旦创新产品进入成熟阶段，本国的可进口品的国内消费量就会急剧上升，本国的进口量显著下降，且其下降速度远远超出出口量增加的速

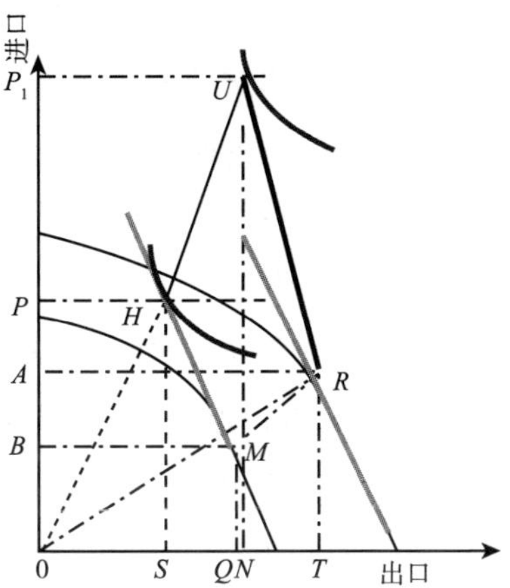

图 4－12　创新产品导入阶段（二）

度。此时，进口价格相对于出口价格上升，如图 4－13 所示，*UR* 变得比 *HM* 更平坦，本国的贸易条件开始恶化。

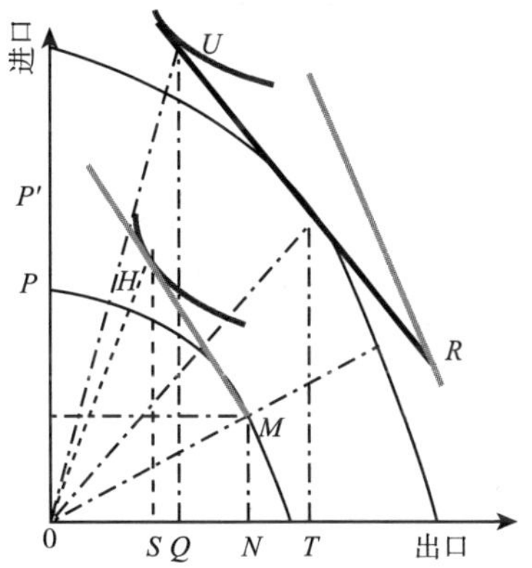

图 4－13　创新产品成熟阶段（二）

但是，当创新产品步入标准（衰退）阶段时，小国的供给刚性使得其供给仍然继续增加，可此时消费已经趋于饱和，这也就导致本国的进口数量进一步下降，而出口数量继续上升，贸易条件持续恶化。

（2）大国情形。第一种，可出口行业发生产品创新类技术进步的贸易条件效应分析。

假定相对出口目的地而言，本国可出口行业（厂商）发生产品创新类技术进步的速度或者产品创新类技术进步的速度快于对方，则本国出口的创新产品在导入阶段能够有效地迎合并在一定程度上引导出口市场需求，出口目的地对该产品的需求曲线在一定时间内会上移。加之，本国是一个价格决定者，本国的创新产品的供给是弹性的，所以，本国出口产品同时投入国际市场和国内市场，尤其作为一个价格决定者更多地将其导入国际市场，其供给量会按照跟随者的供给能力而自主决定。如图 4－14 所示，本国的消费和生产都相对偏向可出口行业，可出口品的生产量分别从 *OA*、*OQ* 增加到 *OB*、*OT*，可进口品、出口品的消费需求分别从 *OP*、*OS* 增加到 OP_1、*ON*。明显地，出口消费增长的速度相对快于进口品消费增长的速度，即本国的进口数量相对出口数量增加得更多，*UR* 变得比线 *HM* 陡，本国的贸易条件相对改善，但幅度较小。

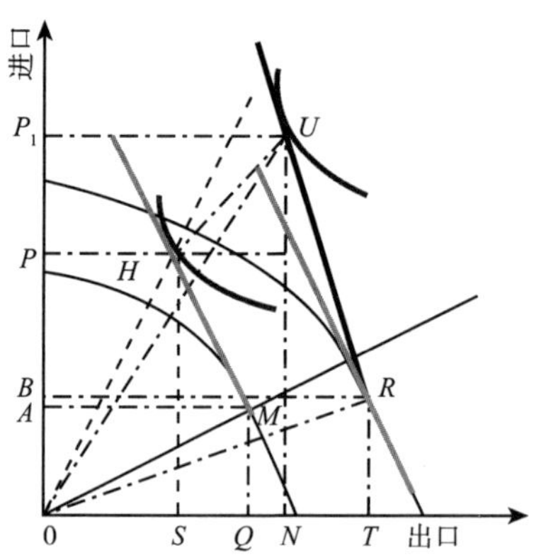

图 4－14　创新产品导入阶段（三）

一旦创新产品进入成熟阶段，本国的出口供给就会相对导入阶段增加得更快，与此同时，本国对出口产品的需求增长速度也相应增长并远远超过了对进口品的需求增长速度，即本国的进口数量相对于进口数量的增速差要相对大于导入期，此时，*QS* 变得比 *RM* 更陡，如图 4－15 所示，即本国的贸易条件改善，且幅度较导入期更大。

但是，当创新产品步入标准（衰退）阶段时，大国的供给弹性使得其可出口产品的供给相应减少，可本国消费开始更多地偏向这一创新型产品，此时，本国的出口量下降的幅度要大于进口量上升的幅度，其实就是

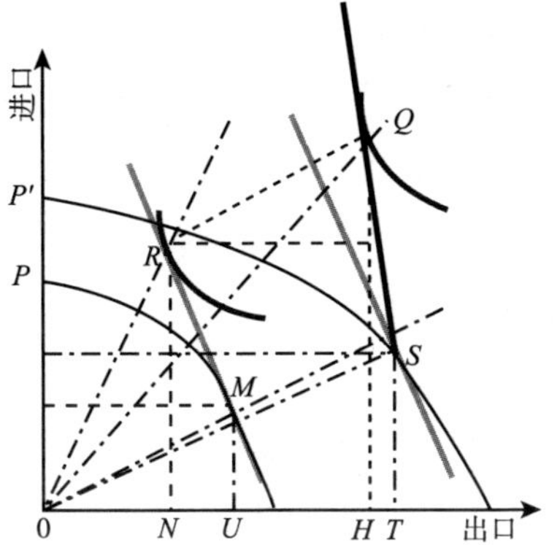

图4－15　创新产品成熟阶段（三）

出现与产品导入期一样的情形，如图4－16所示，此时，贸易条件仍然得到了改善，不过，其改善程度依赖于本国的有效市场需求。这也就暗示，大国的产品创新类技术进步不能仅着眼于出口市场，而更应该注重培育国内需求。

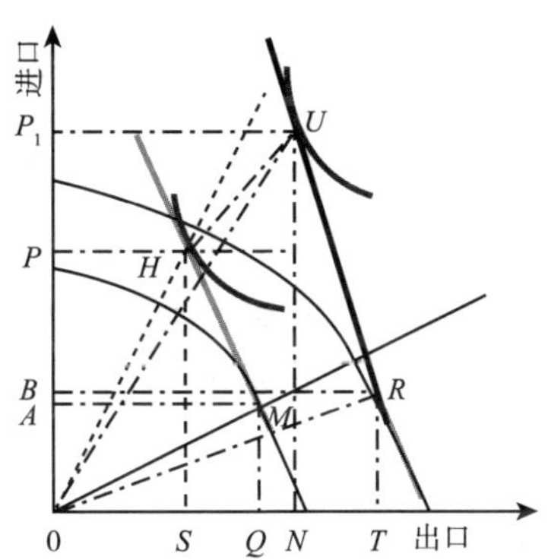

图4－16　创新产品标准（衰退）阶段（二）

第二种，可进口行业发生产品创新类技术进步的贸易条件效应分析。

假设相对于进口来源国，本国的可进口行业（厂商）发生了产品创新类技术进步的速度或产品创新的速度快于对方，则该创新产品在导入阶段能够有效地迎合并在一定程度上引导本国的市场需求，本国对该产品的需求曲线会上移。但由于本国既是国内市场，又是国际市场的价格决定者，所以，本国的创新产品的供给是弹性的。如图4－17所示，进口行业创新产品的出现对其进口品的需求影响较大，进口需求波动幅度较大，本国的可进口产品、出口产品的生产量分别从 OB、OQ 上升到 OA、OT，消费量分别从 OS、OP 上升到 ON、OP_1，进口价格相对于出口价格下降，即本国的贸易条件改善，但幅度相对于小国而言要大得多，毕竟，大国的国内需求对世界需求的影响是不可低估的。

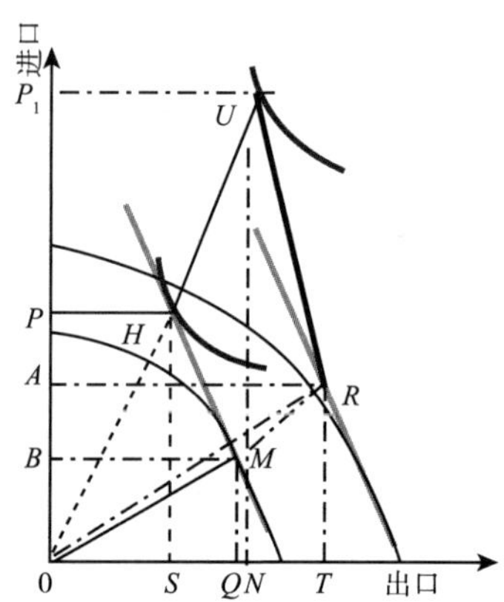

图 4-17　创新产品导入阶段（四）

一旦创新产品进入成熟阶段，本国的可进口品的生产与消费之间的差额就会显著缩小，本国的进口量显著下降，也就直接导致进口价格大幅下降，且其下降速度远远超出出口量增加的速度。如图 4-18 所示，UR 变得比 HM 陡，即本国的贸易条件进一步改善，且幅度较大。

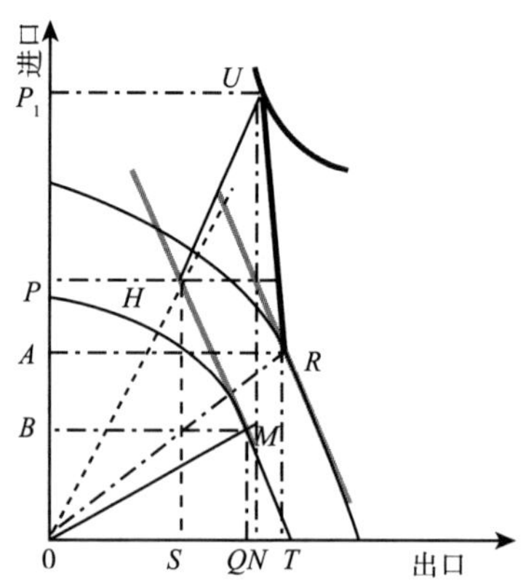

图 4-18　创新产品成熟阶段（四）

但是，当创新产品步入标准（衰退）阶段时，大国的供给弹性可以使得其供给下降甚至将其转变为可出口产品，进而可以维持进口的低价格甚至创造出口的高价格，使得贸易条件持续改善。

不难看出，以上分析都是假定正常产品的情形。但是，产品创新类技术进步有效地改变了产品属性，使产品间在性能、质量等方面存在着差异，这一点在新经济条件下表现得更为明显，尤其是产品创新类技术进步有力地改变了各国之间特别是发达国家与发展中国家之间相互交换的商品的固有属性，出现了更多的新的“劣质商品”和与之相对应的“正常产品”。新经济中的支柱产业提供的信息技术产品，如计算机及设备、计算和办公设备、电子管、工业与电子测量工具、实验室分析工具和半导体等硬件产品，以及计算机程序服务、捆绑软件、计算机集成系统设计、计算机管理等软件销售具有典型的经济学意义上的“正常产品”的特征。[①] 为此，我们有必要引入劣质性产品，利用拓展的雷布津斯基定理进行均衡分析。

4.1.2.3　供需均衡分析在贸易条件效应分析中的拓展：劣质性产品情形下的分析

（1）劣质性商品的进一步诠释及其引入。大多数经济学家都满意于希克斯（1946）在《价值与资本》一书中对劣质商品的解释。他指出，非相切、凸向原点、向外扩展的无差异曲线并没有从逻辑上排除收入消费曲线会向一个轴或另一个轴弯曲的可能，进而引入了劣质性商品的概念。劣质性商品在低收入水平时大量消费，而收入水平提高时，就被高质量商品全部或部分替代，一个明显的例子就是人造黄油。他还进一步指出，市场供给的大多数质量较差的商品都可能归于劣质商品。当然，这一分析主要将劣质商品的假定依赖于负的收入弹性，而并不依赖于这一商品与其他商品之间共同的物质特征。并且，劣质商品并不是负收入弹性的一个必要条

① 谷克鉴．中国的经济转型与贸易流动——基于制度和技术因素的理论考察和计量研究［M］．北京：中国人民大学出版社，2006．

件，低质量的商品也不一定具有负的收入弹性。可以说，这种解释特别适合小规模生产（Gould，1981）。一些学者在此基础上回归消费者理论并给出更为深入的解释。哥尔德（Gould，1981）认为，在实际消费过程中，消费者还会受其他一些并不能由标准效用理论中反映出来的限制，就像生产过程中由于有限的管理能力而出现的递减的规模报酬一样，如消费者偏好、时间等非预算限制因素，以及消费的两类商品之间的非合作性，即一种商品消费的增加会干扰对另一种商品的消费。加勒特（Garratt，1997）则引入商品的不可分性与可分性，他认为可分性容易导致劣质商品出现，不可分性则会导致离散性购买。如前所述，内含产品质量提高和产品种类增加的产品创新型技术进步的一个重要的经济影响就是增加了产品的多样性与差异性，能有效引导和创造需求，直接促成并增加产品的非合作性、不可分性、非预算约束性。① 为此，在分析产品创新类技术进步的贸易条件效应时必须引入劣质性商品情形。

（2）一般分析框架。第一，分析的基本假设前提。通常，国际经济学界在构建一国的进出口方程时，通常假定存在完全替代和不完全替代两种情形，但在考虑发生“相对相对”技术进步，并且出现异质性商品的情况下，我们通常应选择不完全替代情形，并沿用前面的基本假定，即一国存在着可进口产品产业和可出口产品产业两大部门，本国的可出口产品生产在满足自身需要之后的剩余部分出口，而可进口产品的供给与需求之间的不足部分由外国出口（即本国进口）来提供，而本国的进口数量与出口数量之间的比就可以等同为该国的贸易条件。与此同时，由于技术进步的创造需求作用能够有效地改变一国的需求偏好模式，这种需求偏好模式能够与新的实际生产能力之间形成不同的供需差距，从而改变各自的贸易条件。

第二，基本分析思路：雷布津斯基定理（R 定理）及其拓展。雷布津

① 产品创新类技术进步增加产品的非预算约束性的一个例证，就是近年来兴起并不断深化的技术性贸易壁垒。其实，技术性贸易壁垒的出现或多或少与出口目的地的产品创新类技术进步相关，当然，有的还直接涉及工艺创新，但这不在本章的分析之中。

斯基（1955）分析了一种生产要素数量变化对生产、消费、贸易条件的影响。在不存在劣质商品的条件下，一种要素数量的增加通常会导致密集使用该要素的那一产品的相对价格或贸易条件的恶化，且边际消费倾向影响其恶化的程度，但不能使恶化的方向逆转。一国出口商品生产（行业）所密集使用的要素的积累（增加）会使得本国贸易条件恶化；反之，进口商品生产（行业）所密集使用的要素的积累（增加），会使本国贸易条件恶化。可是，这种新均衡条件带来的恶化或改善程度是由边际消费倾向和平均消费倾向之间的差距以及一个要素增加的比例以及两商品的技术生产函数决定的。巴特拉（Batra，1970）将 $2\times2\times2$ 模型扩展为 $3\times3\times3$ 模型，通过数学分析得出，出口偏向的要素积累仍然会使本国贸易条件恶化。但是，进口偏向的要素积累如果被密集地使用在一种进口商品生产（行业）上，则相对进口商品来源国而言，本国贸易条件改善；而相对其他国家而言，本国贸易条件恶化。并且，这一结论还可以扩展到商品、要素、国家都在三个以上的情形。这些分析毕竟是建立在正常商品的假定之上，一旦引入“劣质商品”假定，其结论则会令人咋舌。

如图4－19所示，横轴代表一国的可出口产品，纵轴代表一国的可进口产品，PP 为该国的生产可能性曲线，R 为其消费无差异曲线，在出口行业发生技术进步后，新的生产可能性曲线变为 $P'P'$。如果此类技术进步不会引致“劣质商品”的出现，则新的消费无差异曲线将严格沿着 URT 三角区间滑动；但是，一旦出现了产品创新类技术进步，即创造了一个新产品或产品质量提高，则会导致“劣质商品”的出现，同类的出口竞争产品和国内生产的可进口产品都会变成经济学意义的劣质商品，此时新的无差异曲线在三角区间 URT 的右下方，则新的无差异曲线与新的生产可能性曲线之间的切线 QN（即价格贸易条件线）要比原来的切线 RM 陡，即贸易条件改善。

第三，均衡分析及其图形解析。以下的分析主要基于以上的分析框架来考察技术进步—商品属性—相对需求—贸易条件之间的影响机制。

情形一：本国发生“相对相对”产品创新型技术进步的情形。

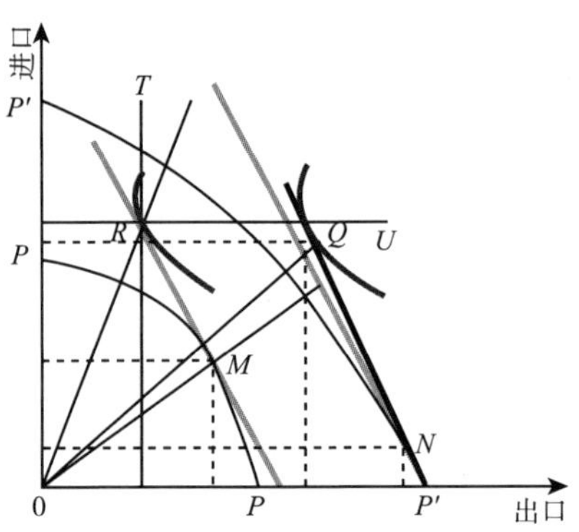

图 4 – 19　R 定理拓展分析

如果在本国的可出口行业发生了该类相对相对技术进步，并且本国和外国对新产品都具有强有力的需求偏好，这类新产品又具有不可分性（如小汽车整车、成套设备等），则原有的同类竞争产品（如汽车零件、设备部件等）会成为劣质商品。此时，由于对出口产业的市场需求不断扩大，提供给国际市场的供给量也就远低于需求量，从而提高了出口产品的价格；同时，可进口产品的国内需求下降，国内对进口品的需求随之下降，直接使得进口价格下降，也就促使贸易条件改善。反之，如果在同等条件下，一国的可进口行业发生了该类技术进步，则会直接增加本国对国内生产的可进口品的需求，则本国对外国出口给本国的商品需求相对下降，该国若是国际经济学意义上的大国，则进口价格下降且下降幅度明显；如果该国是小国，则进口价格基本不变或下降幅度甚微。同时，本国对可出口产品的需求下降，则本国的出口供给相对增加；如果该国是小国，则出口价格下降且下降幅度明显；如果该国是大国，则出口价格基本不变。为此，在大国情形下，贸易条件改善，在小国情形下，贸易条件恶化。

如图 4 – 20 所示，小国情形下的进口行业技术进步，横轴代表一国的可出口产品，纵轴代表一国的可进口产品，*PP* 为该国的生产可能性曲线，*R* 为其消费无差异曲线，在进口行业发生创造一个新产品或产品质量提高类技术进步后，新的生产可能性曲线变为 *P′P′*。这一技术进步导致了在可出口产品和原有的可进口产品中出现“劣质商品”。在小国情形下，出口数量增加的幅度要相对大于进口数量减少的幅度，即新的消费无差异曲线在 *URT* 区间左上方，消费点为 *Q*，新的生产可能点为 *H*，则新的贸易条件为 *QH*，原有的贸易条件线为 *RM*，由图可知，*QH* 的坡度要比 *RM* 小，即小国的贸易条件恶化。

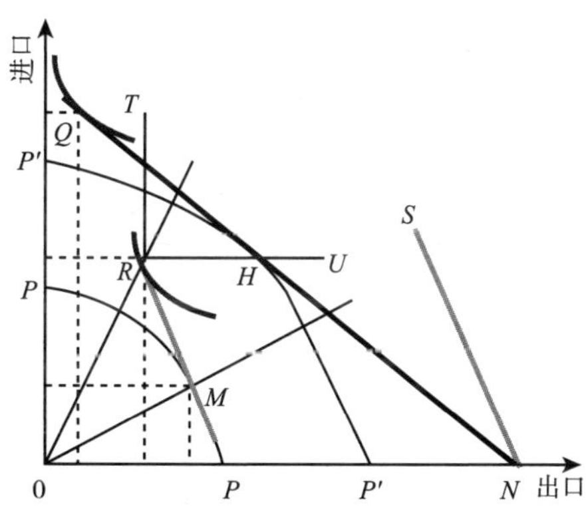

图 4－20　R 定理拓展——小国情形下的进口行业技术进步

如图 4－21 所示，大国情形下的进口行业技术进步，横轴代表一国的可出口产品，纵轴代表一国的可进口产品，*PP* 为该国的生产可能性曲线，*R* 为其消费无差异曲线，在进口行业发生创造一个新产品或产品质量提高类技术进步后，新的生产可能性曲线变为 *P′P′*。这一技术进步导致了在可出口产品和原有的可进口产品中出现“劣质商品”。在大国情形下，出口数量增加的幅度要相对小于进口数量减少的幅度，即新的消费无差异曲线在 *URT* 区间左上方，消费点为 *N*，新的生产可能点为 *M*，则新的贸易条件为 *MN*，原有的贸易条件线为 *RQ*，由图可知，*MN* 的坡度要比 *RQ* 大，即大国的贸易条件改善。

情形二：外国发生“相对相对”产品创新类技术进步的情形。

如果，在外国的可出口行业发生了该类技术进步，并且本国和外国对新产品都具有强有力的需求偏好，这类新产品又具有不可分性（如小汽车整车、成套设备等），则原有的同类竞争产品（如汽车零件、设备部件等）会成为劣质商品，此时对可出口产业产品的市场需求不断扩大且能提供给国际市场的供给量远低于需求量，从而也就提高了出口产品的价格；与此

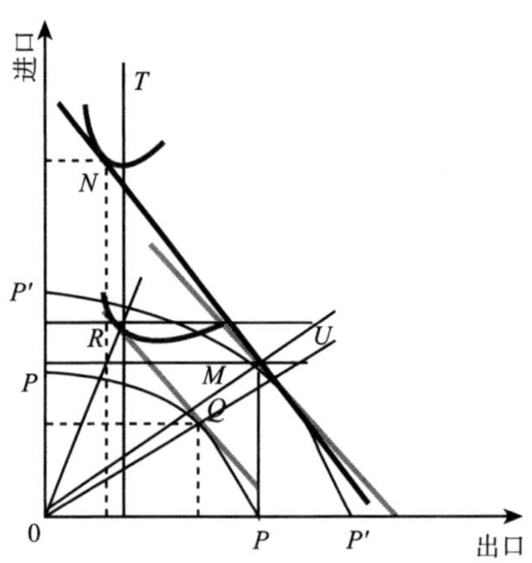

图 4-21 R 定理拓展——大国情形下的进口行业技术进步

同时，可进口产品的国内需求下降，国内对进口品的需求随之下降，直接使得进口价格下降，也就促使外国贸易条件改善，本国贸易条件恶化。反之，如果在同等条件下，外国的可进口行业发生了该类技术进步，则会直接相对增加外国对国内生产的可进口品的需求，相对缩小对从本国进口的商品的需求。如果外国是国际学意义上的大国，则外国的进口价格下降，与此同时，外国对可出口产品的需求下降，则外国的出口供给增加，而出口价格基本维持不变，即此时外国贸易条件改善，本国贸易条件恶化；如果外国是小国，则进口价格基本不变或下降幅度甚微，而由于出口供给的增加，出口价格下降且幅度明显，此时，外国的贸易条件恶化，本国贸易条件改善。

4.2 来自美国经验数据的实践印证

众所周知，反映产品创新类技术进步的一个重要指示器就是一个企业、行业、国家利用自身研发能力所获得的专利数量。而据美国国家科学委员会统计数据，在七个工业化国家①中，日本、美国和德国在 1996

① 七个国家分别是指美国、加拿大、法国、德国、意大利、日本和英国。

年获得的专利总数，约占其他国家专利总数的70%（世界知识产权组织）①。可见，将美国的经验数据来验证本章的理论分析也就再好不过了。

4.2.1 数据描述

4.2.1.1 专利与商标

1980~2005年，美国专利申请数从11.30万件上升到2005年41.84万件，专利授予数从6.62万件上升到15.77万件，分别增长了约270.27%、138.22%；商标申请数从4.68万件上升到33.47万件，商标授予数从2.47万件上升到15.48万件，分别增长了615.17%、526.72%，详见表4-1。由此可见，美国持续发生了产品创新类技术进步，新的产品不断涌现。

表4-1　1980~2005年美国专利、商标申请及授予数量汇总　单位：万件

年份	专利申请	专利授予	商标申请	商标授予
1980	11.30	6.62	4.68	2.47
1981	11.45	7.11	(NA)	4.86
1982	11.84	6.33	(NA)	4.84
1983	11.24	6.20	(NA)	4.68
1984	12.06	7.27	(NA)	5.40
1985	12.71	7.73	6.51	7.17
1986	13.30	7.70	6.91	5.18
1987	13.98	8.96	7.13	5.14
1988	15.19	8.44	7.83	5.43
1989	16.63	10.27	9.44	6.31

① ［美］威廉·鲍莫尔. 自由市场创新机器：资本主义的增长奇迹［M］. 郭梅军，唐宇，等译. 北京：中信出版社，2004.

续表

年份	专利申请	专利授予	商标申请	商标授予
1990	17.67	9.92	12.73	6.08
1991	17.84	10.68	12.33	5.24
1992	18.72	10.74	12.78	8.58
1993	18.94	10.97	15.04	8.69
1994	20.69	11.36	15.80	7.01
1995	22.88	11.38	18.10	9.25
1996	21.16	12.17	20.74	10.25
1997	23.30	12.41	22.55	14.52
1998	26.14	16.31	23.80	13.61
1999	28.95	16.91	32.86	19.19
2000	31.58	17.60	36.18	11.52
2001	34.66	18.40	27.73	14.29
2002	35.75	18.44	26.41	17.60
2003	36.70	18.70	27.17	16.66
2004	38.31	18.13	30.45	14.60
2005	41.84	15.77	33.47	15.48

资料来源：《美国统计年鉴（2006）》。

4.2.1.2 出口价格指数

自1990年以来，除了软木和木材、计算机设备和办公器材、计算机设备、电信设备、电子设备及器材，美国的绝大多数出口商品价格指数都持续上升，一些易于发生要素密集度反转的产品（如水果、矿产品等）的价格指数甚至增长近80%，见表4-2。需要指出的是，价格指数下降的这几类商品基本都严格遵从摩尔定律。

表4－2　1990～2005年美国主要出口商品价格指数（2000＝100）

商品名称	1990年	1995年	2000年	2001年	2002年	2003年	2004年	2005年
所有商品	95.1	104.5	100.5	99.4	98.0	99.5	103.4	106.7
食物和活动物	102.4	112.1	100.6	101.1	99.8	107.5	123.9	124.3
肉	81.4	95.7	104.8	106.1	90.0	102.9	127.3	140.2
鱼	86.8	107.1	100.6	90.8	97.9	108.2	108.6	110.1
谷物及谷类产品	126.5	133.2	100.0	102.6	106.5	118.5	141.2	118.7
水果和蔬菜	93.2	107.2	97.9	98.6	99.0	99.6	111.1	133.6
动物饲料	99.5	104.9	100.4	101.1	101.2	108.8	131.9	118.1
各种食物产品	94.0	94.8	100.0	100.1	100.7	101.5	101.6	108.1
饮料和烟草	84.9	98.2	100.0	98.4	98.2	98.2	101.6	103.3
烟草和烟草制品	85.0	98.1	99.9	98.2	97.6	96.6	100.0	101.6
天然原料	96.7	125.4	101.6	92.6	95.3	103.9	125.7	130.3
软木和木材	76.5	117.5	99.8	92.8	87.1	90.4	98.3	97.6
纸浆和废纸	70.9	122.2	106.9	80.6	89.3	90.1	100.8	101.5
纺织纤维	118.2	154.3	100.5	90.9	88.6	103.2	108.7	103.1
金属矿和金属碎片	105.9	132.2	99.2	91.0	99.8	109.0	167.5	212.9
矿物燃料和相关原料	67.2	68.5	97.4	103.2	93.9	107.6	131.8	181.0
煤、焦炭和煤球	109.5	106.4	99.5	106.9	110.9	(NA)	(NA)	(NA)
原油和石油产品	57.5	59.6	96.8	101.8	87.9	102.7	129.7	188.7
化学产品及相关制品	90.4	108.4	100.9	96.2	95.8	100.8	105.8	115.7
有机化学品	93.9	122.8	102.1	90.6	90.8	103.1	114.6	128.6
化学原料及相关制品	86.4	100.7	99.7	99.1	97.5	101.6	104.9	106.1
中间制成品	86.8	100.6	100.2	99.5	98.1	100.0	107.0	113.9
橡胶制成品	81.4	95.7	100.1	99.8	102.7	110.1	111.2	115.5
纸及纸板制品	90.8	115.6	100.5	97.4	94.8	98.3	99.2	103.9
纺织品	91.2	102.8	100.2	98.5	100.0	102.7	105.4	111.7
非金属矿物制品	85.8	94.3	100.4	100.8	102.2	100.4	99.9	103.5
非铁矿产品	87.1	98.2	98.5	98.0	85.3	80.3	95.4	106.1
金属制成品	81.2	92.3	100.9	101.5	102.5	104.8	108.4	118.3
机械和运输制品	97.9	102.8	100.0	100.3	98.9	97.8	98.2	98.7
发电设备	77.0	88.5	99.7	102.3	104.5	107.2	108.7	111.3
专门设备	82.7	94.0	100.2	100.3	101.8	102.6	105.4	110.7
金属加工设备	82.1	92.3	99.3	101.0	99.9	101.0	100.0	103.7

续表

商品名称	1990 年	1995 年	2000 年	2001 年	2002 年	2003 年	2004 年	2005 年
通用设备	82.5	92.0	100.1	101.3	102.3	102.4	104.9	109.3
计算机设备和办公器材	193.2	147.5	99.9	95.6	90.4	88.1	87.2	80.9
计算机设备	234.5	160.7	99.7	96.0	92.1	88.1	83.9	77.5
电信设备	97.3	103.8	100.3	99.8	97.7	93.8	91.8	89.7
电子设备及器材	112.7	117.2	99.8	98.3	93.9	89.7	88.2	87.4
道路交通工具	88.7	96.1	100.0	100.2	100.3	101.1	102.4	103.0
各种制成品	90.5	98.6	99.7	100.1	100.4	101.2	100.9	102.1

注：2000 年的指数不为 100 的原因在于，这一数值是对平均贸易值进行了重新加权。

资料来源：《美国统计年鉴（2006）》。

4.2.1.3 进口价格指数

自 1990 年以来，美国进口的绝大部分产品尤其是制成品的价格指数持续下滑，劳动密集型产品（如鞋、纺织服装等）勉强维持不变，而一些技术密集型产品大幅下降，如计算机设备从 1990 年的 284.6 下降到 2005 年的 58.2；与此同时，进口初级产品的价格指数也仅以较小的幅度缓慢上升，个别产品，如鱼在 1990 ~ 2000 年出现上升，但从 2001 年开始，出现了大幅下降，见表 4 – 3。

表 4 – 3　1990 ~ 2005 年美国主要进口商品价格指数（2000 = 100）

商品名称	1990 年	1995 年	2000 年	2001 年	2002 年	2003 年	2004 年	2005 年
所有商品	90.8	101.4	100.2	97.6	94.1	96.2	101.7	103.2
食物和活动物	92.1	108.6	99.0	96.0	94.5	99.4	106.9	113.9
肉	118.4	100.8	100.8	106.2	104.0	102.9	128.9	138.5
鱼	70.9	92.5	99.3	90.0	79.8	81.3	84.1	87.8
饮料和烟草	76.5	88.6	100.4	101.7	103.0	103.9	105.3	108.5
天然原料	90.4	109.5	99.4	102.8	96.4	99.5	125.8	130.5
矿物燃料和相关产品	54.7	61.9	101.3	90.4	86.1	101.7	131.5	179.0
原油和石油产品	54.8	63.0	102.2	89.3	85.9	97.6	130.0	182.4
天然气	54.9	49.3	95.2	97.4	83.6	130.1	140.0	148.5
化学和相关产品	93.7	106.8	99.8	100.5	97.0	100.1	103.8	112.4

续表

商品名称	1990 年	1995 年	2000 年	2001 年	2002 年	2003 年	2004 年	2005 年
中间制成品	91.3	102.7	100.4	98.0	92.8	94.4	106.1	112.8
机械和运输设备	100.8	112.4	100.1	98.5	97.1	95.8	95.1	95.0
计算机设备和办公器材	198.5	167.2	99.9	93.6	87.8	81.8	75.5	70.5
计算机设备	284.6	198.4	100.4	89.3	80.3	71.9	64.9	58.2
电信设备	120.9	119.1	100.2	97.2	94.4	89.3	84.7	82.1
电子机械和设备	111.3	122.9	100.7	98.8	97.1	95.4	94.7	94.4
道路交通工具	82.0	97.3	100.1	99.8	100.2	100.7	102.4	103.8
各种制成品	94.7	103.2	99.7	99.8	98.6	99.7	99.9	101.0
管道、加热和照明设备	102.0	107.4	99.2	99.2	98.5	94.8	93.5	96.4
家具和相关部件	96.0	103.1	99.6	98.5	98.8	100.2	102.3	106.4
纺织和服装	96.5	99.0	99.6	100.6	99.7	100.6	100.7	100.6
鞋	96.5	99.3	99.6	100.1	99.2	100.0	100.4	100.5

注：2000 年的指数不为 100 的原因在于，这一数值是对平均贸易值进行了重新加权。
资料来源：《美国统计年鉴（2006）》。

4.2.2　数据解析

4.2.2.1　出口价格指数与进口价格指数

就所有商品而言，美国在这一期间的出口价格指数要明显高于进口价格指数，如图 4－22 所示；就技术密集型商品而言，尽管两者都处于下滑之中，但出口价格指数下滑的速度要明显低于进口价格指数；就劳动密集型制成品及初级产品而言，尽管两者都处于上升趋势中，但前者上升的速度要明显快于后者。为此，我们可以认为，美国无论是在整体产品上的贸易条件还是在各类产品上的贸易条件都在持续改善。

4.2.2.2　专利、商标：进出口价格指数—贸易条件

我们以 2000 年为基期，利用图 4－23 就可以分析专利、商标与进出口价格指数、贸易条件指数之间的关系。如图 4－23 所示，在这一时间断面

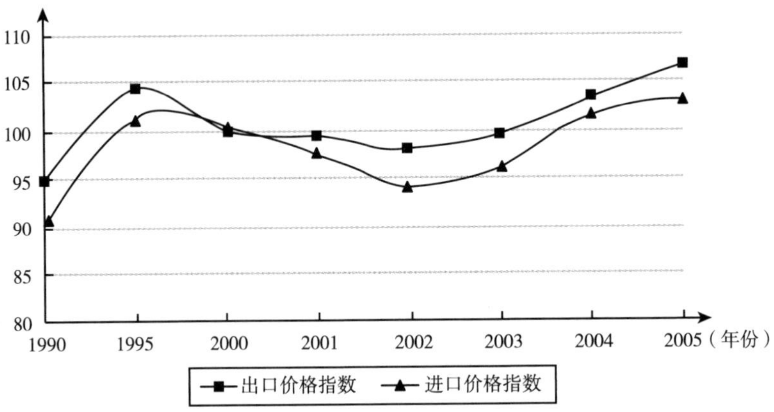

图 4-22　1990～2005 年美国进出口商品价格指数变动

资料来源：历年《美国统计年鉴》，详见表 4-2 和表 4-3 的具体数值。

中，专利、商标实际授予数的变动与进出口价格指数、贸易条件的变动存在着明显的一致性，尤其是实际专利、商标授予数和贸易条件指数之间存在着高度的正相关关系。

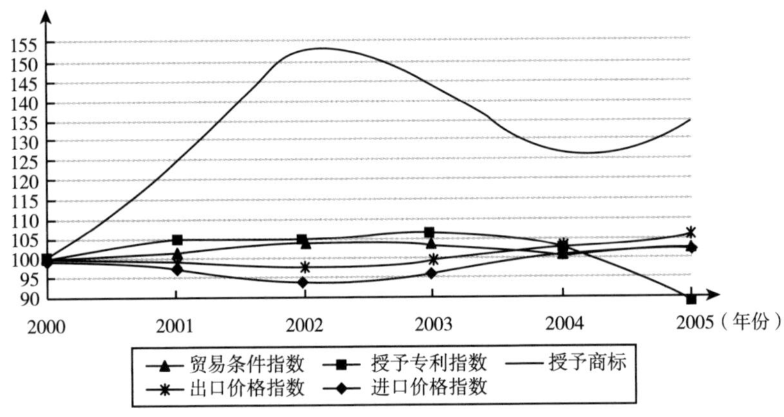

图 4-23　美国专利、商标与进出口价格指数、贸易条件指数变动（2000～2005 年）

资料来源：历年《美国统计年鉴》，详见表 4-1 和表 4-2 的具体数值。

4.2.3　初步结论

美国经验数据有力地佐证了本章第 1 节所做的基本理论分析，为其正确性和适用性提供了有力的实践支持。鉴于此，我们可以作出一个初步结论：产品革新类技术进步是提高一国出口价格、改善自身贸易条件的有力途径；一国尤其是大国在任一行业发生的“相对相对”产品革新类技术进步将会最终改善贸易条件。

4.3　中国实践考察Ⅰ：基于中国相关行业面板数据的实证检验

如前所述，目前还没有关于产品创新类技术进步的贸易条件效应的计量研究，这与产品创新类技术进步的测度方面的困难有直接关系。为此，本书尝试利用经济增长理论中较为成熟的替代方法并结合中国实践进行实证分析，以弥补单纯数据说明上的不足，进而有效解剖中国现象。

4.3.1　产品创新类技术进步的计量指标选取

在已有的增长核算中，用来进行技术创新活动测度的数据主要有以下四种。一是关于R&D投入的数据，在经济合作与发展组织（OECD）国家中按弗拉斯卡蒂（FRASCATT）手册加以采集；二是专利数据，其中最主要的部分来自美国专利局、欧洲专利局和世界知识产权组织（WIPO）；三是创新调查数据，在经济合作与发展组织国家中按照奥斯陆（OSLO）手册的定义和方法通过大规模的技术创新调查进行搜集；四是基于文献的创新产出LBIO指标数据，它反映科学出版物和引文的情况以及从技术和行业期刊报道上获得的有关企业创新产品的数据。这些科学技术指标数据在测试技术创新活动方面各有自己的优势，但也都有明显的局限性。不过，绝大多数学者通常利用专利来替代产品创新类技术进步，本书也尝试借用这一思路来分析不同行业的产品创新类技术进步对其出口价格、贸易条件的影响。①

毕竟，从国家与国际专利机构收集到的专利指标数据可以用来描绘技术依赖、扩散与渗透方面的变化，进而说明国家、产业、企业及技术发明活动中的构成与演变。另外，授予某个企业或国家的专利数可以反映他们的技术活动和技术实力，而考察授予专利的技术能够给出有关技术变化方向的某些启示。在创新测度方面，专利与工业 R&D 及其他发明和创新活动有紧密的联系，因此专利指标可以很好地描述小企业和大企业生产工程部门的发明与创新活动，这是 R&D 指标以及其他科技指标无法做到的。专利数据还能够在各个层次上提供关于不同类型、不同行业技术活动情况的专业性更强的指标。专利的优点是：数据容易获得；专利数据几乎覆盖了全部技术领域（软件和大多数基础研究成果除外）；专利数据的处理非常灵活、许多专利机构和企业都建立了计算机数据库，为检索和利用专利数据提供了便利的条件；准确度高，专利文献是法律文件，所以专利数据在统计处理中很少出错。

不过，专利指标也存在一些缺陷，那就是专利指标直接测度的是发明，而不是创新；授予一项发明专利权要求它具有新颖性，这意味着专利指标特别适用于发达国家，但可能不完全适用于描述欠发达国家的技术活动。各国专利局收集专利信息是为了履行行政职能，使用专利信息研究技术活动自然会发生一些问题。但是，目前还不能找到一个更好的指标，我们就坚持经济学中的“次优”原则。

4.3.2 实证模型与数据

本书的研究采用平衡面板数据中的固定效应模型来分析，并从几个不同行业来展开，同时应用可行的广义最小二乘法估计，目的是减少截面数

① 按照严格的分析逻辑，这一部分的实证分析还应分析进口来源国的产品革新类技术进步对中国进口价格的影响。但是，由于我们难以获得进口来源国的专利授予数量的时间序列，所以，这里仅限于对出口的分析。通过出口价格和贸易条件两者的协同分析，也可以基本达到初始目标。

据造成的异方差影响。

4.3.2.1　实证模型

为了单纯地分析不同行业的产品创新类技术进步对出口价格、贸易条件的影响，我们仅利用单一变量的确定效应的变系数模型①，加之，考虑各行业的出口价格及贸易条件存在差异，就不再对样本数据进行 F 检验，而是直接使用变截距模型。模型设定为：

$$TOT_{ids} = a_{ids} PR_{ids} + u_{ids}$$
$$EP_{ids} = a_{ids} PR_{ids} + u_{ids} \tag{4-1}$$

式（4－1）中，TOT、EP、PR 分别代表贸易条件指数、出口价格指数、实际授予的专利数理指数。下标 ids 代表不同行业，本书的研究包括国家整体、劳动资源密集型产业、低技术产业、中技术产业、高技术产业、纺织服装业、机电行业。②

4.3.2.2　数据说明

本书的数据均来自《中国海关统计年鉴（1995～2005 年）》《中国科技经济年鉴（1995～2005 年）》。数据频率为年，均采用指数形式，其区间为 1995～2005 年，1995 年为基期。

（1）专利授予数量指数。本书的专利授予数量取自《中国科技统计年鉴（1995～2005 年）》公布的年度数据，其范围包括发明和实用新型专利，其划分标准采用国际统一的八部分类。在数量指标分不同行业取得之后，将 1995 年定为基期，其指数设定为 100，其他各年相应表示。

（2）出口价格指数。本书的出口价格指数取自《中国海关统计年鉴

---

① 由于模型仅就我国各行业的数据资料进行研究，故宜选择确定效应模型。

② 纺织服装业和机电行业是我国的出口大户，为此，在按照联合国贸易发展会议的四大分类来分类研究外，专门引入这两个行业。

(1995～2005 年)》，按照标准的进出口价格指数的计算办法，即将各年之间价格波动在 0.5 与 3 之外的数据全部剔除，得出的最终出口价格指数均采用费雪指数①的表示形式。同样，将 1995 年的数据定为基期，其他各期依次对应。

（3）贸易条件指数。这里的贸易条件指数的基本计算方法、数据来源和出口价格指数一样，只是加入了一个进口价格指数的核算，并最终将出口价格指数与进口价格指数之比作为贸易条件指数。

4.3.3 实证结果

4.3.3.1 产品革新类技术进步对出口价格的影响模型

经过 EVIEWS5.0 软件的处理，我们可以将该基本模型的结果分为七个部分列示。

劳动资源密集型产业的影响模型：

$$EP\_LIP = 7.619966 + 0.047014 \times PR\_LIP$$

低技术产业的影响模型：

$$EP\_LTP = -13.54510 + 0.179709 \times PR\_LTP$$

中技术产业的影响模型：

$$EP\_MTP = -1.637304 + 0.130090 \times PR\_MTP$$

高技术产业的影响模型：

$$EP\_HTP = -5.442440 + 0.1116622 \times PR\_HTP$$

机电产业的影响模型：

$$EP\_MEP = 4.273630 + 0.1116118 \times PR\_MEP$$

① 由于帕氏指数易于高估，而拉氏指数易于低估，故我们选择了费氏指数。费氏指数是前两个的几何平均数，也被称为最优指数。

纺织服装产业的影响模型：

$$EP\_TP = 10.45615 + 0.036885 \times PR\_TP$$

国家整体的影响模型：

$$EP\_AP = -1.724811 + 0.095178 \times PR\_AP$$

单就模型整体效果来看，表 4－4、表 4－5 中的结果表明，调整后的决定系数达到了 0.992353，这说明模型的拟合优度很高；杜宾－瓦特森（D. W）检验值为 2.134606，证明残差无序列自相关。可见，该模型效果不错。

表 4－4　　加权条件下的模型检验结果（一）

项目	系数	项目	系数
决定系数 R^2（R-squared）	0.994667	被解释变量（Mean dependent var）	131.8732
调整系数 R^2（Adjusted R-squared）	0.992353	标准差（S. D. dependent var）	54.05458
回归标准差（S. E. of regression）	4.726945	残差平方和（Sum squared resid）	1184.233
F 统计量（F-statistic）	429.801	DW 统计量（Durbin-Watson stat）	2.134606
P 值（Prob.）F 统计量（F-statistic）	0		

表 4－5　　非加权条件下的模型检验结果（一）

项目	系数	项目	系数
R^2（R-squared）	0.872368	被解释变量（Mean dependent var）	103.4153
残差平方和（Sum squared resid）	1365.887	DW 统计量（Durbin-Watson stat）	1.913972

就各个行业分类模型来看，表 4－6 中的结果表明，劳动资源密集型产业、纺织服装产业的影响模型的 T 检验值分别为 0.755111、0.469357，相伴概率分别为 0.4535、0.6407，这两个模型的拟合效果相对极差；低技术产业、中技术产业、高技术产业、机电产业、国家整体的影响模型的 T 检验值分别为 2.385704、2.852797、4.231307、3.279439、2.469989，相伴概率分别为 0.0207、0.0062、0.0001、0.0018、0.0168，这五个模型的拟合效果较优，相关系数分别在 98%、99%、100%、100%、99% 的水平上显著。

表 4-6 确定效应变系数模型估计结果（一）

变量 (Variable)	系数 (Coefficient)	系数标准差 (Std. Error)	T 统计量 (T-statistic)	P 值 (Prob.)
C	83.744860	8.925990	9.382136	0.0000
_LIP-PR_LIP	0.047014	0.062262	0.755111	0.4535
_LTP-PR_LTP	0.179709	0.075327	2.385704	0.0207
_MTP-PR_MTP	0.130090	0.045601	2.852797	0.0062
_HTP-PR_HTP	0.116622	0.027562	4.231307	0.0001
_MEP-PR_MEP	0.116118	0.035408	3.279439	0.0018
_TP-PR_TP	0.036885	0.078587	0.469357	0.6407
_AP-PR_AP	0.095178	0.038534	2.469989	0.0168
固定效应（截面）				
_LIP-C	7.619966			
_LTP-C	-13.545190			
_MTP-C	-1.637304			
_HTP-C	-5.442440			
_MEP-C	4.273630			
_TP-C	10.456150			
_AP-C	-1.724811			
固定效应（时间）				
1995-C	5.946331			
1996-C	7.256924			
1997-C	12.540080			
1998-C	6.560565			
1999-C	-5.653136			
2000-C	-4.282296			
2001-C	-4.106424			
2002-C	-8.844307			
2003-C	-10.927950			
2004-C	-2.817764			
2005-C	4.327973			

4.3.3.2　产品革新类技术进步对贸易条件的影响模型

经过 EVIEWS5.0 软件的处理，我们可以将该基本模型的结果分为七个部分列示。

劳动资源密集型产业的影响模型：

$$TOT\_LIP = 7.952766 + 0.105660 \times PR\_LIP$$

低技术产业的影响模型：

$$TOT\_LTP = -8.456163 + 0.175657 \times PR\_LTP$$

中技术产业的影响模型：

$$TOT\_MTP = 2.134052 + 0.103185 \times PR\_MTP$$

高技术产业的影响模型：

$$TOT\_HTP = -8.008325 + 0.088974 \times PR\_HTP$$

机电产业的影响模型：

$$TOT\_MEP = 7.586220 + 0.069706 \times PR\_MEP$$

纺织服装产业的影响模型：

$$TOT\_TP = -0.143274 + 0.161444 \times PR\_TP$$

国家整体的影响模型：

$$TOT\_AP = -1.065275 + 0.096989 \times PR\_AP$$

单就模型整体效果来看，表4-7、表4-8中的结果表明，调整后的决定系数达到了0.994057，这说明模型的拟合优度很高；杜宾-瓦特森检验值为2.113002，证明残差无序列自相关。可见，该模型效果不错。

表 4 -7　　加权条件下模型检验结果（二）

项目	系数	项目	系数
决定系数 R^2（R-squared）	0.995856	被解释变量（Mean dependent var）	120.2539
调整系数 R^2（Adjusted R-squared）	0.994057	标准差（S. D. dependent var）	62.47038
回归标准差（S. E. of regression）	4.815855	残差平方和（Sum squared resid）	1229.2
F 统计量（F-statistic）	553.7117	DW 统计量（Durbin-Watson stat）	2.113002
P 值（Prob.）F 统计量（F-statistic）	0		

表 4 -8　　非加权条件下模型检验结果（二）

项目	系数	项目	系数
R^2（R-squared）	0.854178	被解释变量（Mean dependent var）	94.64142
残差平方和（Sum squared resid）	1233.567	DW 统计量（Durbin-Watson stat）	2.120958

就各个行业分类模型来看，表4 -9 中的结果表明，劳动资源密集型产业、机电产业、纺织服装产业的影响模型的 T 检验值分别为 1.475223、1.839630、1.837278，相伴概率分别为 0.1461、0.0714、0.0718，这三个模型的拟合效果相对较差；低技术产业、中技术产业、高技术产业、国家整体的影响模型的 T 检验值分别为 2.222097、2.061621、2.832187、2.290174，相伴概率分别为 0.0306、0.0442、0.0065、0.0260，这四个模型的拟合效果较优，相关系数分别在 97%、96%、99%、97% 的水平上显著。

表 4 -9　　确定效应变系数模型估计结果（二）

变量（Variable）	系数（Coefficient）	系数标准差（Std. Error）	T 统计量（T-statistic）	P 值（Prob.）
C	73.875190	9.879258	7.5	0.000
_LIP-PR_LIP	0.105660	0.071623	1.5	0.1461
_LTP-PR_LTP	0.175657	0.079050	2.2	0.0306
_MTP-PR_MTP	0.103185	0.050051	2.1	0.0442
_HTP-PR_HTP	0.088974	0.031415	2.8	0.0065
_MEP-PR_MEP	0.069706	0.037891	1.8	0.0714
_TP-PR_TP	0.161444	0.087871	1.8	0.0718
_AP-PR_AP	0.096989	0.042350	2.3	0.0260

续表

变量（Variable）	系数（Coefficient）	系数标准差（Std. Error）	T 统计量（T-statistic）	P 值（Prob.）
固定效应（截面）				
_LIP－C	7.952766			
_LTP－C	－8.456160			
_MTP－C	2.134052			
_HTP－C	－8.008330			
_MEP－C	7.586220			
_TP－C	－0.143270			
_AP－C	－1.065280			
固定效应（时间）				
1995－C	14.673160			
1996－C	15.163870			
1997－C	23.235670			
1998－C	16.805360			
1999－C	8.177148			
2000－C	－0.291910			
2001－C	0.323125			
2002－C	－6.071260			
2003－C	－16.922600			
2004－C	－25.300500			
2005－C	－29.792200			

4.3.4　结论

（1）无论是从整体上还是从六个不同行业来看，产品创新类技术进步对我国的出口价格和贸易条件之间都存在着明显的正相关关系，尤其是整体模型的相关系数都在 10% 左右。也就是说，产品创新类技术进步理应成为改善我国贸易条件的一个主要途径。

（2）就我国的主要出口行业（即劳动资源密集型行业、机电行业、纺织服装行业）而言，产品创新类技术进步对其出口价格和贸易条件的影响并不显著，这也从侧面给我们提供了两点启示：一是由于要素价格非敏感性定理的作用，这些行业的比较优势源泉仍是低廉的劳动力成本；二是这些行业的产品创新类技术进步的力度需要进一步加大，尤其要进一步加快建立国内产品创新与国际市场需求之间的即时反馈机制。

（3）就我国的主要技术型行业来看，高技术行业、中技术行业、低技术行业的产品创新类技术进步对其出口价格和贸易条件的影响都十分显著。但有一个引人注意的现象：低技术行业的两类模型的相关系数最高，且基本一致，其次为高技术行业，最后为中技术行业。这也从另一角度印证了谷克鉴教授（2000）的观点，即中国的低技术行业的出口竞争力和高技术行业的出口竞争力要高于中技术行业，与此同时提醒我们，这两个行业的贸易条件的持续改善必须继续依靠自主产品创新，重点发挥后发优势和技术蛙跳效应；中技术行业则要有效地通过引进与自主开发相结合的方式，提高出口竞争力。

4.4 中国实践考察Ⅱ：一个典型化案例

4.4.1 案例描述：中国“机电产业”

1985～2006年的20多年，机电产品出口从16.8亿美元增长到5494.2亿美元，在世界的排序也从第32位前移到第3位，至今已连续12年在我国出口商品中独占鳌头。来自商务部机电和科技产业司的数据显示，2006年，我国机电产品出口是1995年的12.5倍，占全国外贸出口的比例为56.7%，比1995年高出27.2个百分点；在世界机电产品出口总额的比重超过10%。在这一增长过程中，我国的机电产品的贸易条件也走出了一条倒“U”型曲线，如图4－24所示。

就贸易条件变动而言，我们可以将其分为三个阶段。

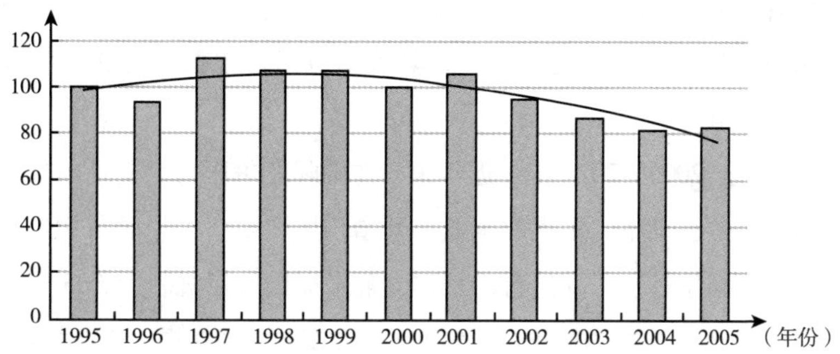

图 4－24　我国机电产品贸易条件指数变动情况

（1995～2005 年，1995＝100）

第一阶段：1995～1999 年。这一阶段，从国家层面看，政府开始陆续出台以鼓励技术开发为重点的创新鼓励政策，如 1996 年发布的《“九五”全国技术创新纲要》、1999 年发布了《关于加强技术创新　发展高科技　实现产业的决定》，明确了加强技术创新、加速高新技术成果产业化的政策目标；从市场层面看，中国的商品市场已经基本形成，国有企业市场导向的发展机制，或者说经营者市场导向决策机制已基本形成，而私人企业成立之初本就是市场导向的；从企业层面来看，一些较有实力的企业开始由一般的模型创新向自主的集成创新、改良创新发展。在这一背景下，作为中国出口先锋的机电产业更是积极着力进行产品创新，一大批机电企业开始成长并走向市场（如长虹等），成为抢手货，有效地提高了本国出口产品价格，从而极大地改善了本国贸易条件。

第二阶段：2000～2004 年。这一阶段，更多的企业开始涌入这一行业中来，并在绝大多数产品国际竞争中片面地追求数量和规模，过多地依赖于加工贸易和外商直接投资或外商技术，实施低价恶性竞争，而忽视了自主产品创新。与此同时，各主要进口国家利用自身的先进技术而针对中国机电产品设置了一系列的技术性贸易壁垒，如欧盟于 2005 年 8 月出台了“双绿指令”，即《关于报废电子电气设备指令》（WEEE）和《关于在电气电子设备中禁止使用某些有害物质指令》（ROHS）。这就使得我国的机电产品出口举步维艰，仅 2005 年我国机电产品出口共遭遇 11 起国外的反倾销、特保调查和保障措施等，涉案金额达 3. 2 亿美元；我国的出口产品难以进入进口国市场；即使进入了，其价格也压得很低；为此，我国的贸易条件持续恶化。

第三阶段：2005～2020 年。近年来，在国际竞争压力尤其是不断出现的贸易摩擦的直接驱动下，国家和企业都开始积极实施新一轮的自主创新。国家倡导建立创新型社会，并出台一系列政策来提供保障机制。2005 年底国务院发布《促进产业结构调整暂行规定》，将“以自主创新提升产业技术水平”作为产业结构调整的五项原则之一，提出要促进“形成一批拥有自主知识产权、主业突出、核心竞争力强的大公司和企业集团”；2006 年公布了《国家中长期科学和技术发展规划纲要（2006－2020 年）》，提出从五个方面推进国家创新体系建设；2006 年公布的《国民经济和社会发展第十一个五年规划纲要》又重申了企业为创新主体的方针，提出了产业结构升级规划；2006 年 6 月公布的《国务院关于加快振兴装备制造业的若干意见》提出了鼓励中国装备制造企业创新发展的许多政策。同时，我国企业的创新网络开始由国内扩展到国际，开始用收购方式获得创新资源；领先企业初步搭建企业知识产权战略和管理体系，日益重视参加标准的开发；企业创新管理、组织水平有较大提升；大企业开始实行总部和事业部分层的研发管理体系，出现了以企业为主体的开发共性技术的联合体。在这一轮运作过程中，机电产业自然成了急先锋，为此，我国的机电产品的贸易条件又开始逐步改善。

4. 4. 2　简要评述

可以说，中国的机电产业本来的技术水平就相对低于发达国家，通过 20 世纪 90 年代的积极创新，特别是模仿创新后，生产并在国际市场上成功地以较高价格销售了一系列创新产品，但由于缺乏维持创新的长久动力，加之一系列的技术性壁垒所导致的非预算约束，使得我国的出口机电产品成为经济学意义上的典型“劣质商品”，其相对价格不断走低，而与之对应的同类竞争产品价格不断上扬，价格贸易条件持续恶化，成为众多发达国家名副其实的“打工仔”。在这种情形下，要想能有效地扭转这种不利局面，以国际市场为导向的、持续的自主产品创新类技术进步是唯一正道。但是，目前实施的新一轮创新所带来和改善的效应并不会很快显现出来，需要一个持续的作用力。

第 5 章　工艺创新类技术进步的贸易条件效应

内生增长理论对工艺创新类技术进步作了创造性的分析，随后，新贸易理论将其引入贸易理论分析之中。但正如第 2 章所述，专门分析工艺创新型技术对贸易条件的影响的文献几乎没有，已有的一些边缘性分析也是利用消费者效用理论从需求面作一些初步的解释，一旦回到工艺创新技术进步本身，我们就会发现，工艺创新与产品创新相比的作用就天然地为工艺创新类技术进步与贸易条件变动之间提供了一个传导机制。其作用按照传统的观点就是，降低企业的制造成本。沿着这一思路，我们不妨将生产延展到国际交换，由工艺创新所引致的成本及建立在此基础之上的价格（制定）变动就会直接作用于两国的相对价格比例。这也就为本章的分析提供了一个基本的理论框架。

5.1　工艺创新类技术进步的贸易条件效应的理论分析

5.1.1　工艺创新类技术进步界定

5.1.1.1　工艺

工艺是利用生产工具对各种原材料、半成品进行加工或处理（如量测、切削、热处理等），使之成为产品的方法和过程。还可以更加具体地将工艺定义为通过劳动工具来改变劳动对象的形状、尺寸、成分、性质、位置、表面状况，使其变成预期产品的一种方法或劳动过程。先进制造工艺是先进制造技术的核心和基础。这是因为优化的工艺过程、工艺参数、工艺程序、工艺规范决定了制造技术的固有技术水平和效率，也决定了产品制造质量和使用数率。

5.1.1.2　工艺创新、工艺创新类技术进步诠释

工艺创新的基本概念源于熊彼特（1912），后人在他的基础上提出了不同界定。但其基本定义是：工艺创新又称过程创新，是指在生产（服务）过程技术变革基础上的技术创新，既包括在技术较大变化基础上采用全新工艺的创新，也包括对原有工艺的改进所形成的创新。拉斯卡蒂丛书的技术创新调查手册作出了一个后来被奉为经典的定义，即技术的工艺创新是指采用技术上新的或有重大改进的生产方法，包括产品的交付方式。这些方法涉及设备、生产组织的变化，或者这两方面变化的组合，也可以来源于新知识的应用。这些方法可以是用来生产或交付技术上新的或改进的产品，用常规的方法则不能做到，或者主要是用来提高现有产品的生产或交付的效率。可是，前两种定义并没有对工艺创新本身进行区分，为此，一些学者又进一步将工艺创新分解为对生产装备的更新、对生产过程的重组以及前面两个的结合；另一些学者将其分为源于企业发展战略的工艺创新、源于产品创新的实时工艺创新、源于规模经济的工艺后创新。遗憾的是，这些界定都没有回至经济学的基本逻辑层面。鲍莫尔（2004）是这方面的拓荒者，他认为，工艺创新就是指使相应成本曲线向下移动的创新，成功的工艺创新可以增加产出、降低产品价格并增加福利①。

工艺创新类技术进步就是在发生工艺创新过程所发生的技术变化，工艺创新就是工艺创新类技术进步的最终结果。

① ［美］威廉·鲍莫尔．自由市场创新机器：资本主义的增长奇迹［M］．郭梅军，等译．北京：中信出版社，2004.

5.1.2 理论框架及应用

5.1.2.1 理论基础：成本定价理论

在西方经济学中，主要有两种成本定价理论。

（1）边际成本定价理论。在一个纯粹的简单的静态世界和完全竞争的世界里，生产单位在竞争市场上购买或租用他们的一切投入，又各自通过竞争来销售每个同质商品，生产发生在规模报酬不变的那一点上，那一点上的产品边际成本与平均成本彼此相等，且等于产品价格。此外，如果在市场之外并无邻近效应或外在性发生作用，则结果具有帕累托效率，这意味着不存在可行的替代性安排，能使某些人的情况变得更好，同时不使其他人的情况变坏①，这就是边际成本定价。在此基础上，传统的关于利润最大化的经济理论认为：商品价格等于边际成本（每一单位新增生产的产品或者购买的产品带来到总成本的增量）时利润才能最大化，市场才是有效率的。但是在知识经济条件下，知识和技术成为经济系统的关键，企业经济的繁荣不是直接取决于资源和资本硬件的技术的数量、规模和增量，而是直接依赖于知识和有效信息的生产、传播与应用。由于高新技术的物化和类别知识的有效聚合，产品的生产模式和产品本身的价值含量已发生了深刻变化，创新的特征极为明显，直接表现为产品附加价值的极大提高，而不是数量的增加。发生在生产过程中的工艺革新类技术进步直接对生产的成本和最终价格产生了直接影响，更使得传统的边际成本定价理论不再适用，为此，需要用一种成本定价来进行理论阐释。

（2）成本加成定价理论。它是一种以成本为基础的价格理论。产品生产过程中的耗费——成本是价格的基础，产品价格还取决于附加到成本上的价格加成幅度。从微观意义上讲，其主要内容包括以下几个方面。

---

① ［美］纽曼，［美］米尔盖特，［英］伊特韦尔．新帕尔格雷夫经济学大辞典（第二卷）［M］．胡坚，译．北京：经济科学出版社，1996.

首先，成本和价格决定。卡莱斯基将产品分为初级品和工业品。在初级产品（主要是原材料和农产品）市场上，由于充分竞争，厂商所面临的需求曲线弹性很大，初级产品的价格会对需求产生反应。因此，初级产品的价格由需求决定。工业品市场很少是完全竞争的，在拥有过剩生产能力的前提下，工业品的供给比较有弹性，工业品的价格无须对过度供给或需求作出反应，生产工业品的厂商可以通过调整产量来适应需求的变化。因此，初级产品部门和工业品部门的价格决定机制不同。初级产品的价格由市场上的供求决定，而工业品的价格却由成本加成决定，生产者代替了市场操控价格，这使得价格对需求不敏感，只对成本和厂商对市场的控制程度敏感。对于工业品而言，成本是决定价格的一个变量，需求方面的变化并不是直接反映在价格上，而是依赖于对厂商所产生的效应，这反映了企业对市场具有影响力。

如果价格由供求决定，那么价格和成本之间的关系是不确定的。因为，由市场供求决定的价格可能低于或高于成本。市场决定的均衡价格不是成本出清的价格，而是供求相等的价格。在长期中，市场决定的均衡价格可能等于成本，但是在短期中，价格等于成本是偶然现象。当价格低于成本时，即使生产效率比较高的厂商也会被淘汰。也就是说，当厂商受到市场价格支配时，它的存在是不稳定的。对企业而言，市场价格调整的结果有可能不是优胜劣汰，而是毁灭企业。通过观察发现，在市场上生存下来的企业都是一些能够影响市场结果的企业，它们通过产量调整来左右产品的价格。这种以成本为基础的价格并不是达到市场均衡的价格，而是企业有意识的目标价格。这种价格是受支配的价格，因为这种价格是由需要补偿生产成本的企业决定的。

其次，垄断程度决定加成幅度。在成本加成理论中，加成的部分表现出企业定价力量要受到产品市场的限制，企业在市场上的垄断程度不同，价格加成的部分就不同。企业垄断程度越高，价格提高而出现的销售减少就越不明显，此时价格加成幅度就比较大。所以，企业在市场上的垄断程度和其价格加成的幅度之间是增函数的关系，产品价格高于成本的加成部分可以衡量垄断程度。但是，价格加成幅度不需要和垄断程度完全相当。企业获得的利润虽然不能大于垄断程度，但可以低于垄断程度，这又依赖于企业的市场目标。

而从宏观意义上讲，其主要内容又包括以下几个方面。

首先，成本加成定价决定价格水平。成本加成理论认为，价格水平在很大程度上取决于前期生产的货币成本。货币成本是过去中间产品的价格和劳动力工资，加上一个习惯的成数或百分比。不同产品、不同行业的加成是不同的，反映出不同的市场条件（或垄断程度），但它在一段时期内或多或少是稳定的。所以，微观层面上厂商的成本加成定价决定了宏观的价格水平，成本加成定价原理还说明了价格水平有黏性的特点。其用公式表示为：

价格水平 P_t 在任何时期都是惰性变量，它是前期的成本 C_t 和加成数 u 的函数，即：

$$P_t = (1 + u)C_t \tag{5-1}$$

式（5－1）表明，价格水平是在生产体系中决定的，是通过把一定的利润率加到工资和其他主要成本上这一过程来完成的，即宏观的价格由工资成本加成定价决定，价格随着工资升降而升降。温特劳布（Weintraub，1979）将式（5－1）改写为更加一般的形式，为：

$$P = mW/q \tag{5-2}$$

其中，P 代表一般价格水平；m 代表整个经济中单位劳动成本或总边际利润上的平均加成；W 代表平均货币工资；q 代表平均劳动生产力。m 比较稳定，因此，价格上升主要是由于货币工资的上升超过了劳动生产力的增幅。

其次，成本加成定价引发市场结构的变迁。这一理论认为，追求增长最大化的企业成本加成定价扩大了市场份额，加剧了行业的集中化程度步伐，并伴随技术进步。这种市场发展和市场出现结构性变化是成本加成定价造成的。

5.1.2.2　成本加成定价理论在工艺创新类技术进步的贸易条件效应分析中的引入、应用与拓展

基于成本加成定价原理，先对式（5-1）左右两边同时取自然对数，再进行动态化（即将左右两边同时对时间 t 求导），就可以发现：

$$\frac{\mathrm{d}\ln P_t}{P_t}\Big/\mathrm{d}t = \frac{\mathrm{d}\ln(1+u)}{u}\Big/\mathrm{d}t + \frac{\mathrm{d}\ln C_t}{C_t} \qquad (5-3)$$

所以，工艺创新对最终价格变动的影响，是由两部分组成的：一部分是工艺创新对生产的货币成本的影响；另一部分是工艺创新对产品、行业的成本加成比例的影响。

情形一：小企业工艺创新的价格变动效应分析。

如图5-1所示，假如市场上有小企业开始实施工艺创新，则企业本身对某一产品所投入的开发成本将会上升，且由于研发人员的投入也就相应地提高了整体的劳动力成本，这就使得生产所需的货币成本在最终产品推向市场的前一阶段相应上升；而与此同时，由于小企业无力影响最终市场需求，其不能也不敢改变较为稳定的成本加成份额，甚至在定价时会主动降低比例，可是市场需求量的上升会自动推动价格的上涨。为此，在投入市场的初期，小企业所实施的工艺创新对最终的市场价格影响不大，但会出现上升，可上升的幅度相对较小，成本加成比例基本稳定甚至会下降。不过，小企业通过工艺创新在这一阶段却获得了相对可观的利润。

一旦进入了大规模市场投入阶段，由于工艺创新能有力地降低边际成本（这一点在新经济条件下表现得尤为明显）所以，产品的最终平均成本将会随着生产规模的上升而不断下降；同时，小企业仍然不敢改变较为稳定的成本加成份额，即使做一些向上调整，也仅限于很小的幅度，故在大规模投入市场时，小企业所实施的工艺创新对最终的市场价格影响仍然较小，且出现下降的可能性较大，毕竟，成本下降的幅度通常会大于成本加成份额上升的幅度。可此时，企业仍能获得一定的利润，也可以说成是微利。

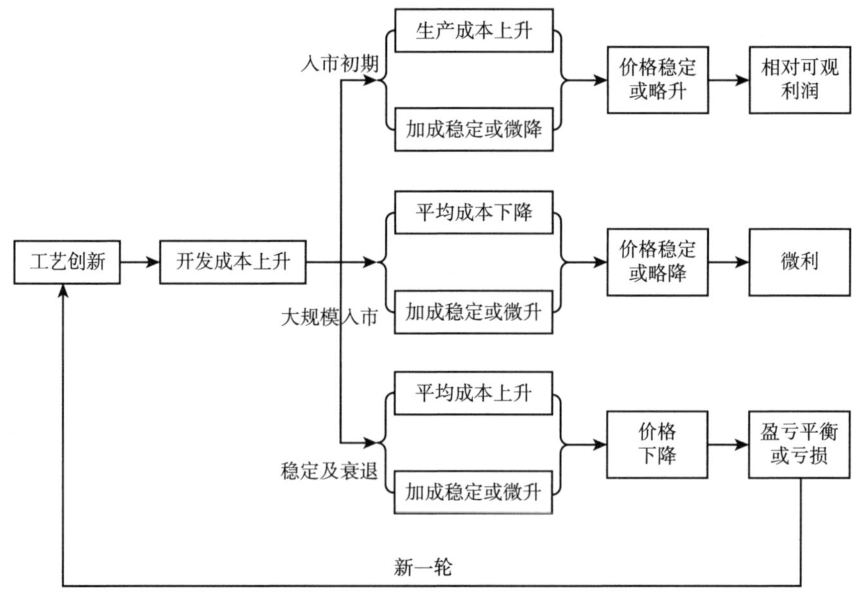

图 5 –1　小企业工艺创新的价格变动效应分析

最后，当进入市场稳定及衰退阶段，市场需求逐步饱和，小企业只能降低成本加成份额来接受市场所赋予的较低价格（相对于前两个阶段而言），从而，以求能够将剩余的产品出售来抵销已经耗费的生产成本。此时，小企业已经被压缩得没有获利空间了，甚至会亏损；为此，小企业只好利用自身“船小好调头”的特点来谋求新一轮的工艺创新。

情形二：大企业工艺创新的价格变动效应分析。

如图 5 –2 所示，假如市场上有大企业开始实施工艺创新，则企业本身对某一产品所投入的开发成本将会上升，且由于研发人员的投入也就相应地提高了整体的劳动力成本，这就使得生产所需的货币成本在最终产品推向市场的前一阶段相应上升；而与此同时，由于大企业可以影响最终的市场需求，能够改变较为稳定的成本加成份额，在定价时主动降低比例以期形成垄断市场结构，当然，其幅度不会大于价格上升的幅度。为此，在投入市场的初期，小企业所实施的工艺创新对最终的市场价格影响较大，通常会使其上升，但上升的幅度肯定会小于成本上升的幅度。此时，大企业仍然可以赚取低额的利润。

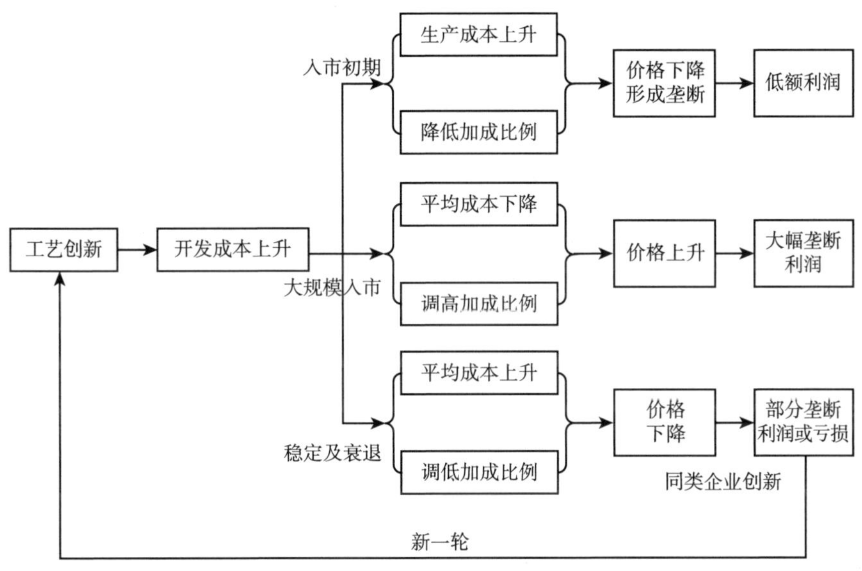

图 5－2　大企业工艺创新的价格变动效应分析

而一旦进入了大规模市场投入阶段，由于工艺创新能有力地降低了边际成本（这一点在新经济条件下表现得尤为明显），所以，产品的最终平均成本将会随着生产规模的上升而不断下降，同时，大企业可以继续改变较为稳定的成本加成份额。可是，此时大企业开始利用自身的市场垄断力来主动调高成本加成比例。为此，在大规模投入市场时，大企业所实施的工艺创新对最终的市场价格影响仍然较大，并且，通常会出现上升，毕竟，成本加成份额上升的幅度通常会被调整到大于成本下降的幅度。同时，大企业可以赚取大幅的垄断利润。

最后，当进入市场稳定及衰退阶段，在大企业的垄断定价策略下，市场需求并没有完全饱和，大企业则继续利用其市场垄断力逐步调低成本加成比例，降低市场价格，继续赚取垄断利润。但是，这种情况并不能持续，一旦其他的同类竞争企业尤其是一些中小企业通过“干中学”等学习效应逐步积累了经验，就会通过新一轮的工艺创新形成直接的竞争，进而促使这类产品退市；大企业则会亏损，大企业会利用自身的市场优势，逐步进行下一轮工艺创新，但这一现象相对小企业而言出现的时间会晚许多。

以上的基本分析框架，主要是从一国市场的角度来分析不同类型企业发生的工艺创新类技术进步对最终价格的影响，也就没有将国际交换纳入分析框架之中。为此，下面对这一框架做进一步拓展，将一国的最终价格延伸到一国的交换价格比例。

5.1.2.3 成本加成定价理论在工艺创新类技术进步的贸易条件效应分析中的应用

利用上面的基本框架，我们就可以基于工艺创新类技术进步—成本—价格—贸易条件的基本框架，分大国情形和小国情形，按照发生工艺创新类技术进步的产业（行业）来探讨其贸易条件效应。

（1）小国情形。

情形一：可出口行业发生工艺创新类技术进步的贸易条件效应分析。

如图 5－3 所示，假定相对出口目的地而言，本国可出口行业（厂商）发生了相对相对工艺创新类技术进步，但本国仍是价格的接受者，则无论

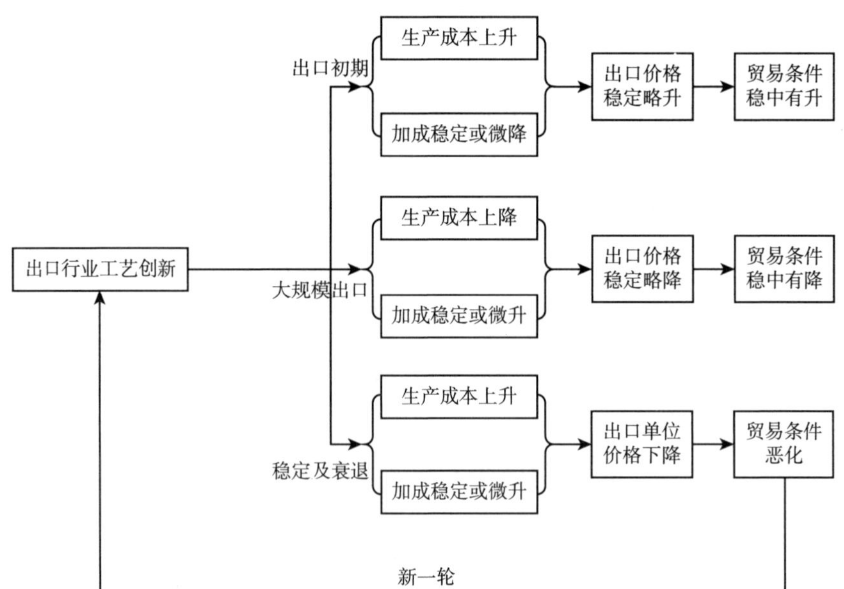

图 5－3 小国情形下的出口行业工艺创新类技术进步的贸易条件效应分析

是在开始投入国际市场，还是大规模出口乃至规模稳定及衰退阶段，价格制定时都不可能大幅提高其成本加成比例，甚至还会主动降低；这就使得该行业的出口单位价格基本稳定，甚至在一定范围内下降。这种情形下，本国的贸易条件基本稳定，甚至会在一定程度上波幅恶化。

情形二：可进口行业发生工艺创新类技术进步的贸易条件效应分析。

如图 5－4 所示，假设相对于进口来源国，本国的可进口行业（厂商）发生了相对相对工艺创新类技术进步，但本国仍是价格的接受者，则无论是在开始投入市场阶段，还是大规模生产乃至稳定及衰退阶段，定价过程中都不可能大幅提高其成本加成比例，甚至还会主动降低；这就使得该产品乃至该行业的单位价格基本稳定甚至降低，从而，吸引国内消费者从国际市场转向国内市场，甚至可以形成一个价格下降—需求量上升—工艺创新—价格下降的良性循环，也使得进口需求量下降，进口价格的下降也就在情理之中。此时，本国的贸易条件将会逐步改善。

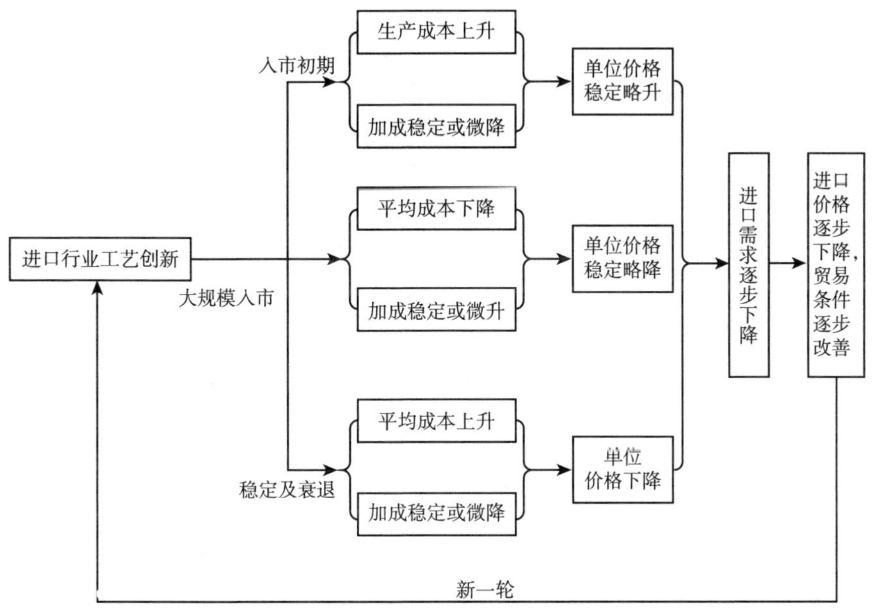

图 5－4　小国情形下的进口行业工艺创新类技术进步的贸易条件效应分析

（2）大国情形。

情形一：可出口行业发生工艺创新类技术进步的贸易条件效应分析。如图5－5所示，假定相对于出口目的地而言，本国可出口行业（厂商）发生相对相对工艺创新类技术进步，而本国是价格的制定者，无论是在开始投入国际市场阶段，还是大规模出口乃至稳定及衰退阶段，价格制定均可以小幅降低或大幅提高其成本加成比例，并使其大于成本上升或下降幅度，进而使得该行业的出口单位价格保持着稳定上升的态势。这种情形下，本国的贸易条件不断改善，最终会出现短暂的恶化态势，但在新一轮的工艺创新的推动下，又可以迅速将其逆转。

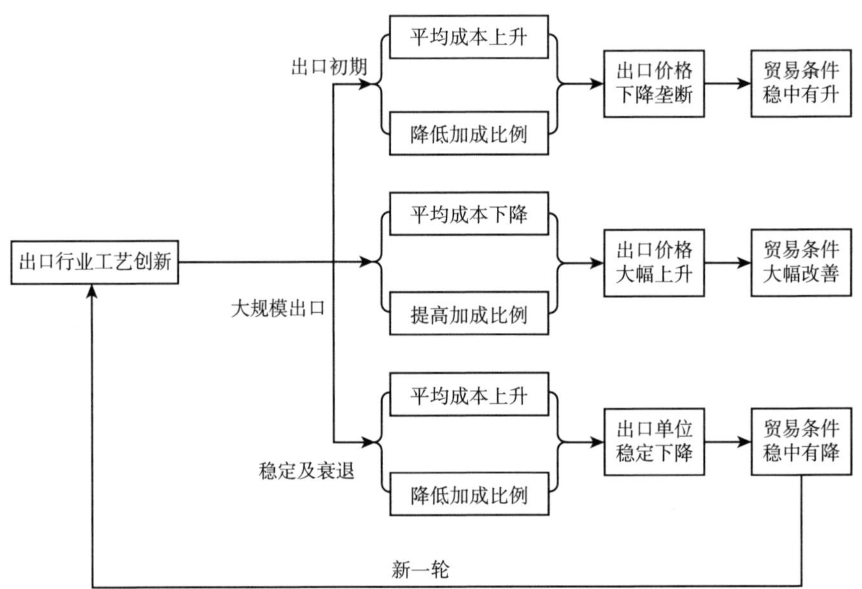

图5－5　大国情形下的出口行业工艺创新类技术进步的贸易条件效应分析

情形二：可进口行业发生工艺创新类技术进步的贸易条件效应分析。

如图5－6所示，假设相对于进口来源国，本国的可进口行业（厂商）发生了相对相对工艺创新类技术进步，而本国是价格的制定者，则无论是在开始投入市场阶段，还是大规模生产乃至稳定及衰退阶段，定价都可以小幅降低或大幅提高其成本加成比例，尤其是在与进口产品竞争的情形下，本国的定价会在投入期适时大幅降低成本加成比例以致可以低于进口价格，以期形成垄断力，此时，进口单位价格会不断下降；而一旦进入大规模投入阶段，又可以逐步提高加成比例，并使其大于成本下降幅度，这就使得该产品、行业的单位价格相对上升，且高于原始的外国进口产品，可是，外国进口产品已经被本国的创新产品驱逐出了本国市场，而此时可以通过这种示范效应来引导其他厂商、行业加大工艺创新的力度，也就源源不断地形成对进口价格的向下压力。在此过程中，本国的贸易条件会随之不断改善。

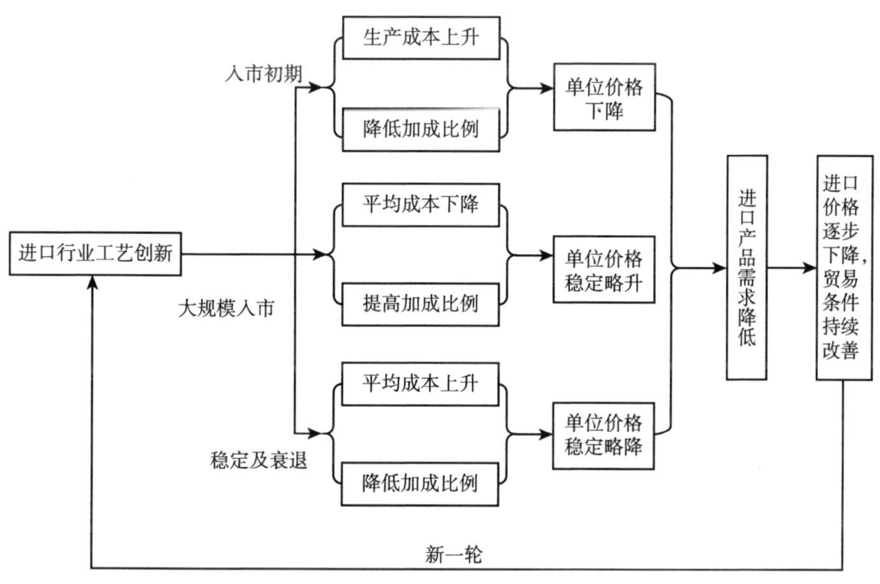

图5－6　大国情形下的进口行业工艺创新类技术进步的贸易条件效应分析

5.2　来自发达国家和发展中国家经验数据的实践佐证

众所周知，反映工艺创新类技术进步的一个重要指示器是一个企业、行业、国家在研发、新机器设备上的投入。而据美国国家科学委员会，世界范围内的研究和开发主要集中在少数几个工业化国家。1997年，28个经济合作与发展组织（OECD）国家在研究和开发上的总投入约为5000亿美元，而其中的85%来自七个国家①。可见，这几个主要工业化国家（发达国家）的经验数据可以用来对5.1节的理论分析进行证实或证伪。

5.2.1 数据描述

5.2.1.1 主要发达国家和中国的研发投入

由表5-1可知，自1981年以来，主要发达国家的研发投入占其GDP的比例持续上升，并稳定在2%以上，美国、日本两国更是分别接近、超过了3%。同时，作为最大发展中国家的中国，其研发投入占GDP的比例裹足不前，甚至出现了短暂下降，到2004年仅上升到1.23%。可是，相对于中国而言，其他发展中国家由于自身实力等原因，其研发投入及其占GDP的比例更小。

表5-1　主要发达国家和中国的研发投入占GDP的百分比变动（1981~2004年）

单位：%

年份	美国	日本	德国	法国	英国	意大利	加拿大	俄罗斯	OECD	中国
1981	2.34	2.12	2.43	1.90	2.38	0.88	1.24	(NA)	1.92	(NA)
1982	2.51	2.21	2.50	1.98	(NA)	0.90	1.39	(NA)	2.01	(NA)
1983	2.58	2.34	2.50	2.01	2.20	0.95	1.36	(NA)	2.06	(NA)
1984	2.64	2.43	2.50	2.10	(NA)	1.01	1.40	(NA)	2.12	(NA)
1985	2.75	2.56	2.68	2.15	2.24	1.12	1.44	(NA)	2.23	(NA)
1986	2.72	2.53	2.70	2.14	2.26	1.13	1.48	(NA)	2.23	(NA)
1987	2.69	2.60	2.80	2.18	2.20	1.19	1.43	(NA)	2.24	(NA)
1988	2.65	2.62	2.79	2.18	2.14	1.22	1.40	(NA)	2.22	(NA)
1989	2.61	2.71	2.79	2.23	2.15	1.24	1.47	(NA)	2.24	(NA)
1990	2.65	2.79	2.67	2.33	2.15	1.29	1.53	2.03	2.27	0.71
1991	2.71	2.76	2.47	2.33	2.07	1.23	1.60	1.43	2.20	0.73
1992	2.64	2.71	2.35	2.33	2.03	1.18	1.64	0.74	2.16	0.68

① 七个国家分别是美国、加拿大、法国、德国、意大利、日本和英国。

续表

年份	美国	日本	德国	法国	英国	意大利	加拿大	俄罗斯	OECD	中国
1993	2.52	2.63	2.28	2.37	2.06	1.13	1.70	0.77	2.11	0.62
1994	2.42	2.58	2.18	2.32	2.01	1.05	1.76	0.84	2.06	0.50
1995	2.51	2.69	2.19	2.29	1.95	1.00	1.72	0.85	2.08	0.50
1996	2.55	2.78	2.19	2.27	1.88	1.01	1.68	0.97	2.10	0.60
1997	2.58	2.84	2.24	2.19	1.81	1.05	1.68	1.04	2.13	0.64
1998	2.62	2.95	2.27	2.14	1.80	1.07	1.79	0.95	2.15	0.70
1999	2.66	2.96	2.40	2.16	1.87	1.04	1.82	1.00	2.19	0.83
2000	2.74	2.99	2.45	2.15	1.86	1.07	1.93	1.05	2.23	1.00
2001	2.76	3.07	2.46	2.20	1.87	1.11	2.08	1.18	2.28	1.07
2002	2.65	3.12	2.49	2.23	1.89	1.16	1.97	1.25	2.24	1.23
2003	2.68	3.15	2.52	2.18	1.88	(NA)	1.95	1.29	2.26	1.31
2004	2.68	(NA)	2.49	2.16	(NA)	(NA)	1.93	1.17	(NA)	1.23

资料来源:《美国统计年鉴(2006)》和《中国统计年鉴(1996-2005)》。

5.2.1.2 发达国家、发展中国家进出口单位值指数

发达国家的出口价格指数持续上涨，从1980年的88上升到2003年的112；而发展中国家出口价格指数持续下跌，从1980年的120下降到了2003年的96，见表5-2。同时，相对于出口价格指数来说，发达国家进口价格指数相对下降；发展中国家则不断上升。前者从1980年的91/88下降到2003年的107/112；后者从1980年的103/120上升到2003年的99/96。

表5-2 发达国家和发展中国家的进出口单位值指数变动(2000=100)

年份	发达国家出口价格指数	发展中国家出口价格指数	发达国家进口价格指数	发展中国家进口价格指数
1980	88	120	91	103
1981	86	124	91	104
1982	83	118	87	103
1983	81	109	88	101

续表

年份	发达国家出口价格指数	发展中国家出口价格指数	发达国家进口价格指数	发展中国家进口价格指数
1984	79	110	86	101
1985	78	100	85	90
1986	89	89	87	89
1987	99	96	96	94
1988	105	98	101	98
1989	105	98	102	97
1990	114	103	111	103
1991	113	102	109	101
1992	115	101	111	101
1993	108	99	104	99
1994	112	103	107	101
1995	123	111	117	108
1996	120	110	116	108
1997	112	107	108	104
1998	108	98	103	98
1999	106	95	101	96
2000	100	100	100	100
2001	98	95	96	97
2002	100	93	97	95
2003	112	96	107	99

资料来源：联合国贸易发展会议统计数据库。

5.2.2 数据解析

5.2.2.1 发达国家的研发投入百分比与进出口价格指数、贸易条件指数

在发达国家的研发投入百分比不断上升的过程中，发达国家的出口价格指数相对于进口价格指数持续上升，贸易条件稳步改善，贸易条件指数从1980年的97上升到2003年的105，见表5－2。

5.2.2.2　发展中国家的研发投入百分比与进出口价格指数、贸易条件指数

在发展中国家的研发投入百分比上升、下降反复变动的过程中，其出口价格指数相对于进口价格指数走出了一条“下降—上升—下降”的螺旋线，贸易条件指数从1980年的117下降到1993年的100后，又上升到1997年103，继而下降到2003年的97，见表5-2。

5.2.3　初步结论

通过发达国家与发展中国家的相关经验数据，不难发现，发达国家相对于发展中国家来说，其工艺革新类技术进步的速度要明显快，即发达国家在其可进口及可出口行业持续发生了“相对相对”工艺革新类技术进步，在这一动力的作用下，其贸易条件持续改善，这也就直接证实了5.1节的相关理论分析。

5.3　中国实践考察：基于中国相关行业面板数据的实证检验

正如第2章所述，目前还没有关于工艺创新类技术进步的贸易条件效应的计量研究，这也与工艺创新类技术进步的测度方面的困难有直接关系。为此，本书尝试利用经济增长理论中较为成熟的替代方法，并结合中国实践进行实证分析，以弥补单纯数据说明上的不足，进而解读中国实际。

5.3.1　工艺创新类技术进步的计量指标选取

在已有的增长核算研究中，绝大多数学者都利用研发投入来替代工艺

创新类技术进步，本书也尝试利用这一思路来进行实证研究。我国一般只公布按照本国所分类的37个行业以及全国的研发投入，但我们不能获得这37个行业的进出口价格数据。此时，回到工艺创新本身可发现，工艺创新的一个重要表现形式就是设备的更新，为此，我们尝试用新增设备比例这一指标来替代工艺创新类技术进步，并为了保证数据的真实性和代表性，选取了上市公司数据。

5.3.2 实证模型与数据

5.3.2.1 基于上市公司数据的平衡面板模型

这一研究仍采用平衡面板数据中的固定效应模型来分析，并从12家不同的外贸类上市公司展开，同时，应用可行的广义最小二乘法进行估计，其目的是减少截面数据造成的异方差影响。

为了单纯地分析不同上市公司的工艺创新类技术进步对产品成本、价格的影响，我们分别利用单一变量的确定效应的变系数和变截距模型[①]，并考虑不同公司的出口价格及成本、价格存在差异，不再对样本数据进行F检验，而是直接使用变截距模型。模型设定为：

$$ROCP_{\mathrm{ids}} = a_{\mathrm{ids}} RONM_{\mathrm{ids}} + u_{\mathrm{ids}}$$

$$ROCP = aRONM + u \tag{5-4}$$

式（5－4）中，$ROCP$、$RONM$分别代表该公司产品的成本价格比、新增设备比例。[②] 下标ids代表不同的上市公司，本书的研究对象共包括G中化（600500－ZH）、东方创业（600278－DF）、G中大（600704－ZD）、如意集团（000626_RY）、中技贸易（600056_ZJ）、新天国际（600084_XT）、G兰生（600826_LS）、南纺股份（600250_NF）、G物贸（600822_WM）、厦

① 由于模型仅就我国各行业的数据资料进行研究，故宜选择确定效应模型。

② 变系数模型用来分析各个不同的上市公司的工艺创新类技术进步对成本价格比的影响；变截距模型则是从整体上分析这12家外贸类企业的工艺创新类技术进步对成本价格比的影响。

门信达（000701_XM）、G 物华（600247_WH）、东方集团（600811_DG）。

5.3.2.2 数据说明

这一部分的数据均来自以上 12 家上市公司 2002～2004 年年报、巨灵数据库。数据频率为年，均采用相对数（即比例形式）。

（1）成本价格比。本书的成本价格比均取自巨灵数据库提供的上市公司毛利润率数据，在获取了这一指标之后，再用 1 减该指标，就得到了成本价格比。

（2）新增设备比。本书的新增设备比均取自这 12 家公司所公布的 2002～2004 年年报，是将年报中所公布的设备增加额除以年初（即上年末）的设备原金额而计算得来的。这里的设备主要包括机械设备、电子设备两类。

5.3.3 实证结果

5.3.3.1 确定效应的变系数模型

经过 EVIEWS5.0 软件的处理，我们可以将基本模型结果分为 12 个部分列示。

$$ROCP\_WM = -0.041351RONM\_WM + 8.026045$$

$$ROCP\_LS = 0.075709RONM\_LS + 3.128189$$

$$ROCP\_NF = -0.000815RONM\_NF + 3.795187$$

$$ROCP\_DF = -0.244923RONM\_DF + 0.829270$$

$$ROCP\_RY = 0.180662RONM\_RY + 3.545954$$

$$ROCP\_XM = -0.059966RONM\_XM + 7.556283$$

$$ROCP\_WH = -0.196488RONM\_WH - 31.98012$$

$$ROCP\_XT = -0.173535RONM\_XT + 0.767199$$

$$ROCP\_ZJ = -0.000826RONM\_ZJ + 7.948601$$

$$ROCP\_DG = -0.221284RONM\_DG + 1.184481$$

$$ROCP\_ZD = 0.470867RONM\_ZD - 3.457250$$

$$ROCP\_ZH = 0.139151RONM\_ZH - 1.343840$$

就各个上市公司的变系数模型来看，表5-3中的结果表明，东方创业（600278-DF）、厦门信达（000701_XM）、G物华（600247_WH）、新天国际（600084_XT）、中技贸易（600056_ZJ）、东方集团（600811_DG）这6家公司的影响模型的T检验值分别为-4.676640、-4.957474、-2.924601、-2.492823、-4.264548、-3.527376，相伴概率分别为0.0009、0.0006、0.0152、0.0318、0.0017、0.0055，这6个模型的拟合效果较优，相关系数分别在100%、100%、98%、97%、100%、99%的水平显著，且其相关系数均为负值；而其他6家公司的影响模型的拟合效果均较差，个别的相伴概率均在5%以上，个别的达到了76.49%，绝大多数（2/3）相关系数为正值。

表5-3　确定效应变系数模型估计结果（三）

变量（Variable）	系数（Coefficient）	系数标准差（Std. Error）	T统计量（T-statistic）	P值（Prob.）
C	89.937980	0.363627	247.336000	0.0000
_WM-RONM_WM	-0.041351	0.031526	-1.311662	0.2189
_LS-RONM_LS	0.075709	0.155252	0.487655	0.6363
_NF-RONM_NF	-0.000815	0.002651	-0.307374	0.7649
_DF-RONM_DF	-0.244923	0.052372	-4.676640	0.0009
_RY-RONM_RY	0.180662	0.087633	2.061580	0.0662
_XM-RONM_XM	-0.059966	0.012096	-4.957474	0.0006
_WH-RONM_WH	-0.196488	0.067185	-2.924601	0.0152
_XT-RONM_XT	-0.173535	0.069614	-2.492823	0.0318
_ZJ-RONM_ZJ	-0.000826	0.000194	-4.264548	0.0017
_DG-RONM_DG	-0.221284	0.062733	-3.527376	0.0055
_ZD-RONM_ZD	0.470867	0.321368	1.465198	0.1736
_ZH-RONM_ZH	0.139151	0.088033	1.580662	0.1450
固定效应（截面）				
_WM-C	8.026045			
_LS-C	3.128189			
_NF-C	3.795187			

续表

变量 (Variable)	系数 (Coefficient)	系数标准差 (Std. Error)	T 统计量 (T-statistic)	P 值 (Prob.)
_DF - C	0.829270			
_RY - C	3.545954			
_XM - C	7.556283			
_WH - C	-31.980120			
_XT - C	0.767199			
_ZJ - C	7.948601			
_DG - C	1.184481			
_ZD - C	-3.457250			
_ZH - C	-1.343840			
固定效应（时间）				
2002 - C	-0.540944			
2003 - C	0.534337			
2004 - C	0.006607			

单就模型整体效果来看，表 5-4、表 5-5、表 5-7、表 5-8 中的结果都表明，调整后的决定系数分别达到 0.999957 和 0.999873，说明模型的拟合优度很高，DW 检验值分别为 2.375633 和 3.190358，证明残差无序列自相关。可见，该模型效果不错。

表 5-4　加权条件下的模型检验结果（三）

项目	系数	项目	系数
决定系数 R^2（R-squared）	0.999957	被解释变量（Mean dependent var）	280.7621
回归标准差（S. E. of regression）	1.835217	残差平方和（Sum squared resid）	33.68021
F 统计量（F-statistic）	32766.12	DW 统计量（Durbin-Watson stat）	2.375633
P 值（Prob.）F 统计量（F-statistic）	0		

表 5-5　非加权条件下的模型检验结果（三）

项目	系数	项目	系数
R^2（R-squared）	0.98744	被解释变量（Mean dependent var）	88.84337
残差平方和（Sum squared resid）	62.47007	DW 统计量（Durbin-Watson stat）	2.563502

5.3.3.2 确定效应的变截距模型

经过 EVIEWS5.0 软件的处理，我们可以将基本模型结果列示：

$$ROCP\_WM = -0.001138RONM\_WM + 8.505403$$

$$ROCP\_LS = -0.001138RONM\_LS + 4.894712$$

$$ROCP\_NF = -0.001138RONM\_NF + 4.846581$$

$$ROCP\_DF = -0.001138RONM\_DF + 0.363036$$

$$ROCP\_RY = -0.001138RONM\_RY + 5.704689$$

$$ROCP\_XM = -0.001138RONM\_XM + 5.953918$$

$$ROCP\_WH = -0.001138RONM\_WH - 35.98633$$

$$ROCP\_XT = -0.001138RONM\_XT - 5.273472$$

$$ROCP\_ZJ = -0.001138RONM\_ZJ + 9.120854$$

$$ROCP\_DG = -0.001138RONM\_DG - 3.093488$$

$$ROCP\_ZD = -0.001138RONM\_ZD + 2.951219$$

$$ROCP\_ZH = -0.001138RONM\_ZH + 2.012878$$

就全部上市公司的变截距模型来看，表5-6中的结果表明，回归系数在100%的水平上显著，并且相关系数为-0.001138，即这些公司的新增设备比例每上升一个百分点，其成本价格比会相应地下降千分之一个百分点，即价格相对于成本而上升。

表5-6 确定效应变截距模型估计结果

变量（Variable）	系数（Coefficient）	系数标准差（Std. Error）	T统计量（T-statistic）	P值（Prob.）
C	88.917630	0.315904	281.47050	0.0000
RONM?	-0.001138	0.000201	-5.64814	0.0000
固定效应（截面）				
_WM-C	8.505403			
_LS-C	4.894712			

续表

变量 (Variable)	系数 (Coefficient)	系数标准差 (Std. Error)	T 统计量 (T-statistic)	P 值 (Prob.)
_NF – C	4.846581			
_DF – C	0.363036			
_RY – C	5.704689			
_XM – C	5.953918			
_WH – C	–35.986330			
_XT – C	–5.273472			
_ZJ – C	9.120854			
_DG – C	–3.093488			
_ZD – C	2.951219			
_ZH – C	2.012878			
固定效应（时间）				
2002 – C	–1.139517			
2003 – C	0.812240			
2004 – C	0.327277			

表 5 –7　　加权条件下的模型检验结果

项目	系数	项目	系数
决定系数 R^2 （R-squared）	0.999873	被解释变量（Mean dependent var）	208.8699
调整系数 R^2 （Adjusted R-squared）	0.999788	标准差（S. D. dependent var）	168.1545
回归标准差（S. E. of regression）	2.44714	残差平方和（Sum squared resid）	125.7584
F 统计量（F-statistic）	11802.78	DW 统计量（Durbin-Watson stat）	3.190358
P 值（Prob.） F 统计量（F-statistic）	0		

表 5 –8　　非加权条件下的模型检验结果

项目	系数	项目	系数
R^2 （R-squared）	0.974593	被解释变量（Mean dependent var）	88.84337
残差平方和（Sum squared resid）	126.3628	DW 统计量（Durbin-Watson stat）	2.438579

5.3.4 结论

（1）无论是从变截距还是从变系数模型来看，工艺创新类技术进步对其出口价格比都存在明显的负相关关系，这也就意味着，工艺创新类技术进步可以成为降低产品成本、提高出口产品价格，进而改善贸易条件的一个重要途径。

（2）就12家上市公司的变截距模型来看，被称为高科技外贸企业的东方创业、东方集团的相关系数分别高达－25%、－22%，且相伴概率都为0，这就说明，在科技含量相对较高的企业中进行的工艺创新类技术进步对成本价格比的影响较为显著。这一现象背后的一个合理解释就是，工艺创新对企业自身的技术实力要求较高，工艺创新对企业的经济影响离不开相关技术平台的支持。为此，加快构筑企业的技术创新平台应是企业技术创新的重中之重，否则，技术创新就失去了其经济意义。

第6章　生产率增长型技术进步的贸易条件效应

贸易条件是通过国际交换来获取贸易利得的标示，汇率则直接代表着各国货币的国际购买力，两者之间的相关关系不言而喻，它也自然而然地成了国际经济学界的重要关注点，理论界不断探求它们的相互作用关系。一些学者沿着贸易条件变动决定汇率变动的路径进行分析，近期的代表人物是柯思缇（2001；2004）；另一些学者则依据不同的假定对汇率变动所引致的贸易条件效应给出了答案，马歇尔及勒纳就是这方面的拓荒者。在满足马歇尔—勒纳条件下，实际有效汇率的升值会导致贸易收支的恶化；反之，其贬值则能提高一国出口商品的国际竞争力，改善贸易收支。以亚历山大（Alexander，1951；1952）、斯帕热斯（Sparos，1956；1957）等为代表的后继者则重点分析了汇率变动对贸易条件变动的数量效应、结构效应、成本效应、收入分配效应及其各自的影响力。显而易见，这两种分析莫衷一是。

但是，近年来的国际贸易实践为我们绘就了一幅汇率变动引致贸易条件变动的壮丽画面。见表6-1及本书附录中的附图1所示，这12个代表性国家的贸易条件指数数据与其对应的实际汇率指数数据成明显的相关关系。至于其中的发达国家，不考虑一年时滞条件下的两类数据的变化一致性要明显高于考虑一年时滞情形下；其中的新兴工业化国家、发展中国家的两类数据则在考虑一年时滞情形下要比不考虑时滞情形下存在着更为明显的一致变动趋势；以中国为例，在考虑一年时滞的情形下，贸易条件指数变

表 6－1　代表性国家实际汇率指数和贸易条件指数（2000 年 =100）

年份	新加坡		沙特		日本		尼日利亚		智利		法国		德国		意大利		英国		加拿大		美国		中国	
	指数1	指数2	指数1	指数2	指数1	指数2	指数1	指数2	指数1	指数2	指数1	指数2	指数1	指数2	指数1	指数2	指数1	指数2	指数1	指数2	指数1	指数2	指数1	指数2
1990	93	116	101		75	105	102	89	78	114	109	103	115	110	122	94	88	101	128	97	83	101	99	102
1991	97	113	102		81	108	86	74	80	113	107	102	104	107	125	98	91	101	133	95	83	102	88	101
1992	99	110	96		83	111	72	65	85	110	109	105	109	110	121	99	88	102	122	93	81	102	79	103
1993	99	110	99		98	114	79	59	87	101	110	106	114	111	102	99	78	104	114	93	84	102	70	101
1994	103	106	95		103	117	146	56	90	115	110	108	114	108	99	99	79	103	104	93	83	103	76	102
1995	105	104	92		105	115	124	56	95	136	113	106	119	107	93	96	76	100	101	97	80	103	85	102
1996	109	104	94		89	110	153	87	98	110	113	105	115	107	103	100	77	101	102	98	83	103	93	106
1997	111	105	99		84	104	175	65	107	113	108	103	109	105	104	102	91	103	104	97	90	104	99	110
1998	106	104	103		82	111	192	44	106	100	108	104	110	107	106	107	97	104	99	103	96	107	101	111
1999	100	103	98		93	110	98	60	100	100	105	105	106	107	104	108	97	102	98	110	95	105	98	104
2000	100	100	100		100	100	100	100	100	100	100	100	100	100	100	100	100	100	100	100	100	100	100	100
2001	101	96	102	99	89	101	111	89	91	92	100	108	101	102	101	101	98	99	99	99	107	103	104	101
2002	98	94	99	99	83	101	112	90	86	89	102	110	102	104	104	103	99	102	98	97	107	104	103	101
2003	94	91	89	111	81	98	105	102	78	92	106	110	107	107	109	104	95	104	107	104	98	103	97	97
2004	93	89	82	135	82	92	107	122	83	115	108	111	108	107	111	103	101	105	111	107	93	101	95	92

注：1 为实际汇率指数；2 为贸易条件指数。

资料来源：联合国贸易发展会议。

化与实际汇率变化的一致性明显大幅提升。

这种趋势性联动规律已经在相当程度上表明，实际汇率变动与贸易条件变动之间存在着某种传递关系。而已有的理论文献已经构建了汇率对进出口价格的汇率传导模型，并利用实际经验数据进行了有力证明，确认了这一传递关系的存在。为此，对贸易条件变动的分析有必要利用原有的汇率传导理论进行适当拓展，尤其需要重点关注实际汇率及其变动的前向和后向联系，即将生产率增长型技术进步、实际汇率变动、贸易条件变动三者建立因果关联。

6.1　贸易条件变动的理论考察

本节对贸易条件变动的理论进行考察，重点讨论 HBS 推断与汇率传导机制的引入与拓展。

6.1.1　已有研究

6.1.1.1　生产率、实际汇率、贸易条件三者之间的关系研究

在这方面的经典研究莫过于 HBS 推断。HBS 推断认为，国家间的部门生产率差异是实际汇率变动的一个重要决定因素（Harrod，1939；Balassa，1964；Samuelson，1964）。在此基础上，以柯思缇和帕森蒂（2001）为代表的一批学者又将 HBS 推断发展为生产率或技术变动的国际传导理论，其普遍性的论点就是在一国贸易品部门的生产率增长会同时降低国内贸易品部门的相对价格，尤其恶化本国的贸易条件，并提高国内非贸易品的相对价格。在此基础上，他们于 2004 年还结合 G7 的实际情况来实证性分析实际汇率、相对价格指数对技术变动的反应，并且大部分国家的实际情况都进一步证实了这一论点。HBS 推断的主要贡献在于提出了两个强有力的见解：一是将非贸易品引入标准贸易模型中；

二是以贸易品和非贸易品的生产率之差作为购买力平价与实际汇率之间关系的系统性偏离因素。阿斯和柯顿（Asea & Corden，1994）认为，HBS 推断的重要性不仅因为他们为实际汇率对 PPP（购买力平价理论）的偏离提供了清晰的理论分析，还在于它通过表明这种偏离与生产率差的系统相关性，引申出这种偏离与收入差距之间的关系。不过，这一推断建立在严格的理论假设基础上，重点关注于供给因素，而忽视了需求因素，这就引致了后来对它的不断校正。一些经济学者（Froot & Rogoff，1991；Rogoff，1992；Gregorio et al.，1994）先后利用实证数据考察了政府支出、人均收入等因素对贸易品和非贸易品之间的相对价格的影响，格雷戈里和沃尔夫（Gregorio & Wolf，1994）更是在此基础上，将资本的完全可流动假设改变为资本的完全不可流动，直接将生产率变动、汇率变动和贸易条件变动结合在同一供需分析框架。其中，具有代表性的修正是菲利普布诺克（Philip Brock）的克鲁格－迪尔多夫－里默全球动态模型（Asea & Corden，1994）。其重要假定就是技术进步的内生性。他认为投资和技术选择在决定非贸易品价格对贸易品价格相对价格变化中起重要作用。同时，在经济发展过程中，需求因素和供给因素在决定非贸易品相对价格中同等重要。他的研究结论表明，在一个多部门经济中，HBS 推断是成立的，尽管这时的决定因素来自需求方，而不是供给方。有些经济学者（Faria & Leon-Ledesma，2000）更是同时利用边际生产率和平均生产率两个变量来进行实证检验。

遗憾的是，对于 HBS 理论的另一项著名修正得出质疑 HBS 推断的结论。佐斯曼（Zussman，2001）通过引入技术渗透机制，将 HBS 推断的实际汇率决定过程一般化为时间序列方程，并发现即便非贸易品部门具有不变的生产率增长率，即不同时期、不同国家的非贸易品部门的生产率增长率相同，各国之间的贸易品部门生产率追赶效应也会造成实际汇率升值。除此之外，一些经济学者（Bhagwati，1984；Kravis & Lipsey，1988）对这一推断持同样质疑的观点，他们对 HBS 的一个重要经验证据——Penn 效应提出了反驳。同时，需要指出的是，这里都只是论及汇率变动会导致贸易的变化，但是，汇率以什么样的机制作用于贸易条件始终被忽视。

6.1.1.2 汇率与进出口价格、数量之间的关系的相关研究

这方面研究的重点在于分析汇率对贸易品与非贸易品之间的相对价格、一国出口与进口之间的相对价格、一国的进出口需求的影响。对汇率和价格之间的联系的分析沿着很多路径，从早期对汇率和货币主义之间的宏观争论到与一价定律相关的市场一体化或市场分割，再到生产者进行价格歧视的能力和愿望相关的市场微观结构，其分析重点集中于汇率波动如何被传导进贸易品价格，或者被吸收进生产者利润边际或毛利。这一理论又可以进一步细分为“汇率对出口价格、出口需求的传导理论”和“汇率对进口价格、进口需求的传导理论”两部分。

（1）汇率对出口价格的传导研究。对于这一传导关系的研究主要遵从以下几种方法。第一种方法是将传导简单地界定为出口价格变动与汇率变动的比率（Marston，1991；Loopesko & Johnson，1988）。但这一方法不仅明显地遗留了变量，并且易于高估战略定价因素在与汇率变动相对应的生产成本变动中的作用。第二种方法是运用出口价格方程来估计（Ohno，1989；Khosla，1991），但这一方法存在两个重大的缺陷。其一出口价格方程是不完整的，这是因为，方程中除了成本之外的其他解释变量都被忽略了；其二由于汇率通过投入成本对出口价格的影响没有被模型化，所以，估计的传导弹性只是抓住了战略定价行为所促成的那一部分传导。除此之外，这些研究中所使用的经济计量分析对滞后结构的使用十分武断，并且没有采用一个系统的方法论。第三种方法是从国家整体和不同行业两个层面同时运用出口价格方程和成本方程来估计（Athukorala & Menon，1994）。但这一方法也和以上两种方法一样受限于数据质量和数据选择方法。在数据选择方法上主要是指单位值形式的出口价格的货币表达方法、汇率指数构成。

（2）汇率对进口价格的传导研究。在20世纪70~90年代，大量的实证研究也开始密切关注名义汇率变动进口价格变动的传导问题（Branson，

1972；Clark，1974；Magee，1974；Kreinin，1977；Hooper & Lowrey，1979；Spitaller，1980；Woo，1984；Krugman & Bladwin，1987；Helkie & Hooper，1987，1989；Mastropasqua & Vona，1988；Cline，1989；Hooper & Mann，1989a；Moffet，1989）。对于这一传导关系的研究主要沿着以下几个方向进行：一是研究分析汇率对总进口的传导关系；采取的方法或者直接计算进口价格和汇率之间的变动情况，或者应用包括汇率、外国成本的近似变量以及其他的一些变量（如商品价格）更为完整的模型来分析。一些研究表明，得出的数据接受 50%（Moffet，1989）。但通常而言，汇率变动传导为进口价格的比例围绕着 80% 徘徊。整个传导完成的时间从几个月到几年（Spitaller，1980；Krugman & Baldwin，1987）。可是，这一分析明显地高估了汇率传导弹性，与后来 80 年代所发现的不完全传导事实不符。二是强调行业组成，利用分解的行业数据分析两者之间的关系（Isard，1974；Kravis & Lipsey，1978；Kreinin，1977；Mann & Meade，1987；Knetter，1989；Ohno，1988；Martston，1989；Hooper & Man，1989）。但分解数据会减少总的传导弹性，并减少时滞的长度。这一分析的有效性则严格依赖于对价格和成本数据的选择、构建、分解。三是关注于不同市场的分割以及价格歧视的作用。这一分析的一般结论就是进口价格对汇率波动变得相对不敏感，按市场定价的行为起着强有力的作用，汇率波动程度更多地表现为成本加成因素的大幅变动。其关注焦点就是进口品的生产者—货币—定价（PCP）与当地货币定价（LCP）两种行为的作用，以及是否汇率传导率内生于一国的膨胀状况（Kim，1990；Gron & Swenson，1996）。四是专门关注于汇率传导过程。许多经济学者（Blejer & Hillman，1982；Dohner，1984；Krugman，1986；Dornbusch，1987；Fischer，1987；Mann，1986）构建了进口价格对汇率变动的滞后调整局部均衡模型，得出的一般结论为：汇率变化对进口价格的传导是一个耗时的过程，并且，其整个效应依赖于市场价格。一种货币升值会在两年的时间间隔中增加 50% ~100% 进口价格，其幅度依赖于汇率和所使用的价格指数（Goldstein & Khan，1985），但是这一过程对汇率传导的暂时性和永久性不能作出明确回答。

（3）汇率波动对进出口贸易量的影响。这方面的研究主要集中于汇率波动对一国贸易余额变动的影响，即考证一国是否满足马歇尔－勒纳条件，并没有纳入新凯恩斯主义框架来专门分析汇率变动所引致的数量调整。如国内学者卢向前和戴国强（2005）就利用中国的实际汇率和进出口贸易额的数据构建误差校正模型，并得出我国满足马勒尔－勒纳条件的基本结论。但是，价格调整与数量调整两者密不可分，两者研究思路基本相通，不过，受制于相关数据的限制，对于后者研究要相对前者方便得多，这也是在中国基本没有后一方面研究的重要原因。

（4）已有研究的基本结论。尽管，由于研究思路上的差异，众多学者得出各自的结论，但关于汇率传导理论的基本结论是一致的。那就是，相对于进口价格，出口价格对贬值反应得更快，上升也更快，这一现象在短期和中期（2 年）都存在，贸易余额对贬值的反应成“J”型曲线；除了在国际市场上存在重要购买权的大工业国以外，国家的进口价格传导中的时滞短；小型开放的工业国相对于大型较为封闭的工业国而言，其出口价格传导的程度比较大。当然，这一结论也可以应用于数量调整机制分析。

以上两类分析都同时论及了汇率变动及价格，并且经常建立在一个均衡分析框架内；只是前者经常以实际汇率变动为考察对象，而后者多半利用名义汇率。但实际汇率与名义汇率之间存在直接的关联，名义汇率主要用于短期分析，实际汇率则用于长期分析；名义汇率主要用于分析债务问题、浮动利率制度下的短期过程以及其他问题，而在分析贸易和经常账户平衡问题时，必须要用实际汇率来代替名义汇率。① 尤其需要指出的是，HBS 推断和汇率传导只是沿着两条不同的路径来解释长期现实对以消费为基础的购买力平价理论（PPP）或者是一价定律的偏离，前者关注于非贸易品的存在，从非贸易品的特质来寻求论据；后者则是关注于在贸易品背

① ［德］鲁迪格·多恩布什，［美］F. 莱斯利，［美］C. H. 赫尔姆斯. 开放经济：发展中国家政策制订者的工具［M］. 章晟，等译. 北京：中国财政经济出版社，1990.

后存在的一些原因。大量学者（Isard，1977；Giovannini，1988；Engel，1993）从实证的角度有力地证实了贸易品部门对一价定律的偏离在实践上是很重要的，并且，这些偏离的短期规模和方向看上去严格地沿着名义汇率变动的轨迹来运行。恩格尔（Engel，1999）以及罗格斯和詹肯斯（Rogers & Jenkins，1995）更是指出，不仅国内非贸易产品的价格可以偏离购买力平价，而且，可贸易产品价格偏离一价定律，两者的结合可以较好地解释大多数实际利率的波动。

可见，在实际应用中，HBS 效应和汇率传导理论之间的融合具备充分的前提条件。也正是基于这一原因，我们可以基于 HBS 推断和汇率传导理论来构建生产率增长型技术进步的贸易条件效应分析的一个传导机制，即生产率增长型技术进步—汇率变动—贸易条件变动传导。

6.1.2 本书分析框架

在已有的分析中，针对生产率变动与实际汇率、汇率变动与进出口价格、进出口价格与贸易条件都建立了设定了自己的理论假设前提。

通常，在研究生产率变动与实际汇率的相互关系时，一个基本的假定就是可贸易品价格受一物一价定律（the law of one price）支配，并同完全竞争条件下的边际成本相等；生产取决于资本的国际完全流动性和劳动力在国家间的完全不可流动及在部门间的完全可流动。而关于汇率变动与进出口价格之间关系研究，则假定在世界总产品归一化的条件下，总产品中的一部分在国内生产，余下的一部分在国外生产；作为消费者，不论是家庭还是政府，对国内和国外的产品都有相同的指数偏好；劳动市场是竞争性的、工资是弹性的；每一个生产者是垄断竞争者，价格提前一个时期由生产者以本国的货币进行定价；每种产品的需求弹性不变，价格是富有弹性的，每一个公司都以不变加成法定价，即产品的价格等于边际成本乘以固定比例；所有的产品都采取一价定律来确定价格。至于贸易条件，则将其限定于一国出口的相对价格或者一国为了获取进口资源而必须放弃的出口资源的比值，并假定参与国际贸易的商品的价格是由世界市场决定的，商品的内部价格与外部价格一致；所有的贸易支付均衡；不同国家货币之间的汇率反映了国家间当前的相对价格水平，即假定不存在“基本的非均衡”和存在“实际有效汇率”。

毫无疑问，这三个分析的理论基础都是建立在两个国家两种商品的基本框架之上，都以一价定律为理论分析对象，三者存在着与生俱来的联系。为此，我们可对这一原有框架进行相应改进和拓展。

6.1.2.1 基本假设前提

本书将假定整个世界有两个国家，即本国和外国，而这些国家又可以分为“大国”和“小国”；在每一个国家内部包括两个行业，一个是进口行业，另一个是出口行业；资本要素在国际间、劳动要素在行业间的自由流动；进出口行业的产品价格由世界市场决定，谁是世界市场的决定者，谁就决定产品价格；贸易支付基本均衡，各国都满足马歇尔—勒纳条件。

6.1.2.2 相关变量的界定

（1）两个行业或部门的界定。在现实世界中，各经济部门之间的生产率及其背后的技术进步的速度差异是客观存在的，但是，在各国内部并不严格存在适合于理论假定的“贸易品部门”和“非贸易品部门”之分，尤其是国际经济学的划分方法（即总产值的10%的出口份额构成了贸易品和非贸易品的分界线的标准）只在发达国家开放经济条件下可以适合，而在广大的发展中国家很难达到，后者更多的是以制成品部门或工业部门与服务业部门或农业部门的形式存在。并且，在经济发展的前期，前者的技术进步速度要远远高于后者，这一点在全球经济中十分通用，一些不成熟的市场经济国家表现得更为明显。一些经济学者（Ito et al.，1997）对日本、韩国、中国台湾、中国香港、新加坡的BS效应检验就是将制成品部门假定为贸易品部门，而服务业部门作为非贸易品部门。张斌（2006）总结的中国经济增长的几个典型事实中的第一个就是工业部门相对于服务业部门较快的技术进步，贸易品部门集中于工业品部门，而非贸易品部门集中于服务业部门。其实，这里所谓的制成品部门也并不能完全满足这一划分标准，但在比较优势战略深入人心的大背景下，无论是发展中国家的主要出口部门还是发达国家的主要出口部门都是自己的比较优势十分明显的部门，这些部门的出口额基本上都超过生产值的10%，对应的进口部门的出口额基本在这一界线之下。为此，我们不妨沿着本书的基本假设前提，假定一国存在两个行业，即可出口行业和可进口行业，两者之间的划分界线仍是出口额的10%，同时可以肯定，这些可出口行业的劳动生产率增长速度要相对快于进口行业。

（2）生产率增长型技术进步的界定与测度。在开放经济条件下，测量生产率增长型技术进步通常使用要素生产率来表示，但正如第2章的文献综述所言，索洛剩余不能汇总贸易条件效应，全要素生产率不适用于遵循比较优势的开放经济，且这种方式不能有效反映开放所带来的“管理剩余”。为此，本书沿用谷克鉴（1998）的分析思路，采用全员劳动生产率。全员劳动生产率指根据产品的价值量指标计算的平均每一个从业人员在单位时间内的产品生产量。它是考核企业经济活动的重要指标，是企业生产技术水平、经营管理水平、职工技术熟练程度和劳动积极性的综合表现。目前，我国的全员劳动生产率是将工业企业的工业增加值除以同一时期全部从业人员的平均人数来计算的。其一般计算公式为：

全员劳动生产率 = 工业增加值/全部从业人员平均人数

（3）实际汇率的测算。国际经济组织的经济学家们通常运用国内价格、GDP和工资指数等指标的紧缩因子来作为度量实际汇率的三种手段，并用工资实际汇率来表达出口产品的竞争能力（谷克鉴，1998）。工资（即劳动力成本实际汇率的表示方法）至今仍被国际货币基金组织沿用，本书的实际汇率表示采用的表达方式是：

实际汇率 = 名义汇率 × 国外物价指数/国内物价指数

6.1.2.3　两种情形下的一般分析框架

（1）基本理论模型。整个理论模型分成两个部分来考察：第一部分考察生产率增长型技术进步对实际汇率的影响及其影响途径；第二部分考察实际汇率变动对贸易条件的影响及其作用途径。

假设一国经济由可出口行业和可进口行业两部门构成，两部门满足柯布－道格拉斯生产函数形式，即：

$$\begin{aligned} Y_E &= A_E F(K_E, L_E) = A_E K_T^a L_T^{1-a} \\ Y_I &= A_I F(K_I, L_I) = A_I K_I^b L_I^{1-b} \end{aligned} \tag{6-1}$$

式（6－1）中，下标 E、I 分别代表可出口行业、可进口行业；Y、A、K、L 分别代表产出、劳动生产率、资本与劳动；$0<b<a<1$，其分别代表可出口行业（b）的资本密度和可进口行业（a）的资本密度高。

两行业的代表性厂商面临的最大化问题为：

$$\begin{aligned} &MAX\sum_{S=1}^{+\infty}\left(\frac{1}{1+r}\right)^{S-1}\left[P_E A_{E,S} F(K_{E,S}, L_{E,S}) - w_S L_{E,S} - VK_{E,S+1}\right] \\ &MAX\sum_{S=1}^{+\infty}\left(\frac{1}{1+r}\right)^{S-1}\left[P_I A_{I,S} F(K_{I,S}, L_{I,S}) - w_S L_{I,S} - VK_{I,S+1}\right] \end{aligned} \tag{6-2}$$

式（6－2）中，$VK_{C,S+1}=K_{C,S+1}-K_{C,S}$，$C=E$，$I$（没有折旧）；可出口产品的价格和可进口产品的价格分别为 P_E、P_I。令 $k_E=K_E/L_E$、$L_I=K_I/L_I$，满足上述最大化条件的资本、劳动边际条件为：

$$r = P_E A_E a k_E^{a-1} \tag{6-3}$$

$$r = P_I A_I a k_I^{a-1} \tag{6-4}$$

$$w = P_E A_E (1-a) k_E^a \tag{6-5}$$

$$w = P_I A_I (1-a) k_I^a \tag{6-6}$$

式中，r、w、k_E、k_I 分别代表资本边际收益率、工资、可出口部门资本劳动比和可进口部门资本劳动比。

我们如果将式（6－5）和式（6－6）分别除以式（6－3）和式（6－4），则可以得出：

$$w/r=\frac{(1-a)}{a}k_{\mathrm{E}}=\frac{(1-b)}{b}k_{\mathrm{I}}$$
$$k_{\mathrm{I}}=\left(\frac{1-a}{a}\Big/\frac{1-b}{b}\right)k_{\mathrm{E}} \tag{6-7}$$

合并式（6－3）、式（6－4），并代入式（6－7），可以得出：

$$k_E=k_{\mathrm{E}}\left(\frac{P_{\mathrm{I}}}{P_{\mathrm{E}}},\frac{A_{\mathrm{E}}}{A_{\mathrm{I}}},a,b\right) \tag{6-8}$$

$$k_{\mathrm{I}}=k_{\mathrm{I}}\left(\frac{P_{\mathrm{I}}}{P_{\mathrm{E}}},\frac{A_{\mathrm{E}}}{A_{\mathrm{I}}},a,b\right) \tag{6-9}$$

$$r=r\left(\frac{P_{\mathrm{I}}}{P_{\mathrm{E}}},\frac{A_{\mathrm{E}}}{A_{\mathrm{I}}},a,b\right) \tag{6-10}$$

$$w=w\left(\frac{P_{\mathrm{I}}}{P_{\mathrm{E}}},\frac{A_{\mathrm{E}}}{A_{\mathrm{I}}},a,b\right) \tag{6-11}$$

由式（6－8）、式（6－9）、式（6－10）、式（6－11），我们至少可以得出式（6－12），即：

$$\partial w/\partial\left(\frac{A_{\mathrm{E}}}{A_{\mathrm{I}}}\right)<0 \tag{6-12}$$

式（6－12）的经济学含义是：在其他条件不变时，若一国的可出口部门的生产率提高速度相对于可进口部门的生产率提高速度相对快于外国的可出口部门的生产率提高速度相对于可进口部门的生产率提高速度，则本国的工资水平下降。工资水平下降也就意味着其物价水平下降。

可是，一国的实际汇率水平应受名义汇率、外国物价指数、国内物价指数三个因素影响，其表达式为：

$$ERR=NRR\times\frac{FPI}{DPI} \tag{6-13}$$

式（6－13）中，*ERR*、*NRR*、*FPI*、*DPI* 分别为实际汇率、名义汇率、外国物价指数、本国物价指数。

如果将式（6－13）的左右两边同时取对数，则可以得出：

$$\ln ERR = \ln NRR + \ln FPI - \ln DPI \tag{6-14}$$

为了得出其变化率，将式（6－14）的左右两边同时对时间 T 求导，则有：

$$\mathrm{d}\frac{\ln ERR}{ERR}\Big/\mathrm{d}T = \mathrm{d}\frac{\ln NRR}{NRR}\Big/\mathrm{d}T + \mathrm{d}\frac{\ln FPI}{FPI}\Big/\mathrm{d}T - \mathrm{d}\frac{\ln DPI}{DPI}\Big/\mathrm{d}T \tag{6-15}$$

式（6－15）告诉我们，一国实际汇率的变动率是由名义汇率的波动率、外国物价指数的波动率、本国物价指数的波动率三者共同决定的。但是，在分析过程中，通常假定外国物价指数基本稳定或波动率很小。故实际汇率的波动率决定于名义汇率的波动率和本国物价指数的波动率，且与前者正相关、与后者负相关。特别是，当不考虑名义汇率波动时，在一国可出口部门发生相对相对生产率增长型技术进步情形，由于本国工资水平下降，本国的物价指数一定下降，本国的实际汇率升值。可是，一旦考察名义汇率波动，就需要区分不同形的国家。

以上只是基本分析模型的第一部分，其第二部分则关注于实际汇率的波动对贸易条件的影响。

按照基本的贸易条件定义，可以将其写成表达式，为：

$$TOT = \frac{P_E}{P_I} \tag{6-16}$$

将式（6－13）的左右两边同时取对数，则可以得出：

$$\ln TOT = \ln P_E - \ln P_I \tag{6-17}$$

为了得出其变化率，我们将式（6－17）的左右两边同时对时间 T 求导，则有：

$$\mathrm{d}\frac{\ln TOT}{TOT}\Big/\mathrm{d}T = \mathrm{d}\frac{\ln P_E}{P_E}\Big/\mathrm{d}T - \mathrm{d}\frac{\ln P_I}{P_I}\Big/\mathrm{d}T \tag{6-18}$$

式（6－18）告诉我们，贸易条件的波动是由出口价格的波动和进口价格的波动决定的，可进出口价格的波动受实际汇率波动的影响，为此，贸易条件最终的变动方向也就决定于实际汇率对出口价格的传导和对进口价格的传导之间的差异。其表达式为：

$$\left(\mathrm{d}\,\frac{\ln P_{\mathrm{E}}}{P_{\mathrm{E}}}\Big/\mathrm{d}T\right)\Big/\left(\mathrm{d}\,\frac{\ln TOT}{TOT}\Big/\mathrm{d}t\right)=pte$$
$$\left(\mathrm{d}\,\frac{\ln P_{\mathrm{I}}}{P_{\mathrm{I}}}\Big/\mathrm{d}T\right)\Big/\left(\mathrm{d}\,\frac{\ln TOT}{TOT}\Big/\mathrm{d}t\right)=pti \qquad (6-19)$$

（2）基本理论模型的应用Ⅰ——小国情形。在本国是经济学意义的小国情形下，如果其可出口部门相对于可进口部门的生产率增长型技术进步速度要高于外国的相对技术进步速度，则本国的工资水平下降、物价指数下降；并且，小国的名义汇率基本稳定①，短期内波幅很小或基本没有，这就使得式（6－20）大于零，即实际汇率升值。

$$\mathrm{d}\,\frac{\ln ERR}{ERR}\Big/\mathrm{d}T=\mathrm{d}\,\frac{\ln NRR}{NRR}\Big/\mathrm{d}T+\mathrm{d}\,\frac{\ln FPI}{FPI}\Big/\mathrm{d}T-\mathrm{d}\,\frac{\ln DPI}{DPI}\Big/\mathrm{d}T'>0 \qquad (6-20)$$

在该国实际汇率升值的情形下，如果该国是经济学意义上的小国，则按照汇率传导理论，此时汇率升值引致的出口价格负向波动大，并且其引致的出口价格传导弹性要大于进口价格传导弹性，即 $-1<pte<0$，$1>pti>0$ 且 $|pte|<|pti|$。

可是，正如式（6－21）所示，新旧贸易条件指数之差关键在于汇率对进出口价格的传导弹性差异。

$$\ln TOT=\ln\frac{P_{\mathrm{E}}}{P_{\mathrm{I}}}=\ln P_{\mathrm{E}}-\ln P_{\mathrm{I}}$$
$$\ln TOT^{*}=\ln\frac{P_{\mathrm{E}}^{*}}{P_{\mathrm{I}}^{*}}=\ln P_{\mathrm{E}}(1+pte)-\ln P_{\mathrm{I}}(1+pti) \qquad (6-21)$$
$$\ln TOT^{*}-\ln TOT=\ln(1+pte)-\ln(1+pte)$$

① 已有汇率研究的一个发现是，发展中国家基本上使用固定汇率制，即使自称为浮动汇率制，实际仍是固定制；可发达国家基本使用浮动汇率制。

式（6-21）中，TOT 是贸易条件指数，P_E、P_I、P_E^*、P_I^*、α、β 分别是汇率变动前的出口价格指数、进口价格指数、汇率变动后的出口价格指数、汇率变动后的进口价格指数、汇率的出口价格传导弹性、汇率的进口价格传导弹性。

在这种情形下，$\ln(1+pte)-\ln(1+pti)<0$，即新的贸易条件指数要小于汇率变动前的贸易条件指数，该国价格贸易条件恶化，并且恶化程度较强。

当然，反之，如果在可进口部门发生了相对相对生产率增长型技术进步，则本国的实际汇率会贬值。在该国实际汇率贬值的情形下，按照汇率传导理论，汇率贬值引致的出口价格负向波动大，且其引致的出口价格传导弹性要大于进口价格传导弹性，即 $0<pte<1$，$0>pti>-1$，且 $|pte|>|pti|$，则 $\ln(1+pte)-\ln(1+pti)>0$，即新的贸易条件指数要大于汇率变动前的贸易条件指数，该国价格贸易条件改善。

（3）基本理论模型的应用Ⅱ——大国情形。当本国是经济学意义上的大国时，如果其可出口部门相对于可进口部门的生产率增长型技术进步速度要高于外国的相对技术进步速度，则本国的工资水平下降，物价指数下降。可是，大国的名义汇率是浮动的，且这些大国都具备实施强势本币的能力。一个典型的例子就是美国，美国一直在实施强势美元政策，在本币不断升值的情形下，美国的贸易条件并没有恶化，一些经济学者（Giancarlo Corsetti，2006；Luca Dedola，2006；Sylvain Leduc，2006）发表的文章就专门证明了这一点，并认为这一现象在G7国家基本都存在。此时，大国的名义汇率会作出相应的逆反应，也就可以降低实际汇率升值的程度，甚至使其出现贬值情形，从而改善贸易条件。

需要指出的是，即使出现了轻微的升值，其大国的地位也会使得汇率升值引致的出口价格负向波动小，并且其引致的出口价格传导弹性要小于进口价格传导弹性，即 $-1<pte<0$，$1>pti>0$，且 $|pte|<|pti|$，则 $\ln(1+pte)-\ln(1+pti)<0$，即新的价格贸易条件指数仍会大于原有的价格贸易条件指数，此时，贸易条件恶化程度也相对较弱，但持续时间短。

反之，如果该国的可进口行业发生了相对相对生产率增长型技术进步，则按照汇率传导理论，此时汇率贬值，且其引致的出口价格负向波动小，出口价格传导弹性要小于进口价格传导弹性，即 $0 < pte < 1$，$0 > pti > -1$，且 $|pte| < |pti|$，则 $\ln(1+pte) - \ln(1+pti) > 0$，即新的价格贸易条件指数仍会大于原有的价格贸易条件指数，贸易条件改善。

6.2 中国实践考察及其计量分析

6.2.1 HBS 效应是否在中国存在

6.2.1.1 已有研究

近年来，人民币汇率问题成为众多国内外学者的一个新的研究热点，其中的一个研究视角就是 HBS 理论及其在中国的检验，学术界给出了两类相互对立的观点。

一类观点肯定了这一理论对人民币汇率的显著解释力。王维（2003）利用人民币/美元实际汇率和美国、中国的相对劳动生产力的数据对实际汇率生产力微分模型进行协整检验，表明在理论假设不完全满足的现实中，两国相对劳动力与人民币实际汇率依然存在长期的稳定比例关系。苏基溶和廖进中（2006）在格雷戈里和沃尔（Gregorio & Wolf，1994）的基础上构建了一个比较局部均衡模型，利用中国 1995～2003 年 28 个省区市的面板数据，对国家整体和三个地区进行 HBS 效应的经验检验，研究结果表明在人民币中确实存在 HBS 效应，我国东部地区汇率的长期趋势的主要决定因素是生产率，而中西部地区主要决定于需求因素。卢锋（2006）系统度量了改革开放以来我国制造业和服务业两部门工资增长及单位劳动成本变动，并与美国等 13 个发达国家进行比较。其研究显示 20 世纪 80 年代前后，我国制造业单位劳动成本相对发达国家持续上升；20 世纪 90 年代中后期，该指标显著下降，这对前期人民币汇率持续贬值和近期我国国际收支失衡具有解释意义。

另一类观点则以我国二元经济结构为背景，强调我国失业率较高、工资增长乏力或工资不变等特殊因素会使人民币实际汇率升值传导机制受阻，因而认为这一理论假说不适合于解释我国经济成长情况（卢锋，2006a）。张斌和何帆（2006）就用工业部门与服务部门来替代传统的贸易品、非贸易品部门，将全要素生产率来替代劳动生产率，认为工业部门相对服务部门较高的全要素生产率增长并不能以畅通的渠道导致人民币真实汇率的上升。他们认为，人民币真实汇率变动在绝大程度上取决于人民币名义有效汇率，而人民币名义有效汇率绝大程度上取决于美元名义有效汇率。显而易见，这些研究中所采用的劳均、人均等总量指标在研究人民币实际汇率中难免存在偏差①。

6.2.1.2 基于中国数据的实证研究：几个相关典型事实

我国经济正经历快速成长和结构变动，同时与全球经济融合程度不断深化，现实条件与巴拉萨—萨缪尔森效应假设背景大致吻合（卢锋和韩晓，2006）。现实中存在着满足本书拓展后的 HBS 理论的假设前提。

（1）可出口部门与可进口部门的生产率变动。据卢锋（2006）的计算，1978～2004 年，我国制造业劳动生产率年均增长估计值发生了引人注目的先低后高的趋势性变动。1978～1990 年，我国制造业劳动生产率年均增长率只有 1.85%，远低于这一时期 7.49% 的人均 GDP 增长率；进入 20 世纪 90 年代后，我国制造业劳动生产率增长大幅提升，1991～2004 年的年均增长率为 13.1%，超过这一时期 8.18% 的人均 GDP 增长率水平；1994～2004 年的年均增长率更是高达 15.5%。

如果将我国制造业部门的劳动生产率与美国制造业劳动生产率相比，就会发现，以 1978 年为 100，累计相对增长指数到 1990 年下降为 88；进

① 卢锋（2006b）利用劳动生产率年均产出等总量性生产指标检验时，发现理论变量与度量指标不兼容问题。

入 20 世纪 90 年代后这一指标开始增长，到 1992 年、1993 年指数回升到 100，20 世纪 90 年代中后期以来这一相对指标快速提升，累计增长指数从 1994 年的 98 上升到 2004 年的 241，平均每年递增约为 9.41%。

考察我国对 13 个经济合作与发展组织国家制造业劳动生产率相对增长情况，就会发现，20 世纪 80 年代前后 10 多年，我国制造业劳动生产率相对有所下降，相对增长指数从 1978 年的 100 下降到 1990 年的 88；20 世纪 90 年代以来出现劳动生产率相对增长，并且增长速度高于与美国比较水平，累计相对增长指数从 1994 年的 106 上升到 2004 年的 308，年均增长约为 11.26%。

可是，我们进一步观察中国制造业内部劳动生产率增长率相对差别就会发现，1978 ~2004 年的制造业总体劳动生产率年均增长率约为 8%，其中，增长最快的包括电气电子、机械设备等部门，其年均增长率超过了 10%；服装纤维、烟草加工、金属制品等也增长较快，年均增长率在 7% 上下；增长最慢的是石油炼焦，仅为 0.2%。其实，这些增长较快的部门都是出口额较大的部门，而那些增长较慢的部门属于典型的可进口部门。这也在相当程度上说明，在制造业内部，我国的可出口部门的相对劳动生产增长要明显地快于可进口部门。如果再将服务业这种典型的可进口部门纳入，就会发现，这一相对快速增长趋势更加明显。据卢锋（2006）的计算，此间，我国服务业年均增长率相对较低，仅为 2.6%。

（2）两部门相对劳动生产率与人民币实际汇率——以中美两国为例。卢锋（2006）以人民币对美元的实际汇率与制造业和服务业之间的相对相对劳动生产率为例进行了一个实证研究，如图 6 -1 所示，在对两者进行图形描述之后并对其进行回归，得出前者对后者的回归系数达到了 -0.61。

可是，这里仍仅限于制造业和服务业。如果按照本书所设计的“可出口部门”和“可进口部门”的划分标准，我们可以肯定的有两点：一是相对相对生产率的上升趋势将会更加明显，因为制造业这一概念中包括了很

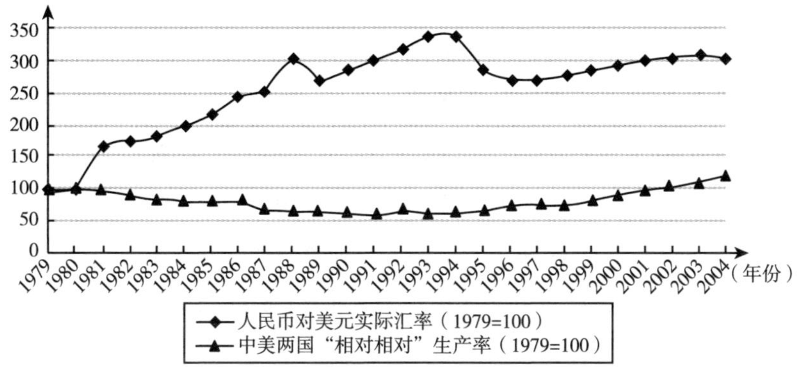

图 6－1　人民币对美元实际汇率与中美相对相对生产率对比

资料来源：卢锋"我国劳动生产率增长及国际比较（1978～2004 年）——人民币实际汇率长期走势研究之一"，北京大学中国经济研究中心讨论稿系列，2006 年 4 月 13 日（本书使用时将相对相对生产率指标的基期调整到了 1979 年）。

多的可进口行业，这就降低了这一指标。二是可出口部门的相对相对生产率与人民币对美元的实际汇率之间的相关系数将会进一步上升，因为通过这一变换后，前一指标的变动趋势将会与后者更加一致。

6.2.1.3　基本结论

这两个典型化事实也就让我们有理由认为，改进后 HBS 模型在中国仍然适用，即中国的可出口部门的相对相对生产率增长会导致人民币实际汇率升值。

6.2.2　中国是否存在稳定的汇率传导

6.2.2.1　已有研究

目前，由于中国实际贸易数据，尤其是进出口价格数据、单位成本数据获取的困难，真正系统研究中国的汇率传导问题的文献几乎没有，尤其是研究汇率对进出口价格的传导。已有的研究主要关注于人民币实际汇率波动对我国进出口量的影响。卢向前和戴国强（2005）运用协整向量自回归的分析方法，对1994～2003年人民币对世界主要货币的加权实际汇率波动与我国进出口数量之间的长期关系进行了实证检验，认为人民币实际汇率波动对我国进出口存在着显著的影响关系，马歇尔—勒纳条件成立；人民币实际汇率波动对进出口的影响存在“J”型曲线效应。郑恺（2006）利用1994年1月至2005年7月的数据，按STIC分类方法研究了中国对美国出口贸易与实际汇率波动之间的关系。研究表明，我国一直无法规避实际汇率波动对出口带来的负面影响，且不同行业对汇率波动的反应不同，制造业产品受到的影响要明显大于初级产品，制造业中不同产品对汇率波动的反应也不一致。这些研究与中国的经济现实基本吻合，可是，汇率主要还是一个价格信号，汇率对价格的传导是进一步研究的一个重要目标，这也是本书的一个重要尝试。

6.2.2.2 实证模型与数据

本书的研究采用VAR（向量自回归）模型进行分析，相比最小二乘法，VAR模型可以解决不平衡数据赞成的不稳定性以及内生变量之间的相互影响。因此，VAR模型可以很好地估算出实际汇率波动对于贸易的真实影响。

（1）实证模型。沿着帕斯勒（Parsley，1993）对日本整体的出口汇率传导研究中的模型设定思路，设定一国的进出口价格是国内需求和国外需求、国内生产成本和汇率的函数，即其四个控制变量分别为国内实际收入、世界（除本国以外的其他国家加总）总实际收入、国内单位劳动成本、实际汇率。不过，为了研究的方便，在这类出口方程的估计上通常会采用自然对数下的线性形式。其最初的一般估计方程形式为：

$$\log ep = a\log err + b\log lc + c\log nc + d\log nw + \varepsilon$$

$$\log ip = a\log err + b\log lc + c\log nc + d\log nw + \varepsilon$$

式中，ep 是出口价格指数；ip 是进口价格指数；err 是实际有效汇率指数；lc 是单位劳动成本指数；nc 是中国国内实际收入指数（用GNI指数）替代；nw 是世界总实际收入（用GNI指数）替代。对这些序列取对数值，一方面可以减少实际数值的大幅波动和异方差，另一方面可以表明出口价格对实际汇率的弹性大小。

但是，由于这些变量的时间序列不一定是平衡的，且有些变量引入可能会导致不能得出估计方程。通过检验可以发现两个事实：一是所有的变量都是非平衡的；二是出口价格方程和进口价格方程中的中国实际国民收入变量和世界实际国民收入变量都是多余变量，因为这些变量实际上是反映我国劳动生产率的一个总量性指标，而我国的实际汇率又受到我国劳动生产率的相对相对波动影响，它们之间存在着自相关关系。为此，需要剔除它。其中，*lep* 即出口价格指数的对数；*lerr* 即实际有效汇率指数的对数；*llc* 即出口产品的单位劳动成本的对数；*lnc* 即中国国内实际收入指数的对数；*lip* 即进口价格指数的对数；*lnw* 即世界总实际收入的对数；*LLC* 即进口产品的单位劳动成本指数的对数，其主要统计检验结果见表 6-2。

表 6-2　　序列的 ADF 检验结果

ADF 统计量检验值	系数	显著性	临界值
lep	-1.73012	1%	-3.7343*
		5%	-2.9907
		10%	-2.6348
lerr	-2.15274	1%	-3.7343*
		5%	-2.9907
		10%	-2.6348
llc	-1.1369	1%	-3.7343*
		5%	-2.9907
		10%	-2.6348
lnc	1.323393	1%	-3.7343*
		5%	-2.9907
		10%	-2.6348
lip	-1.7238	1%	-3.7343*
		5%	-2.9907
		10%	-2.6348

续表

ADF 统计量检验值	系数	显著性	临界值
lnw	-0.69682	1%	-3.7343*
		5%	-2.9907
		10%	-2.6348
LLC	1.343393	1%	-3.7343*
		5%	-2.9907
		10%	-2.6348

注：*是统计软件进行协整检验的一种统计结果。此外，最后一行的 *LLC* 是指进口产品的单位劳动成本；第 3 行的 *llc* 是指出口产品的单位劳动成本。

剔除之后，我们对剩下的变量先建立 VAR 模型，见表 6-3，再对这四个变量进行协整检验，建立一个 VAR 模型的扩展 VEC（向量误差修正）模型来估计汇率波动对出口价格波动的影响（即实际汇率的传导）。

表 6-3　Johansen 协整检验结果

特征值	似然比	5% 显著水平下的临界值	1% 显著水平下的临界值	假定存在几个协整关系
0.876027	83.31688	47.21	54.46	None**
0.621923	33.21232	29.68	35.65	At most 1*
0.305037	9.868567	15.41	20.04	At most 2
0.046193	1.135061	3.76	6.65	At most 3

注：*和**是统计软件进行协整检验的一种统计结果。

在协整检验结果的基础上，我们就可以将出口和进口方程的协整关系分别写成数学关系式，并令其等于 *VECM*，得到：

$$VECM = lep + 1.55lerr + 0.83llc + 0.04lnw - 15.75$$

$$VECM = lip - 0.33lerr + 0.73lnc + 0.49llc - 8.66$$

对两个序列 *VECM* 进行单位根检验，发现它们已经是平衡序列，这也就验证了这种协整关系的正确性。其实，这一序列就是误差修正项，反映了进出口价格变动的长期趋势，而其长期趋势反映了进出口价格与国民收入、单位劳动成本以及实际有效汇率之间的一个长期稳定关系，该长期关系会对短期价格波动起到抑制作用，见表 6 –4 和表 6 –5。

表 6 –4　　出口方程中的序列 *VECM* 的 ADF 检验结果

	系数	显著性	临界值
ADF 统计量检验值	–4. 566450	1%	–3. 7343 *
		5%	–2. 9907
		10%	–2. 6348

注：* 是统计软件进行协整检验的一种统计结果。

表 6 –5　　进口方程中的序列 *VECM* 的 ADF 检验结果

	系数	显著性	临界值
ADF 统计量检验值	–2. 670586	1%	–3. 7343 *
		5%	–2. 9907
		10%	–2. 6348

注：* 是统计软件进行协整检验的一种统计结果。

在建立这一协整方程之后，我们可以对进入 VAR 模型中各个变量和实际汇率进行格兰杰因果检验，进而发现是否存在着伪回归。

就中国的出口价格方程而言，至少在 95% 的置信水平下认为，实际汇率、中国的劳动力成本、世界实际总收入都是其格兰杰成因；就中国的进口价格方程而言，可以在 90% 的置信水平下认为，实际汇率、中国的实际收入、世界的劳动力成本是其格兰杰成因，见表 6 –6。这也就是说，在我们的模型中，不存在伪回归的问题。

表 6 –6　　进出口传导方程中的相关变量的格兰杰因果检验结果

原假设	观察值个数	F 统计量	概率
lerr does not Granger Cause lep	24	9. 30779	0. 00152
lep does not Granger Cause lerr		1. 91714	0. 17441
llc does not Granger Cause lep	24	3. 87766	0. 03870
lep does not Granger Cause llc		2. 22679	0. 13526
lep does not Granger Cause lnw	24	7. 55722	0. 00385
lnw does not Granger Cause lep		5. 75776	0. 01110

续表

原假设	观察值个数	F 统计量	概率
lnc does not Granger Cause lip	25	5. 114	0. 03396
lip does not Granger Cause lnc		1. 53571	0. 22832
lip does not Granger Cause lnc	25	0. 0481	0. 82842
lnc does not Granger Cause lip		5. 03903	0. 03517
lerr does not Granger Cause lip	25	6. 15152	0. 02126
lip does not Granger Cause lerr		0. 09193	0. 76459
lip does not Granger Cause llc	25	2. 94693	0. 10009
llc does not Granger Cause lip		1. 82879	0. 19001

（2）数据说明。具体分为以下三个方面。

第一，实际汇率。本书的实际汇率指标取自《国际金融年鉴》公布的年度实际有效汇率指数，这一数据是由本国与代表性的 16 个贸易伙伴①的单位劳动成本得来的，基本上代表了本国的实际汇率和国际竞争力的变化，是一个值得信赖的指标（李亚新和余明，2002）。

第二，进出口价格。由于《中国海关统计年鉴》缺失 1990 年以前的数据，并且在国内图书馆都难以找到《中国海关统计年鉴（1994 年）》，所以，本书的全部数据来自联合国贸易和发展会议数据库公布的以本币表示的每年进出口单位值，原数据以 2000 年为基期，本书将其调整至 1995 年。

第三，单位劳动成本。王慧敏等在 2004 年利用《中国统计年鉴》，以 1995 年为基期计算了 1980 ~ 2000 年的中国单位劳动成本指数，本书在此基础上沿用同样的方法计算了 2001 ~ 2005 年的中国单位劳动成本指数，从而得到了中国劳动成本数据。至于进口产品所对应的单位

① 16 个贸易伙伴分别是中国香港（0. 230322）、日本（0. 196801）、美国（0. 152570）、德国（0. 084016）、中国台湾（0. 047109）、法国（0. 046697）、意大利（0. 042933）、英国（0. 036844）、加拿大（0. 027657）、韩国（0. 026481）、荷兰（0. 022859）、比利时（0. 019968）、新加坡（0. 019258）、澳大利亚（0. 017827）、瑞士（0. 015870）和西班牙（0. 012788），括号里数值是计算人民币实际有效汇率时相应国家所占的权重。

劳动成本数据，则是采用了一种估测方法，其方法是利用国际劳动统计所公布的数据，抽取了美国、新加坡、韩国、中国香港[①]四个不同国家和地区，按照IMF计算实际汇率时的权重来进行加权平均计算其所对应的成本。

世界总实际收入和中国国民总收入：这一数据来源于联合国统计司的数据库所公布的以美元表示的总国民收入，这里的世界总实际收入为除中国以外的其他国家的总收入（GNI），以1995年为基期进而计算出各年对应的指数。

6.2.2.3　实证结果

（1）实际汇率对出口价格传导的VEC模型。按照VAR模型的分析，滞后的阶数由AIC指数和SC指数的大小决定，一般越小越好，所以其滞后阶数应定为3，整体模型的协整关系个数为2，在VEC模型的滞后期中可以直接选择1、2，其最终的进口价格的VEC模型的数学表达式为：

$$
\begin{aligned}
D(LEP) = & -0.69D(lep(-1)) - 0.21D(lep(-2)) + 0.33D(lerr(-1)) \\
& + 0.19D(lerr(-2)) + 0.25D(lnw(-1)) + 0.32D(lnw(-2)) \\
& + 0.04D(llc(-1)) + 0.05D(llc(-2)) + 0.08VECM - 0.01
\end{aligned}
$$

通过表6-7可以看出，无论是整体模型还是专门研究实际汇率对出口价格传导的单个模型，其拟合效果都很好。单个模型的决定系数达到了90.15%，整体的AIC值和SC值都很小，实际有效汇率、单位劳动成本、世界实际总收入滞后一期和两期的参数检验的T检验统计量值的绝对值在绝大多数情况下都大于1.64或2.35，即在10%、5%的基础上显著。并且，协整项的系数基本为负数，表示存在着负向误差自纠正机制。

① 这四个国家和地区分别代表了不同类型的进口来源地，且其贸易权重也呈梯队分布，也只有这四个的单位劳动成本数据在国际劳动统计数据库中是完整的序列。

表 6-7　　出口价格的 VEC 模型检验结果

误差修正	D (lep)	D (lerr)	D (lnw)	D (llc)
CointEq1	-0.505845	-0.420635	-0.241873	-0.990544
	(0.08791)	(0.42384)	(0.14905)	(0.35604)
	(-5.75390)	(-0.99244)	(-1.62281)	(-2.78212)
CointEq2	-0.465845	-0.530635	-0.641873	-0.840544
	(0.04781)	(0.32584)	(0.18985)	(0.39664)
	(-6.75390)	(-0.69244)	(-1.82281)	(-2.68212)
D (lerr (-1))	-0.685961	-1.726691	0.590843	0.617731
	(0.17020)	(0.82055)	(0.28855)	(0.68929)
	(-4.03032)	(-2.10431)	(2.04762)	(0.89618)
D (lep (-2))	-0.209015	1.018280	-0.119348	0.081039
	(0.12853)	(0.61965)	(0.21790)	(0.52052)
	(-1.62622)	(1.64333)	(-0.54772)	(0.15569)
D (lerr (-1))	0.328221	0.989097	-0.064700	0.499304
	(0.06106)	(0.29440)	(0.10353)	(0.24730)
	(5.37504)	(3.35976)	(-0.62496)	(2.01901)
D (lerr (-2))	0.192060	-0.008994	-0.010950	-0.017711
	(0.07438)	(0.35859)	(0.12610)	(0.30123)
	(2.58218)	(-0.02508)	(-0.08684)	(-0.05880)
D (lnw (-1))	0.252308	0.125689	0.292127	-0.959878
	(0.10996)	(0.53012)	(0.18642)	(0.44532)
	(2.29456)	(0.23709)	(1.56703)	(-2.15547)
D (lnw (-2))	0.320836	0.607132	-0.511408	0.090153
	(0.14881)	(0.71740)	(0.25228)	(0.60264)
	(2.15608)	(0.84629)	(-2.02715)	(0.14960)
D (llc (-1))	0.040217	0.237862	-0.273073	-0.191142
	(0.05719)	(0.27573)	(0.09696)	(0.23163)
	(0.70318)	(0.86265)	(-2.81625)	-0.82522
D (llc (-2))	0.049948	-0.133634	0.021169	-0.059100
	(0.03971)	(0.19146)	(0.06733)	(0.16084)
	(1.25769)	(-0.69796)	(0.31441)	(-0.36745)

续表

误差修正	D（*lep*）	D（*lerr*）	D（*lnw*）	D（*llc*）
C	-0.014511	-0.069816	0.097638	0.173162
	(0.01170)	(0.05643)	(0.01984)	(0.04740)
	(-1.23979)	(-1.23730)	(4.92063)	(3.65323)
VECM	0.079560	1.047177	-0.613914	-0.940761
	(0.07553)	(0.36414)	(0.12805)	(0.30589)
	(1.05334)	(2.87573)	(-4.79423)	(-3.07546)
R^2	0.901510	0.684990	0.828977	0.797451
调整后的 R^2	0.819435	0.422483	0.686458	0.628660
残差平方	0.003567	0.082917	0.010254	0.058511
残差方程	0.017242	0.083125	0.029231	0.069828
对数似数值	68.23559	32.05655	56.09397	36.06577
赤池 AIC 值	-4.977008	-1.831005	-3.921214	-2.179632
施瓦兹（SC）值	-4.433946	-1.287942	-3.378152	-1.636570
因变量均值	0.000546	-0.045898	0.060126	0.061865
因变量标准差	0.040576	0.109383	0.052204	0.114589
行列式残差协方差		2.76E-13		
对数似然值		202.0128		
赤池 AIC 值		-13.39242		
施瓦兹（SC）值		-11.02269		

（2）实际汇率对进口价格传导的 VEC 模型。沿着出口价格模型同样的思路可以得出，其滞后阶数应定为3，整体模型的协整关系个数为1，在 VEC 模型的滞后期中可以直接选择1、2，其最终的进 VEC 模型的数学表达式为：

$$D(lip) = -0.13D(lip(-1)) - 0.10D(lip(-2)) - 0.07D(lerr(-1)) - 0.09D(lerr(-2)) - 0.11D(lnc(-1)) - 0.08D(lnw(-2)) + 0.23D(llc(-1)) - 0.18D(llc(-2)) + 0.32VECM - 0.12$$

通过表6-8可以看出，无论是整体模型还是专门研究实际汇率对出口价格传导的单个模型，其拟合效果都较好。单个模型的决定系数达到了53.84%，整体的 AIC 值和 SC 值都较小，实际有效汇率、单位劳动成本、世界实际总收入滞后一期和两期的参数检验的T检验统计量值的绝对值在绝大多数情况下都大于0.76，即在25%的基础上显著。并且，协整项的系数基本为负数，表示存在着负向误差自纠正机制。

表6-8　进口价格的VEC模型检验结果

误差修正	*D*（*lep*）	*D*（*lerr*）	*D*（*lnw*）	*D*（*llc*）
CointEq1	-0.307967	-0.546117	0.805236	-0.056407
	(0.12356)	(0.12761)	(0.28607)	(0.12977)
	(-2.49254)	(-4.27966)	(2.81484)	(-0.43467)
D（*lip*（-1））	-0.133631	0.159763	-0.478538	-0.287579
	(0.22997)	(0.23751)	(0.53244)	(0.24153)
	(-0.58109)	(0.67266)	(-0.89876)	(-1.19066)
D（*lip*（-2））	-0.103548	0.228693	-0.426362	-0.416525
	(0.20895)	(0.21581)	(0.48379)	(0.21946)
	(-0.49556)	(1.05971)	(-0.88129)	(-1.89794)
D（*lnc*（-1））	-0.105465	0.218994	0.457638	0.197184
	(0.17558)	(0.18134)	(0.40653)	(0.18441)
	(-0.60065)	(1.20762)	(1.12571)	(1.06924)
D（*lnc*（-2））	-0.083190	0.082930	0.294041	0.244254
	(0.18901)	(0.19520)	(0.43760)	(0.19851)
	(-0.44015)	(0.42484)	(0.67193)	(1.23044)
D（*lerr*（-1））	-0.072710	-0.045230	-0.277298	0.029020
	(0.09329)	(0.09635)	(0.21599)	(0.09798)
	(-0.77941)	(-0.46944)	(-1.28384)	(0.29618)
D（*lerr*（-2））	-0.090288	-0.014178	-0.297128	0.005277
	(0.08561)	(0.08841)	(0.19821)	(0.08991)
	(-1.05468)	(-0.16036)	(-1.49908)	(0.05869)
D（*llc*（-1））	0.233257	-0.397243	0.106492	0.187496
	(0.25053)	(0.25875)	(0.58005)	(0.26313)
	(0.93106)	(-1.53526)	(0.18359)	(0.71256)
D（*llc*（-2））	-0.176426	-0.152713	-0.361646	0.344006
	(0.25125)	(0.25949)	(0.58171)	(0.26388)
	(-0.70220)	(-0.58852)	(-0.62170)	(1.30364)

续表

误差修正	D（*lep*）	D（*lerr*）	D（*lnw*）	D（*llc*）
C	0.117859	0.240289	-0.080317	0.022287
	(0.04588)	(0.04738)	(0.10622)	(0.04818)
	(2.56907)	(5.07145)	(-0.75616)	(0.46255)
VECM	0.325844	0.558566	-0.753829	0.035998
	(0.13547)	(0.13992)	(0.31367)	(0.14229)
	(2.40520)	(3.99209)	(-2.40329)	(0.25300)
R^2	0.538408	0.769206	0.659855	0.636392
调整后的 R^2	0.153749	0.576877	0.376400	0.333385
残差平方	0.012972	0.013837	0.069540	0.014310
残差方程	0.032879	0.033957	0.076125	0.034532
对数似数值	53.38932	52.64708	34.07990	52.26084
赤池 AIC 值	-3.686028	-3.621485	-2.006948	-3.587899
施瓦兹（SC）值	-3.142966	-3.078423	-1.463886	-3.044836
因变量均值	0.010987	0.060126	0.089419	0.079172
因变量标准差	0.035741	0.052204	0.096399	0.042295
行列式残差协方差		0.000000		

6.2.2.4　结论

最终的 VEC 模型有效地分析了中国进出口价格波动的成因。

就出口价格模型而言，主要有以下三个方面。

（1）实际汇率对出口价格的传导。模型说明了实际有效汇率的波动对中国的出口价格有显著的影响，其滞后一期的汇率传导弹性达到了0.3282，其滞后两期的汇率传导弹性达到了0.1921，并且前者的统计显著性要高于后者。

（2）单位劳动成本变动对出口价格波动的影响。模型结果给出了一个值得注意的现象，那就是，单位劳动成本的变动对出口价格波动的影响较小，仅为0.04~0.05，这也从侧面说明，中国劳动力成本优势长期内仍然可以继续发挥作用。造成这一现象的深层次原因就在于，尽管生产率的上升为要素价格的上涨提供了可能空间，但要素价格非敏感性定理的作用使得某些生产要素（尤其是那些表现为固定索取权形式的要素价格）难以及时分享生产率上升带来的利益，从而使得生产率上升更多地表现为企业自主运用的竞争力源泉，推动出口的扩张。①

（3）世界总实际收入变动对出口价格波动的影响。世界其他国家作为中国出口产品的进口国，它的收入增长与中国出口价格波动呈现出正向一致性，滞后一期和滞后两期的弹性分别达到了 0.25 和 0.32，这也在相当程度上说明了，从长期来看，我国的出口产品已经具有一定的出口竞争力，已经成为世界上多数产品的一个重要供给国，但是其定价权需要进一步加强。

就进口价格模型而言，主要有以下三个方面。

（1）实际汇率对进口价格的传导。模型说明了实际有效汇率的波动对中国的进口价格影响较小，其滞后一期的汇率传导弹性为 -0.0727，其滞后两期的汇率传导弹性是 -0.0903，且滞后两期的汇率传导比滞后一期更为显著。这也在很大程度说明了我国在进口上基本仍是一个价格接受者，这也是我国进口价格传导弹性远远低于发达工业国的核心原因。

（2）单位劳动成本变动对进口价格波动的影响。模型结果给出了一个值得注意的现象，那就是：单位劳动成本的变动对进口价格波动的影响较大，滞后一期的传导弹性达到 0.2333，可是，滞后两期的传导弹性则为 -0.1764。这也就给出了两个启示：一是中国的进口来源国利用其价格制定者的角色能够迅速转移其上升的劳动力成本所带来的不利影响；二是中国的进口来源国能够在较短的时间内（最多为两年）迅速利用各种先进技术将不断上升的劳动力成本消化，并以新的产品、更低的价格迅速创造出新的竞争优势。

（3）中国国民收入变动对进口价格波动的影响。中国的国民收入增长与中国进口价格波动呈现出负向一致性，滞后一期和滞后两期的传导弹性

① 谷克鉴．中国的经济转型与贸易流动——基于制度和技术因素的理论考察和计量研究［M］．北京：中国人民大学出版社，2006．

分别达到了 -0.11 和 -0.08。这种现象背后的一种可能解释就是，中国国民收入不仅是消费的重要决定因素，也与中国的实际产出紧密相关，中国国民收入增加的同时伴随着中国各种产品供给能力的提高，尤其中国作为一个发展中的大国，具有完备的工业基础和庞大的消费能力。所以，中国能够在较短的时间内通过改造、引进、合作等方式就地构建起原有进口产品的国内供应平台。但是，由于这具有一定盲目性，且会迅速形成过剩产能而不得不转向国际市场，从而也就降低了自己的负向影响力。

6.3　中国实践考察的基本总结

汇率传导在我国存在着稳定的实际汇率对进出口价格的传导，且实际有效汇率的波动对出口价格的传导弹性要大于对进口价格的传导弹性，前者的时滞仅为一年，而后者达到了两年。也正是这一机制的作用，使得我国的贸易条件与实际汇率之间存在着明显的波动一致性。如图 6-2 所示，在过去的 25 年间，这一点表现得淋漓尽致。

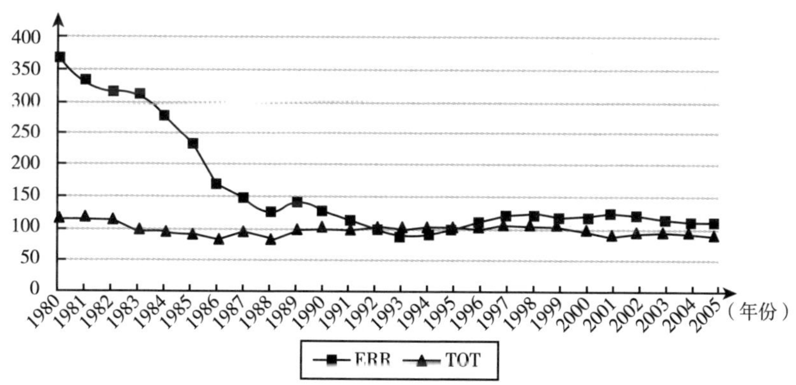

图 6-2　我国的贸易条件与实际有效汇率变动（1980～2005 年）

与此同时，我国存在着明显的 HBS 效应，这两者之间的有效嫁接，给我们提供了一条关于我国生产率波动、实际汇率波动、贸易条件变化的趋势联动路径。

（1）可出口部门劳动生产率的上升速度相对快于可进口部门—实际汇率上升—贸易条件恶化。

在可出口部门劳动生产率上升速度相对快于可进口部门时，将直接推动我国的实际汇率上升，也就是说我国的实际有效汇率下降，此时，我国的出口价格要比进口反应得快，下降的幅度会远远大于进口价格上升的幅度，我国的贸易条件随之恶化。

（2）可进口部门生产率的上升速度相对快于可进口部门—实际汇率下降—贸易条件逐步逐步改善。

在可进口部门生产率上升速度相对快于可出口部门时，将直接推动我国实际汇率的下降，也就是说我国的实际有效汇率上升。此时，我国的出口价格会迅速上升，而同期进口价格会逐步下降，也就是说，要想将一个处于高位的进口价格逐步下拉还需要一个较长的时间，即贸易条件的改善不会即时出现，但会逐步显现出来。

第7章　基本结论及其拓展

7.1　基本结论

通过前面几章的分析，我们可以得出以下基本结论，这些结论又可以从整体的一般结论和不同情形下的个体结论两个层次展开。

7.1.1　一般结论

技术进步是改善一国贸易条件的有力途径，但不同国家在不同行业发生的不同类型的技术进步对贸易条件的作用机制及其最终影响是各不相同的。

7.1.2　个体结论

7.1.2.1　小国情形

在不考虑劣质性商品假定的条件下，如果在本国的可出口行业发生了相对相对产品创新类技术进步，则其在产品的导入期、成熟期、稳定期及衰退期对本国的进出量的不同影响导致本国的贸易条件由改善最终走向恶化；同理，如果在可进口行业发生了相对相对产品创新类技术进步，则本国的贸易条件会仅在导入期小幅改善，而在后两个阶段开始恶化。一旦纳入劣质性商品假定，则在可出口行业发生的此类技术进步会使得自身的贸易条件改善，在可进口行业发生的此类技术进步会使自身的贸易条件恶化。

如果在本国的可出口行业发生了相对相对工艺创新类技术进步，则其在产品的导入期、大规模出口期、稳定期及衰退期对成本及定价的不同影响造成了本国贸易条件基本稳定，甚至一定程度恶化。反之，如果在可进口行业发生了此类技术进步，那么，本国的贸易条件会逐步改善。

如果在本国的可出口行业发生了相对相对生产率增长型技术进步，则会导致本国的实际汇率升值，由于实际汇率对进出口价格之间传导弹性的差异，贸易条件会随之恶化；同理，如果在本国的可进口行业发生了相对相对生产率增长型技术进步，则会导致本国的实际汇率贬值，从而使贸易条件相应改善。

7.1.2.2 大国情形

在不考虑劣质性商品假定的条件下，如果在本国的可出口行业发生了相对相对产品创新类技术进步，由于其价格决定者的地位，在产品的导入期、成熟期、稳定期及衰退期对本国的进出口量的影响都可以在自己的控制范围之内，本国的贸易条件只会改善；同理，如果在可进口行业发生了相对相对产品创新类技术进步，则本国的贸易条件会相应恶化。一旦纳入劣质性商品假定，则在可出口行业发生的此类技术进步会使得自身的贸易条件改善，在可进口行业发生的此类技术进步同样在“价格制定者”对需求供给的强力影响下，促成了贸易条件的改善。

如果在本国的可出口行业发生了相对相对工艺创新类技术进步，那么其在产品的导入期、大规模出口期、稳定期及衰退期对成本及定价的不同影响，会造成本国贸易条件基本稳定，并最终出现小幅恶化。反之，如果在可进口行业发生了此类技术进步，则本国的贸易条件会持续改善。

如果在本国的可出口行业发生了相对相对生产率增长型技术进步，则会导致本国的实际汇率升值。本来由于实际汇率对进出口价格之间传导弹性的差异，贸易条件一定会随之恶化，可是，大国由于其浮动汇率制支撑的强势币制政策，会使实际汇率基本稳定甚至恶化，从而导致贸易条件稳定甚至改善；同理，如果在本国的可进口行业发生了相对相对生产率增长型技术进步，则会导致本国的实际汇率贬值，从而使贸易条件相应改善。

7.2　结论拓展 I：技术进步状况的测度

既然技术进步是改善一国贸易条件的有力途径，各国就有必要了解自身的技术进步状况，本书的结论也应相应地延伸至对各国技术进步状况的探讨。

7.2.1　理论探究

7.2.1.1　测度

测度的本意是把非数世界的某种状态转换成数世界中的状态。例如，把创新目标的重要性程度转换成 0、1、2、3、4、5 等，或把收入的高中低表达为 3、2、1 等。一般而言，任何概念都具有潜在的可测性，但就其是否容易被测度而言，概念之间有相当大的差别。按照将概念转换成数世界中的形态等级划分，可以把变量的测度分为四个等级：名义测度；序次测度；间隔测度；比率测度。在社会调查研究中，测度就是这样界定的。

在经济学研究中，技术进步对经济增长的贡献的定量分析或对技术进步状况的评价常常表达为技术进步的测度。显然，测度在这里仍为定量分析之义，其作用同样是用数量去衡量经济变量和分析经济变量之间的数量关系。在有关技术进步测度的文献中，测度时概括为两方面内容：一是测度的对象，如技术进步率；二是测度的结果，如技术进步对经济增长的贡献率。

7.2.1.2　技术进步测度

技术进步测度仍然体现出测度的特征，即运用统计数据和经验数据来研究技术创新。但是，技术进步测度一般不指技术进步研究中测度方法的使用，而是指在大量技术进步调查数据的基础上对技术进步活动全面而系统的分析，这种特点已体现在各国技术创新研究中。

7.2.1.3 技术进步测度对象

技术进步过程是技术创新测度的基本对象。但是在如何测度技术进步过程上存在两种研究对象：一是面向项目。面向项目的技术创新测度研究包括创新项目的成败因素、创新项目的产业分布、创新项目的产生和使用等。二是面向企业的技术进步测度，主要研究包括企业技术进步的投入和产出，即反映创新过程的基本方面。由于目前我国还难以进行面向项目、面向企业的测度，所以，本书尝试进行基于企业基础上的行业测度。

7.2.2 已有研究

企业（生产系统）技术进步可以表述为企业生产力各要素及其整个组织的技术含量在原有水平基础上的增加和生产力要素在科学的组合形式下的产出效果。对企业技术进步的测定应能反映两个方面的进步：一方面是企业物质技术基础或企业技术实力的进步（企业生产力各生产要素所包含的技术水平的提高）；另一方面是从功能和结果方面反映出来的技术进步。因此，企业技术进步的评价可以由三个途径进行：（1）计量企业物质技术基础的进步，即从企业生产力各要素形态的技术密集程度的变化来测试；（2）从企业技术进步的功能效果状况来评价企业技术进步；（3）从企业技术进步的过程，即新技术的开发应用、引进吸收及原有技术的完善和改进来考察，即通过对技术成果数量及生产应用的速度变化来考察测度。

国外对技术进步定量分析方法所做的研究始于20世纪50年代，在近20多年来得到了广泛的应用。中国自20世纪80年代以来也开始进行试算和应用。目前，国内外关于技术进步的评价方法有很多，但很难说哪一种较完整和令人满意。不过，可以肯定的是，技术进步评价理论是建立在系统论、控制论、信息论、数学、运筹学、统计学、经济学的基础上的一门科学。经过50多年的发展，其已经形成的主要研究方法包括生产函数法、指标体系法、层次分析法、前沿效率相对综合法、数据包络分析（data envelopment analysis，DEA）法。

生产函数法具有系统性和高度的概括性，能从总量经济学的角度来分析技术进步的作用。又可以进一步分为柯布—道格拉斯生产函数法、索洛余值法、丹尼森增长因素分析法、CES生产函数法、超越对数生产函数法。目前，在中国应用得较广的就是索洛余值法。就生产函数法而言，这一方法测度比较困难、测试值的可比性低、假设前提过于严格；单独就索洛余值法而言，其所测度的技术进步是一个总量经济学概念，实际上是扣除劳动和资本投入增长的作用外，所有其他作用之和，即全要素生产率；其模型必须要确定产出的资本弹性和产出的劳动弹性，对统计数据及取值水平反应敏感；并且这一方法可以提供的管理信息太少。

指标体系法的特点就是设计各种不同的指标，从技术进步的角度，对企业进行描述，并对同一类型的企业或同一企业的不同时期进行技术进步状况的排序与对比。这一方法具有比较规范、结果直观、计算格式固定、使用方便等优点；但是，由于每一个指标一般只能反映某一方面的问题，对技术进步这样一个复杂的系统很难建立一套全面的指标体系，且指标的分类和划分难以一致、指标权数的确定存在主观因素、各项指标之间又难以满足相互独立性。

层次分析法本质上是一种决策思维方法，通过把复杂的问题分解成各组成因素，并按其相互联系的规则和相互作用的方式进行分组，形成有序的递阶层次结构，实际上是对指标体系法的一种改进。但是，所使用的判断矩阵的构造要凭人定性的经验，具有一定的主观性，从而使结果的客观性受到影响。

前沿效率相对综合法是以效率为基础，从前沿生产函数引申出来的一种相对效率综合评价法。利用这一方法进行技术进步评价时，可根据企业是否在生产前沿面上来综合考核企业的技术进步状况。它可以避免评价人主观因素的影响，同时可以动态地考察企业技术进步，可是，它仍然不能有效地解决定性数据的主观性问题。

DEA 法是 1978 年由美国运筹学家查恩斯（A. Charnes）和库伯（W. W. Cooper）等提出的，用于研究多投入多产出决策单元（DMU）的相对有效性。进入 20 世纪 90 年代以后，这一方法在我国得到了广泛应用，其优越性在于：一是它不需要预先估计参数，以被评价 DMU 的各项投入和产出权重为优化权重，从最有利于被评价 DMU 的角度进行评价，从而避免了确定各方都认为合理公正的权重这一棘手的问题，且增加了评价的客观性和科学性；二是与其他统计模型不同，这一方法直接采用数据进行计算，避免了建立一应评价指标体系以及确定某一投入指标对若干产出指标的贡献率等烦琐的计算，使评价方法简明且易操作；三是这一模型丰富了微观经济学中的生产函数理论及其应用技术，所形成的有效生产面实际上是生产函数的一种推广；四是这一模型的基石是数学规划，其理论基础坚实，在计算过程中可获得较多的管理信息，通过对每个 DMU 的优化计算，使评价值更切实际。这一分析方法共包括投入型 DEA 法、产出型 DEA 法、随机 DEA 法。也正因为 DEA 法的这些优越性，本书也将采用它。

7.2.3　基本模型与数据

7.2.3.1　模型

在本书的研究过程中，由于难以通过实际调查研究来获得单个企业的相关数据，故只好选择各个不同行业的相关数据来进行分析，可是，行业技术进步是一个典型的多投入、多产出的复杂系统。为此，本书的基本评价模型采用 DEA 法中的 C^2GS^2 模型。

设有 n 个 DMU（行业）具有 m 种投入和 S 种产出。(X_j, Y_j) 表示第 j 个 DMU 的投入产出向量，即：

$$X_j = (x_{1j}, x_{2j}, \cdots, x_{3j})^{\mathrm{T}},$$

$$Y_j = (y_{1j}, y_{2j}, \cdots, y_{3j})^{\mathrm{T}}, \quad j = 1, 2, \cdots, n$$

X_{ij}表示第j个DMU对第i种类型投入的投入总量，$X_{ij}>0$；y_{rj}表示第j个DMU对第r种类型产出的产出总量，$y_{rj}>0$。评价第j_0个DMU规模有效性的C^2R原始模型经过查恩斯—库伯（Charnes-Cooper）变换后，再求对偶规划，得出以下形式：

$$\max Z$$

$$\text{s.t.}\begin{cases}\sum_{j=1}^{n}\lambda_j X_j \leqslant X_{j0}\\ \sum_{j=1}^{n}\lambda_j Y_j \geqslant ZY_{j0}\\ \lambda_j \geqslant 0, j=1,2,\cdots,n\end{cases} \tag{7-1}$$

评价第j_0个DMU规模有效性的C^2GS^2原始模型经过查恩斯—库伯变换后，再求对偶规划，得出以下形式：

$$\max Z$$

$$\text{s.t.}\begin{cases}\sum_{j=1}^{n}\lambda_j X_j \leqslant X_{j0}\\ \sum_{j=1}^{n}\lambda_j Y_j \geqslant ZY_{j0}\\ \sum_{j=1}^{n}\lambda_j = 1, \lambda_j \geqslant 0, j=1,2,\cdots,n\end{cases} \tag{7-2}$$

为了能指出各个非技术有效点向有效点的调整值，我们在上一个线性规划的基础上加入松弛变量S^-和剩余变量S^+，也就变为：

$$\max Z$$

$$\text{s.t.}\begin{cases}\sum_{j=1}^{n}\lambda_j X_j + S^- \leqslant X_{j0}\\ \sum_{j=1}^{n}\lambda_j Y_j - S^+ \geqslant ZY_{j0}\\ \sum_{j=1}^{n}\lambda_j = 1\\ S^- \geqslant 0, S^+ \geqslant 0, \lambda_j \geqslant 0, j=1,2,\cdots,n\end{cases} \tag{7-3}$$

我们可以证明：

（1）某决策单元（行业）为技术有效的充分必要条件是该决策单元对应的数学规划（式（7-3））的最优值 $Z^*=1$，且每个最优解 $\lambda^*=(\lambda_1^*, \lambda_2^*, \cdots, \lambda_n^*)$，$S^{-*}$、$S^{+*}$、$Z^*$满足 $S^{-*}=0$，$S^{+*}=0$。

（2）若某决策单元（行业）为非技术有效，即点（X_{j0}，Y_{j0}）不位于有效生产前沿面，则点（$X_{j0}-S^{-*}$，$Z^*Y_{j0}+S^{+*}$）为对应的技术有效点，Z^*为相应最优目标函数值。

7.2.3.2 数据

根据 DEA 评价模型计算的可行性，一般情况下选取以下指标来作为投入指标和产出指标。

投入指标：

（1）年末职工人数，指年末在这一行业工作，并由该行业支付工资的各类人员总数。

（2）年末工程技术人员数，指年末取得工程技术职务、担负工程技术工作或工程技术管理工作的人员，以及无技术职务而实际担负工程技术工作的人员总数。

（3）流动资产年平均余额，指这一行业年度内全部流动资产的平均余额，即 1～12 月的月初、月末流动资产余额之和被 24 除的得数。

（4）固定资产净值年平均余额，指这一行业年度内固定资产净值平均余额，1～12 月的月初、月末固定资产净值余额之和被 24 除的得数。

（5）技术创新活动费用，包括研究、研制费（即研究与开发经费、含委托研制的费用）、购买外部技术（专利、许可证、商标、技术资料、技术诀窍等）的费用、与新产品（新工艺）有关的机器设备购置费、与新产品生产费用、与新产品（新工艺）有关的培训费、新产品试售费（不包括销售网络的建立和运行费用）。

产出指标：

（1）当年工业总产值（现价、按新会计准则计算，单位：千元），指这一行业年内生产成品价值、对外加工费收入和自制半成品在产品期末、期初差额价值之和。

（2）当年行业产品销售收入（单位：千元）。

（3）当年行业的新产品销售收入（单位：千元）。

（4）当年行业所创利润（单位：千元 ）。

（5）当年行业的新产品利润总额（单位：千元）。

7.2.4　中国37个行业技术有效性的DEA评价

本书沿用式（7－3）所表示的含松弛变量的 C^2GS^2 模型，对中国的37个行业①（只含中大型企业②）的技术进步状况进行评价。

7.2.4.1　指标

就投入指标而言，仅对技术创新活动费用指标做了一个调整。其原因在于，《中国科技统计年鉴》只提供了分行业大中型工业企业科技活动经费，是指统计年度内用于科学研究与试验发展（R&D）、研究与试验发展（R&D）成果应用及科技服务活动的实际经费支出，包括从事科技活动人员劳务费、科研用固定资产购建支出以及其他用于科技活动的支出。就产

① 37个行业是按照中国对工业所作的划分得来的，共包括煤矿开采和洗选业，石油和天然气开采业，黑色金属矿采选业，有色金属矿采选业，非金属矿采选业，农副产品加工业，食品制造业，饮料制造业，烟草制造业，纺织业，纺织服装、鞋、帽制造业，皮革、毛皮、羽毛（绒）及其制造业，木材加工及木、竹、藤、棕、草制造业，家具制造业，造纸及纸制品业，印刷业和记录媒介的复制，文教体育用品制造业，石油加工、炼焦及核燃料加工业，化学原料及化学制品制造业，医药制造业，化学纤维制造业，橡胶制造业，塑料制造业，非金属矿物制成品，黑色金属冶炼及压延加工业，有色金属冶炼及压延加工业，金属制品业，通用设备制造业，专用设备制造业，交通运输设备制造业，电气机械及器材制造业，通信设备、计算机及其他电子设备制造业，仪器、仪表及文化办公器械制造业，工艺品及其他制造业，电力、热力的生产和供应业，燃气生产、供应业，水的生产、供应业。

② 由于在《中国科技统计年鉴》中只能找到行业中的大中型工业企业的总量数据，所以，为了数据的一致，我们在评价行业技术进步状况时，所有的指标也都只选取大中型工业企业的数据。

出指标而言，由于与投入指标一样，故用当年行业新产品产值替代了当年行业新产品利润总额。

7.2.4.2 数据来源

年末职工人数、年末工程技术人员数、技术创新活动费用、当年行业总产值、当年行业产品销售收入、当年新产品销售收入、当年行业所创利润、当年行业新产品产值的数据均来自《中国科技统计年鉴（2005年）》，而行业流动资产年平均余额、行业固定资产净值年平均余额均取自国研网的工业统计数据。并且，由于前八个指标只能获得2004年的数据，为此，后两个指标也相应地取2004年数据。

7.2.4.3 DEA分析结果及其结论

我们利用DEAP2.1软件，按照先投入指标，后产出指标的顺序，对中国37行业的技术进步状况进行了分析。其评价结果见表7-1至表7-5。通过这五个表，我们可以得出以下结论。

（1）在37个行业中，只有16个行业，即煤矿开采和洗选业，石油和天然气开采业，黑色金属矿采选业，有色金属矿采选业，非金属矿采选业，农副食品加工业，烟草制品业，皮革、毛皮、羽毛（绒）及其制品业，木材加工及木、竹、藤、棕、草制品业，家具制造业，文教体育用品制造业，石油加工、炼焦及核燃料加工业，交通运输设备制造业，通信设备、计算机及其他电子设备制造业，工艺品及其他制造业，燃气生产、供应业是技术有效的，占全部行业的43.24%。而这16个行业，只有交通运输设备制造业，通信设备、计算机及其他电子设备制造业属于技术密集型行业，其他的均可划为劳动资源密集型行业。由此可见，我国的整体技术效率较低，技术性行业表现得更为突出，详见表7-1。

表7-1 37个行业DEA评价结果

行业	行业序号	不变规模技术效率	可变规模技术效率	规模效率
煤炭开采和洗选业	1	1.000	1.000	1.000
石油和天然气开采业	2	1.000	1.000	1.000
黑色金属矿采选业	3	1.000	1.000	1.000
有色金属矿采选业	4	0.958	1.000	0.958
非金属矿采选业	5	0.297	1.000	0.297
农副产品加工业	6	1.000	1.000	1.000
食品制造业	7	0.753	0.755	0.997
饮料制造业	8	0.506	0.524	0.965
烟草制品业	9	1.000	1.000	1.000
纺织业	10	0.621	0.655	0.948
纺织服装、鞋、帽制造业	11	0.815	0.824	0.988
皮革、毛皮、羽毛（绒）及其制造业	12	1.000	1.000	1.000
木材加工及木、竹、藤、棕、草制造业	13	0.728	1.000	0.728
家具制造业	14	1.000	1.000	1.000
造纸及纸制品业	15	0.621	0.621	1.000
印刷业和记录媒介的复制	16	0.555	0.891	0.623
文教体育用品制造业	17	0.988	1.000	0.989
石油加工、炼焦及核燃料加工业	18	1.000	1.000	1.000
化学原料及化学制品制造业	19	0.668	0.737	0.907
医药制造业	20	0.586	0.593	0.988
化学纤维制造业	21	0.724	0.909	0.797
橡胶制造业	22	0.731	0.804	0.910
塑料制造业	23	0.725	0.740	0.979
非金属矿物制成品	24	0.449	0.468	0.960
黑色金属冶炼及压延加工业	25	0.739	0.966	0.765
有色金属冶炼及压延加工业	26	0.608	0.609	0.999
金属制品业	27	0.830	0.831	0.998
通用设备制造业	28	0.651	0.655	0.995
专用设备制造业	29	0.527	0.537	0.981
交通运输设备制造业	30	1.000	1.000	1.000

续表

行业	行业序号	不变规模技术效率	可变规模技术效率	规模效率
电气机械及器材制造业	31	0.926	0.949	0.976
通信设备、计算机及其他电子设备制造业	32	1.000	1.000	1.000
仪器、仪表及文化办公器械制造业	33	0.841	0.889	0.946
工艺品及其他制造业	34	0.965	1.000	0.965
电力、热力的生产和供应业	35	0.863	0.878	0.983
燃气生产、供应业	36	0.411	1.000	0.411
水的生产、供应业	37	0.286	0.419	0.683

注：规模效率 = 不变规模技术效率/可变规模技术效率。

（2）就我国的主要出口行业（即纺织服装行业、造纸行业、机电行业等）而言，其技术效率较低。纺织业，纺织服装、鞋、帽制造业，造纸及纸制品业，通用设备制造业，专用设备制造业，电气机械及器材制造业，仪器、仪表及文化办公器械制造业的可变规模技术效率分别为0.655、0.824、0.621、0.655、0.537、0.949、0.889。这也说明，我国的贸易条件不断恶化与我国不断进行技术改造与技术升级直接相关的观点是毫无道理的[①]，我国出口行业较低的技术效率才是贸易条件不断恶化真正的原因，也只有通过不断提高出口行业的技术效率，才能逐步改善我国的贸易条件。

（3）单就我国的技术性密集型行业而言，整体技术效率相对偏低，但低技术、中技术、高技术行业的技术效率呈现出倒“V”型分布。低技术行业中的有色金属冶炼及压延加工业、金属制品业的可变规模技术效率分别为0.609、0.831；中技术行业中的橡胶制品业、塑料制品业、通用设备制造业、交通运输设备制造业、电气机械及器材制造业的可变规模技术效率分别为0.804、0.740、0.655、1.000、0.949；高技术行业中的化学原料及化学制品制造业，医药制造业，专用设备制造业，通信设备、计算机及其他电子设备制造业，仪器、仪表及文化办公器械制造业的可变规模技

① 在讨论我国贸易条件状况的过程中，有的学者认为，在出口行业进行的技术升级是造成贸易条件恶化的重要原因，如杨海丽（2004）。

术效率分别为 0.737、0.593、0.537、1.000、0.889。这一分布态势正好与本书导言中的低技术行业、中技术行业、高技术行业的贸易条件变动态势图相吻合。

（4）就所有技术效率低的行业而言，要想提高其技术效率，从投入面而言，其主要依赖于提高工程技术人员在总职工的比例这一途径，而一旦通过这种运作之后，其产出面的新产品销售收入和新产品产值两个指标就会随之增加，见表 7－2 至表 7－5。而单就我国的主要出口行业（如纺织业，纺织服装、鞋、帽制造业）而言，其对应的松弛变量和剩余变量的值分别为 S^{-*} =(1651473，48875，0，0，0)；（549990，1121，0，0，0）和 S^{+*} =（0，2465216，202965，3051720，2607708）；（0，1372159，2046949，0，1933582)。即投入方面应分别由（2807373，145128，12453891.850，9664187.050，876024.000)；（979808，27386，3640708.950，1706908.050，196207.000）调整为（1155900，96253，12453891.850，9664187.050，876024.000)；（429818，26265，12453891.850，9664187.050，876024.000)；产出方面应分别由（51800918，50765378，5594324，1534574，5906469)；（16143202，15293287，1775161，784702.5，1840812）调整为（79119058，80002624，11747555，5395579，11629059)；（19588948，19929778，4201016，5395579，11629058)。通过这一调整，这两个行业的工程技术人员在总职工中的比例分别从 5.17%、2.80% 提到了 8.33%、6.11%；新产品销售收入分别上涨了 109.99%、136.66%；新产品产值分别上涨了 96.89%、126.38%。

表 7－2　　37 个行业的产出松弛变量

行业序号	总产值	产品销售收入	新产品销售收入	利润	新产品产值
1	0.000	0.000	0.000	0.000	0.000
2	0.000	0.000	0.000	0.000	0.000
3	0.000	0.000	0.000	0.000	0.000
4	0.000	0.000	0.000	0.000	0.000
5	0.000	0.000	0.000	0.000	0.000
6	0.000	0.000	0.000	0.000	0.000
7	0.000	679615.995	880399.594	0.000	887812.784

续表

行业序号	总产值	产品销售收入	新产品销售收入	利润	新产品产值
8	0. 000	247835. 969	1938358. 469	0. 000	2566664. 406
9	0. 000	0. 000	0. 000	0. 000	0. 000
10	0. 000	2465215. 980	3202964. 530	3051720. 259	2607707. 888
11	0. 000	1372158. 510	2046949. 114	0. 000	1933581. 630
12	0. 000	0. 000	0. 000	0. 000	0. 000
13	0. 000	0. 000	0. 000	0. 000	0. 000
14	0. 000	0. 000	0. 000	0. 000	0. 000
15	0. 000	1103086. 367	96907. 799	1052711. 923	0. 000
16	0. 000	533016. 211	0. 000	0. 000	29858. 618
17	0. 000	0. 000	226781. 463	34115. 064	228041. 290
18	0. 000	0. 000	0. 000	0. 000	0. 000
19	0. 000	2528776. 049	3939736. 366	0. 000	3522596. 568
20	1561803. 249	3043019. 092	522275. 037	0. 000	0. 000
21	0. 000	1022426. 056	104888. 781	0. 000	0. 000
22	0. 000	813381. 596	475630. 393	0. 000	0. 000
23	0. 000	0. 000	831299. 489	0. 000	787536. 974
24	0. 000	2345750. 494	1897344. 546	1024472. 293	2086844. 383
25	0. 000	0. 000	14855922. 915	0. 000	15821425. 051
26	0. 000	709922. 305	2229350. 063	0. 000	2208012. 967
27	0. 000	1105364. 813	3496823. 327	0. 000	3382817. 427
28	4320599. 572	8616956. 426	1351675. 281	0. 000	0. 000
29	0. 000	1779183. 531	1148329. 242	0. 000	0. 000
30	0. 000	0. 000	0. 000	0. 000	0. 000
31	11336631. 248	14844632. 404	17263. 278	0. 000	0. 000
32	0. 000	0. 000	0. 000	0. 000	0. 000
33	0. 000	10044. 458	498560. 087	0. 000	511527. 514
34	0. 000	0. 000	0. 000	0. 000	0. 000
35	0. 000	0. 000	33856970. 987	1635606. 328	31980198. 500
36	0. 000	0. 000	0. 000	0. 000	0. 000
37	0. 000	1142771. 089	650009. 477	1063674. 002	644330. 813

表 7－3　　　　37 个行业的投入松弛变量

行业序号	职工人数	技术人员数	流动资产余额	固定资产净值	科技活动经费
1	0. 000	0. 000	0. 000	0. 000	0. 000
2	0. 000	0. 000	0. 000	0. 000	0. 000
3	0. 000	0. 000	0. 000	0. 000	0. 000
4	0. 000	0. 000	0. 000	0. 000	0. 000
5	0. 000	0. 000	0. 000	0. 000	0. 000
6	0. 000	0. 000	0. 000	0. 000	0. 000
7	45742. 122	1909. 400	0. 000	0. 000	0. 000
8	0. 000	236. 979	0. 000	0. 000	0. 000
9	0. 000	0. 000	0. 000	0. 000	0. 000
10	1651473. 063	48875. 202	0. 000	0. 000	0. 000
11	549990. 340	1121. 133	0. 000	0. 000	0. 000
12	0. 000	0. 000	0. 000	0. 000	0. 000
13	0. 000	0. 000	0. 000	0. 000	0. 000
14	0. 000	0. 000	0. 000	0. 000	0. 000
15	23917. 353	0. 000	0. 000	1594388. 309	0. 000
16	0. 000	0. 000	0. 000	0. 000	263. 523
17	176518. 031	81. 502	312688. 196	0. 000	0. 000
18	0. 000	0. 000	0. 000	0. 000	0. 000
19	7749000. 660	1622909. 639	0. 000	3334720. 639	1846271. 440
20	107977. 950	34904. 674	0. 000	0. 000	236811. 201
21	0. 000	0. 000	0. 000	1076448. 614	110854. 280
22	26133. 718	3576. 418	0. 000	708494. 191	152104. 752
23	66450. 587	0. 000	98042. 482	630766. 419	0. 000
24	567849. 683	25356. 275	0. 000	0. 000	0. 000
25	101719. 373	46022. 239	0. 000	9795343. 472	6849732. 162
26	156305. 740	19586. 683	0. 000	0. 000	628005. 570
27	223207. 643	8135. 265	0. 000	0. 000	37188. 867
28	487569. 697	81582. 706	0. 000	0. 000	122774. 809
29	260461. 743	62945. 524	0. 000	239659. 350	113564. 365
30	0. 000	0. 000	0. 000	0. 000	0. 000
31	557951. 323	61525. 603	1035241. 733	0. 000	291103. 945

续表

行业序号	职工人数	技术人员数	流动资产余额	固定资产净值	科技活动经费
32	0.000	0.000	0.000	0.000	0.000
33	0.000	9456.695	167279.481	0.000	24819.038
34	0.000	0.000	0.000	0.000	0.000
35	76529.008	204637.212	0.000	56456421.303	0.000
36	0.000	0.000	0.000	0.000	0.000
37	0.000	3595.924	66940.584	1496062.452	0.000

表 7-4　　纺织业的投入产出指标调整

变量	原始值	径量调整量	差额高速量	最优目标值
产出 1	51800918.000	27318140.224	0.000	79119058.224
产出 2	50765378.000	26772029.691	2465215.980	80002623.670
产出 3	5594324.000	2950266.779	3202964.530	11747555.308
产出 4	1534574.100	809285.087	3051720.259	5395579.446
产出 5	5906469.000	3114882.025	2607707.888	11629058.914
投入 1	2807373.000	0.000	-1651473.063	1155899.937
投入 2	145128.000	0.000	-48875.202	96252.798
投入 3	12453891.850	0.000	0.000	12453891.850
投入 4	9664187.050	0.000	0.000	9664187.050
投入 5	876024.000	0.000	0.000	876024.000

表 7-5　　纺织服装、鞋、帽制造业的投入产出指标调整

变量	原始值	径量调整量	差额高速量	最优目标值
产出 1	16143202.000	3445745.828	0.000	19588947.828
产出 2	15293287.000	3264332.558	1372158.510	19929778.068
产出 3	1775161.000	378905.846	2046949.114	4201015.960
产出 4	784702.500	167493.745	0.000	952196.245
产出 5	1840812.000	392918.968	1933581.630	4167312.598
投入 1	979808.000	0.000	-549990.340	429817.660
投入 2	27386.000	0.000	-1121.133	26264.867
投入 3	3640708.950	0.000	0.000	3640708.950
投入 4	1706908.050	0.000	0.000	1706908.050
投入 5	196207.000	0.000	0.000	196207.000

7.3　结论拓展Ⅱ：技术进步所引致的贸易条件变动的福利效应分析

7.3.1　已有研究

古典贸易理论关于这一问题的一个基本命题就是：一国的国民福利会随贸易条件的改善而上升，随贸易条件的恶化而下降。后续的研究也就源于这一理论判断，从微观层面和宏观层面来界定福利效应，以国别数据解析贸易条件变动对国民福利的实际影响。

微观层面上，各个贸易理论学派将贸易条件变动的福利效应与经济个体直接相联系。经过不断发展，已经形成了三种思路：第一种建立在生产者剩余的基础之上，这种方法在生产模型就不全面，遭到了萨缪尔森(1947)、西尔伯博格（Silberberg，1974）的诟病；第二种建立在消费者剩余的基础之上，但源于这一理念的消费模型并不能有效地解决差异化产品的问题；第三种建立在消费者效用理论的基础上，这一理论引入了差异化产品，但其模型假定前提过于严格。

宏观层面上，自从古典贸易理论以来，人们就一致接受，贸易条件变动的福利效应就是贸易利得。对于它的界定却一直存在着分歧，但其基本思路无外乎两种：一种是基于生产面的界定。在20世纪90年代以前，由于众多的贸易学家主要考察非常小的开放经济体，因此就简单地将贸易条件改善比作技术进步、将贸易条件恶化比作技术衰退（Diewert & Morrison，1986)①，而忽视了它对经济绩效的影响；另一种是基于消费面（收入面）的界定，这种界定直接与经济绩效相联系。诸位学者更是利用标示经济增长绩效的指标来描述贸易条件变动的福利效应。但是，在具体指标的选择

① 贸易条件改善使得一个国家在给定的国内投入基础上增加净产出，而贸易条件恶化减少了一个国家通过给定努力可以获得的产品数量。为此，他们将其分别比作技术进步、技术衰退。

上存在着很大争议，具体有三种方案：第一种是利用实际GDP指标，这也更明确地将后者界定为贸易条件变动的福利效应。但是，有经济学者（Ulrich Kohli，2004）对26个国家的实际数据进行研究，表明当一国贸易条件改善时，实际GDP易低估实际国内收入和福利；反之，当一国贸易条件恶化时，实际GDP易高估实际国民收入和福利。第二种是利用实际国内收入指标，这一指标相对较为全面，但是难以取得。第三种是名义GDP指标，福克斯和柯力（Fox & Kohli，1998）认为这一指标不仅包括了数量变动，还包括了价格变动，并且存在实际GDP指标在拉氏指数的帕氏指数之间的主观选择问题。

不难发现，这些研究存在着两个明显的缺陷：一是都明显地落入了一种“单边主义”思想，单纯地分析贸易条件变动对国民福利的影响。可是，国民福利的变动反过来也会影响贸易条件的变动，两者存在着长期的动态关系。也正是这种思路导致了已有的研究都忽视了对导致贸易条件变动的原因的分析，将其为作为一种外生事件，这不失为一种重大的遗憾。其实，柯力（1984）就指出了这一点。① 二是都专注于贸易条件变动对国民福利的短期、静态的影响，都将贸易条件恶化当成国民福利下降的充要条件，而没有考虑贸易条件对国民福利的长期、动态的影响，更没有关注各国特殊的经济结构。杨永正就曾采用GTAP（globe trade analysis project）模型来作计量分析并得出结论：东盟国家的贸易条件恶化了7%，对福利水平的负面影响为-3.3%，但其整体福利水平增长了32%。

7.3.2 动态分析框架构建

本书尝试将技术进步、贸易条件变动、福利效应变动三者联结成一个整体，沿用第4~6章所使用的基本假定前提，探讨技术进步所引致的贸易条件变动对一国国民福利的影响。

---

① ROBERTSON. The Terms of Trade [J]. International Social Science Bulltin，1951.

7.3.2.1 基本架构及其思路

为了克服上述两大缺陷，本书尝试利用贸易与增长理论来搭建一个合理的理论框架，从动态视角对不同要素进行相关效应分析。资本回报率、劳动回报率（实际工资率）、全要素生产率也就当仁不让地成为其主要考察指标。不过，为了行文方便，本书将主要分析技术进步所引致的贸易条件变动对资本回报率的影响，毕竟，现代增长理论一直假定资本回报率和劳动回报率之和等于1。可以说，我们从产出面展开，但在最终动态福利考察时又回到收入面，并将两者有效结合进行分析。

其实，在动态视角下，国际经济学中的福利效应变动就是贸易利得的动态变动。20世纪90年代以前，国际经济学界一直利用总收入进行标示，但其变动规模根本不值一提。可是，一旦将收入替换成产出指标，结果就大相径庭。鲍德温（1992）开创性地对动态贸易利得进行了计量分析。他还提出了一个倍受推崇的理论判断，即如果资本的社会回报和私人回报一致，则从边际意义而言，资本形成对福利没有影响；如果社会回报率大于私人回报率，则只有在资本回报提高的情况下，资本形成才对边际福利具有正的影响；如果资本回报被降低了，则动态福利效应将会抵消静态福利效应①，反之亦然。从这一判断出发，这里的分析也就沿着技术进步—贸易条件变动—资本形成—资本回报与劳动回报—动态福利的基本思路展开。

7.3.2.2 理论分析

（1）一般情形。在现代增长理论中，一旦引入技术进步，不仅技术本身丰富的层次性和技术开发周期的日趋加快能赋予技术以突出的异质性②，

---

① RICHARD E，BALDWIN. Measurable Synamic Gains from Trade［J］. The Journal of Political Economy，1992，100（1）：162－174.

② 例如，在国际贸易理论演变过程中，尽管新要素禀赋理论的出现描述的是在技术要素自身发展过程中不同含量的技术基础上形成的贸易模式，但它对分工形态和贸易模式的决定作用与具有异质性的传统要素禀赋模型并无二致。

而且尽管可以通过所谓的“直接形式”（Coe & Helpman，1993）来实现技术扩散，在企业活动中，却毫无例外地“嵌入”有形和人力资本，从而构成所谓的“嵌入式资本”[①]。可见，现代经济条件下的技术进步将主要采用“嵌入式”，这又成为本书分析的一个基本前提。

在“嵌入式技术进步”假设前提下，一国所发生的技术进步将会导致一国的贸易条件改善或恶化，但资本（包括有形资本和人力资本）形成都会持续增加，在资本深化过程中，伴随着贸易条件改善而引致的贸易量的相对增加或减少，不同国家的资本回报将会相对上升或下降，进而会导致基于产出面的边际福利上升或下降；劳动回报自然会对应地下降或上升，基于收入面（需求面）的边际福利随之下降或上升；与此同时，全要素生产率增长率会发生相应的变动，在这三者的共同作用下，一国的动态福利也随之发生变化。

为了充分说明这一理论框架，我们不妨以发达国家为例。在经济全球化不断深入的过程中，发达国家在持续发生技术进步的过程中，其贸易条件稳步改善，出口规模不断扩大，资本形成也不断增加；同时，出口规模的不断扩大导致了本来不断下降的资本回报被相对提高，而劳动回报（即其工人实际工资）继续上升。可是，发达国家资本的社会回报通常会高于私人回报，这也使其产出面的边际福利增加；同时，伴随着实际工资的上升，收入面的边际福利逐步增加，而全要素生产率更是在其国内自由市场经济的有力推动下不断上涨，最终动态福利将会持续增加。

当然，这只是一个一般性分析，还需从国际经济学意义上针对不同类型国家、行业进行具体分析。

（2）小国情形与大国情形。首先来分析小国情形。

其一，产品创新类技术进步。如果出口行业发生了相对相对产品创新类技术进步，那么，在产品的导入期和成熟期会导致本国的贸易条件改善；相应地，本国出口和资本形成规模相对扩大，资本回报也相应提高，

① 参见谷克鉴．中国的经济转型与贸易流动——基于制度和技术因素的理论考察和计量研究［M］．北京：中国人民大学出版社，2006.

而劳动回报（即工人实际工资）相对下降。与此同时，由于产品创新的强力推动，其资本的社会回报将会高于私人回报，也使得产出面的边际福利增加；而在实际工资下降的推动下，收入面的边际福利相对下降，不过，全要素生产率会上涨较快。通常，其整体社会福利仍会增加。可是，在产品的标准及衰退阶段，本国的贸易条件开始恶化，出口规模和资本形成都相对下降，资本回报相对下降，劳动回报相对上升；同时，全要素生产率的增长率也相对放缓，最终的结果就是：产出面的边际福利下降，收入面的边际福利增加，而动态效率会相对下降，整体社会福利的变动方向也就依赖于收入面边际福利与其他两者之间的相对大小。如果前者超过后两者之和，则福利增加；反之，则福利下降。

如果进口行业发生了相对相对产品创新类技术进步，那么在产品的导入阶段，会导致贸易条件改善；相应地，本国出口和资本形成规模相对扩大，资本回报相应提高，而劳动回报（即工人实际工资）相对下降。同时，由于产品创新的强力推动，其资本的社会回报将会高于私人回报，也使得产出面的边际福利增加；而在实际工资下降的推动下，收入面的边际福利相对下降，但此时，全要素生产率会上涨较快，故整体社会福利增加。可是，在产品的成熟期、稳定期及衰退期，本国的贸易条件持续恶化，出口规模和资本形成都相对下降，资本回报相对下降，劳动回报相对上升；同时，全要素生产率的增长率也相对放缓，最终的结果是：产出面的边际福利下降，收入面的边际福利增加，而动态效率会相对下降，整体社会福利的变动方向也就依赖于收入面边际福利与其他两者之间的相对大小。如果前者超过后两者之和，则福利增加；反之，则福利下降。

其二，工艺创新类技术进步。如果出口行业发生了相对相对工艺创新类技术进步，则本国的贸易条件基本稳定甚至在一定程度上恶化，出口规模和资本形成相应地稳中有降，资本回报略微下降，劳动回报相对上升，全要素生产率的增长率持续提高；同时，由于工艺创新的强力推动，其资本的社会回报将会高于私人回报，最终的结果是：产出面的边际福利基本稳定甚至略微下降，收入面的边际福利增加，动态效率会相对上升，整体社会福利也会得到一定程度的改善。

如果进口行业发生了相对相对工艺创新类技术进步，则本国的贸易条件逐步改善；相应地，本国出口和资本形成规模相对扩大，资本回报相应提高，而劳动回报（即工人实际工资）相对下降。同时，由于工艺创新的强力推动，其资本的社会回报将会高于私人回报，也使得产出面的边际福利增加；而在实际工资下降的推动下，收入面的边际福利相对下降，但全要素生产率会上涨较快，通常，整体社会福利会相应增加。一旦实际工资下降的速度超过了其他两者上涨的速度，则会出现所谓的“贸易贫困化增长”。

其三，生产率增长型技术进步。如果出口行业发生了相对相对劳动生产率增长型技术进步，则会促使本国的实际汇率升值，而实际汇率对出口价格和进口价格的不同传导弹性导致本国贸易条件恶化，出口规模和资本形成会相对下降，资本回报相对下降，劳动回报相对上升，全要素生产率的增长率相对提高。而且，由于劳动生产率提高背后人力资本积累的强力推动，其资本的社会回报将会低于私人回报，也使得产出面的边际福利增加，收入面的边际福利增加，而动态效率也会相对增加，整体社会福利增加。

如果进口行业发生了相对相对劳动生产率增长型技术进步，则会促使本国的实际汇率贬值，本国贸易条件改善，本国出口和资本形成规模相对扩大，资本回报相应提高，而劳动回报（即工人实际工资）相对下降，全要素生产率的增长率相对提高。同时，由于人力资本积累的强力推动，其资本的社会回报将会低于私人回报，也使得产出面的边际福利下降；而在实际工资下降的推动下，收入面的边际福利相对下降，但全要素生产率会上涨较快；其整体社会福利的变动方向依赖于全要素生产率增长率与其他两者的相对大小。如果前者较大，则社会整体福利提高；反之，则福利下降。

其次来分析大国情形。

第一，产品创新类技术进步。如果出口行业发生了相对相对产品创新类技术进步，在产品的导入期、成熟期、稳定期及衰退期，都会导致本国的贸易条件改善；相应地，本国出口和资本形成规模相对扩大，资本回报也相应提高，而劳动回报（即工人实际工资）相对下降。与此同时，由于产品创新的强力推动，其资本的社会回报将会高于私人回报，也使得产出面的边际福利增加；而在实际工资下降的推动下，收入面的边际福利相对下降，但全要素生产率会上涨较快。通常，其整体社会福利仍会增加。

如果进口行业发生了相对相对产品创新类技术进步，在产品的导入期、成熟期、稳定期及衰退期，都会导致本国的贸易条件改善；相应地，本国的整体福利都会得到提高。

第二，工艺创新类技术进步。如果出口行业发生了相对相对工艺创新类技术进步，则本国的贸易条件在出口初期、大规模出口时期，都相对有所改善；相应地，本国出口和资本形成规模相对扩大，资本回报相应提高，而劳动回报（即工人实际工资）相对下降。同时，由于工艺创新的强力推动，其资本的社会回报将会高于私人回报，也使得产出面的边际福利增加；而在实际工资下降的推动下，收入面的边际福利相对下降，但全要素生产率会上涨较快。通常，整体社会福利会相应增加。但是，在稳定及衰退阶段，本国的贸易条件相对有所恶化，出口规模和资本形成相应的相对下降，资本回报有所下降，劳动回报相对上升，全要素生产率的增长率持续提高；同时，由于工艺创新的强力推动，其资本的社会回报将高于私人回报，最终的结果是：产出面的边际福利基本稳定甚至略微下降，收入面的边际福利增加，动态效率也会相对上升，整体社会福利仍会得到改善。

如果进口行业发生了相对相对工艺创新类技术进步，则本国的贸易条件逐步改善；相应地，本国出口和资本形成规模相对扩大，资本回报相应提高，而劳动回报即工人实际工资相对下降。同时，由于工艺创新的强力推动，其资本的社会回报将会高于私人回报，也使得产出面的边际福利增加；而在实际工资下降的推动下，收入面的边际福利相对下降，不过，全要素生产率会上涨较快。通常，社会整体福利会相应增加。

第三，生产率增长型技术进步。如果出口行业发生了相对相对劳动生产率增长型技术进步，则会促使本国的实际汇率升值，但是大国的低进口价格弹性和强势货币地位会使其贸易条件不会恶化，甚至会改善；本国出口和资本形成规模相对扩大，资本回报相应提高，而劳动回报（即工人实际工资）相对下降，全要素生产率的增长率相对提高。同时，由于人力资本积累的强力推动，其资本的社会回报将会低于私人回报，也使得产出面的边际福利下降；而在实际工资下降的推动下，收入面的边际福利相对下降，但全要素生产率会上涨较快；其整体社会福利的变动方向依赖于全要素生产率增长率与其他两者的相对大小。如果前者较大，则社会整体福利提高；反之，则社会整体福利下降。

如果进口行业发生了相对相对劳动生产率增长型技术进步，则会促使本国的实际汇率贬值，本国贸易条件改善，本国的贸易利得增加，本国出口和资本形成规模相对扩大，资本回报相应提高；而劳动回报（即工人实际工资）相对下降，全要素生产率的增长率相对提高。同时，由于人力资本积累的强力推动，其资本的社会回报将会低于私人回报，也使得产出面的边际福利下降；而在实际工资下降的推动下，收入面的边际福利相对下降，不过，全要素生产率会上涨较快；其整体社会福利的变动方向依赖于全要素生产率增长率与其他两者的相对大小。如果前者较大，则社会整体福利提高；反之，则社会整体福利下降。

7.3.3 动态分析框架在发展中国家实践中的应用与验证

7.3.3.1 发展中国家是否出现了“贫困化增长”

（1）巴格瓦蒂式的静态解释。一种公认的观点就是，基于贸易条件不断恶化的现实可以认为发展中国家已经落入了“贫困化增长陷阱”。但是，当我们回到贫困化增长理论本身时，就会发现，这种观点是有失偏颇的。

巴格瓦蒂（1963）针对人们对“经济增长对贸易条件变动影响研究”中的狂热和偏执，专门对贫困化增长做了一个几何注释，其目的就是确定在什么条件下会发生贫困化增长。他的基本假设前提是：两个国家、两种产品、充分就业、增长限于某一个国家，其他国家假定维持不变（即其他国家提供曲线维持不变），并在供给和需求变动结合分析的基础上得出结论：一是如果可进口产品的国内产量与其进口量之间的比例小，贫困化增长的可能性会加大；二是如果相对于可进口产品价格变动的不变效用需求弹性小（这个依赖于当可进口产品的价格发生变动时，可进口产品的国内替代效应是可以忽略的）；三是如果对可进口产品的价格变动作出反应时，可进口产品的生产沿着生产可能性曲线变动时其供给弹性小，此时贫困化增长的可能性会增大。同时，他还特别指出，这三个条件单独或混合在一起都不是贫困化增长的充分条件。事实上，出现贫困化增长的可能性只有当以下关键条件中的某一个或全部满足时才会出现。

就第一个条件而言，经过多年的发展，大多数发展中国家的生产能力已经得到极大提高，进口依存度不断降低，很多可进口产品的国内产量已经开始大于进口数量。当然，还有一些发展中国家的生活必需品都完全依靠进口。

就第二个条件而言，近年来，广大的发展中国家都建立起了相对成熟的国内市场体系，市场化水平不断提高，各类经济主体对国际市场竞争已经能够作出较快的反应。

就第三个条件而言，目前，发展中国家已经开始融入国际市场之中，建立了自己完善的产业体系，不断承接着全球产业转移，国内的众多企业更是通过各种方式提高了自身的竞争力和市场适应力，他们都已经在一定程度上能够根据价格变动来调整自己的供给。印度的软件行业就是一个明证。

所以，我们可以肯定地说，贫困化增长的现象并没有在大多数发展中国家中出现，当然，我们也不能盲目乐观，这些国家在这三个条件上都没有远离危险地带，部分国家更是深陷于这一泥沼之中。

（2）动态解析：本书分析框架的应用。我们可以这样描述发展中国家的经济现实，即贸易条件持续恶化、物质资本积累速度远大于人力资本、资本的社会回报低于私人回报、资本回报率相对较高、技术进步类型主要为工艺革新类技术进步和劳动生产率提高型技术进步，社会创新能力相对欠缺。

基于这样的一个现实，我们可以进行一个基本分析。那就是，由于广大发展中国家的技术进步对贸易条件改善作用有限，贸易条件持续仍处于恶化之中，出口规模和资本形成会相对下降，资本回报相对下降，劳动回报相对上升；同时，全要素生产率的增长率也相对放缓。由于资本的社会回报低于私人回报，则产出面的边际福利上升，收入面的边际福利增加，而动态效率也会相对下降，社会整体福利的变动方向也就依赖于前两者与动态效率之间的相对大小，如果前者超过后两者之和，则福利增加；反之，则福利下降。

可是，在广大的发展中国家中，种种原因导致了全要素生产率增加率基本稳定甚至下降，且幅度明显；而实际工资的增长受到无限的劳动力供给限制而幅度有限，最终福利也就向负向变动，出现了“贸易贫困化增长”。这也告诉我们，在贸易发展的过程中，尤其需要进行国内的配套改革，不断提高国内的全要素生产率。

7.3.3.2 技术进步引致的贸易条件变动的福利效应验证：以中国为例

为了修补已有的计量分析所存在的“单边主义”缺陷，本书尝试构建联立方程模型来分析它们之间的相互关系。

(1) 模型设定。沿着本书的分析思路，我们可以确知模型的内生变量是贸易条件和国民福利，而影响贸易条件的变量除了国民福利，还有实际汇率、技术进步；影响国民福利的变量除了贸易条件之外，还有技术进步、外商直接投资等。为此，我们建立以下联立方程模型：

$$NC = a_0 + a_1 \times TOT + a_2 \times RTC + a_3 \times FDI + \varepsilon$$

$$TOT = b_0 + b_1 \times ERR + b_2 \times RTC + b_3 \times NC + \lambda$$

式中，*NC*、*TOT*、*RTC*、*FDI*、*ERR* 分别代表实际国内收入指数、贸易条件指数、技术进步率指数、外商直接投资额指数、实际有效汇率指数。我们还将 *RTC*、*ERR*、*FDI* 作为工具变量。

（2）数据获取。本书的数据（除技术进步指标以外）均来自联合国统计司、联合国贸易发展会议的网上数据库、IMF出版的《国际金融年鉴》、中国的国家统计局。为了提高数据的平衡性，全部采用指数形式，其区间为1980～2005年，1995年为基期。

实际国民收入指数、贸易条件指数、实际有效汇率指数：这三个指标的选取和第4章完全一样。而外商直接投资额指数取自于《中国统计年鉴（1980～2005年）》所公布的年度实际利用外商直接投资额。至于技术进步率指数，这一指标是在沿着本章的技术进步评价思路，整理全国的上述十个指标的基础上，利用DEA软件分析得出的。同样，其基期也被调整到1995年。

（3）实证结果。我们利用EVIEWS5.0软件，对方程进行三阶段最小二乘法估计①，得出最终的模型结果为：

$$NC = -615.1421 + 3.483094 \times TOT + 2.798832 \times RTC + 0.743272 \times FDI$$

$$TOT = 129.9535 + 0.065118 \times NC + 0.037042 \times ERR - 0.370244 \times RTC$$

通过表7-6、表7-7可以发现，这一模型的拟合效果较好，尤其是前一方程的决定系数达到了72%；两个方程的DW值均在1.5以上，变量之间均不存在系列自相关；大多数相关系数估计的相伴概率在2%以下。

表7-6　　三阶段最小二乘法估计参数估计结果

参数	系数	标准差	T统计量	P值
C（1）	-615.1421	357.1202	-1.722507	0.0920
C（2）	3.483094	2.571363	1.354571	0.1825
C（3）	2.798832	1.138161	2.459083	0.0179
C（4）	0.743272	0.211475	3.514712	0.0010
C（5）	129.9535	22.76896	5.707484	0.0000
C（6）	0.065118	0.040031	1.626697	0.1109
C（7）	0.037042	0.021992	1.684327	0.0992
C（8）	-0.370244	0.207735	-1.782290	0.0816

① 三阶段最小二乘法（3SLS）是一种系统估计法，可同时确定多方程模型的参数，并获得一致且渐近有效的估计量。

表 7－7　三阶段最小二乘法估计模型检验结果

Determinant residual covariance		13009.23	
Equation：$NC = C(1) + C(2) * TOT + C(3) * RTC + C(4) * FDI$ Instruments：*ERR*、*RTC*、*FDI*、*C* Observations：26			
决定系数平方	0.721004	被解释变量	107.8478
调整系数 R^2	0.682959	标准差	77.35945
回归标准差	43.55828	残差平方和	41741.13
D－W 统计量	1.670675		
Equation：$TOT = C(5) + C(6) * NC + C(7) * ERR + C(8) * RTC$ Instruments：*ERR*、*RTC*、*FDI*、*C* Observations：26			
决定系数平方	0.149506	被解释变量	99.29925
调整系数 R^2	0.033529	标准差	8.403255
回归标准差	8.261178	残差平方和	1501.435
D－W 统计量	1.626203		

（4）结论。首先，我国的贸易条件与国内实际收入之间存在着明显的相互影响，且两者之间均呈正相关。但是，贸易条件的波动对国内实际收入的影响要远远大于国内实际收入对贸易条件的影响，两个影响系数分别为3.483094、0.065118。这也从侧面说明，我国贸易条件的波动主要决定于供给面。

其次，我国近年来的技术进步与贸易条件之间呈负相关关系。但是，技术进步所引致的贸易条件变动及技术进步本身能促进我国国内实际收入（即国民福利）的提高。这一点印证了本章第一节关于我国技术进步状况的评价，即我国技术进步主要限于劳动生产率增长型技术进步，这一变动通过实际汇率升值这一传导机制导致了贸易条件的恶化，可与此时同时，在全社会劳动生产率的提高刺激下，国民福利不断提升。

最后，和第4章的实证结论一样，可以发现，我国的实际汇率变动与贸易条件之间呈负相关关系，即实际汇率升值，贸易条件下降；实际汇率贬值，贸易条件升值，他们两者之间的相关系数达到了 -0. 037。这也暗示我们，中国虽然是发展中的大国，但是，人民币远没有像美元那样成为一个强势货币，人民币汇率政策与我国的技术政策及产业政策之间缺乏有效的协调，这是目前亟须改进的地方。

第 8 章　政策建议

通过前面几章的理论分析和实践考察，我们可以对中国贸易条件变动作出一些相关判断，进而提出一系列有针对性、现实性的政策建议。

8.1　政策建议之现实基础：关于中国贸易条件变动的三点判断

8.1.1　我国贸易条件变动的基本趋势

我国制成品的贸易条件变动代表了我国整体贸易条件变动情况，而我国机电产品出口又占了整个出口制成品的60%以上，且这一规模将会不断扩大。为此，我们可以说，机电产品贸易条件的变动趋势基本上确定了整体贸易条件的变动趋势。

截至2005年，机电产品走出了一条倒“U”型曲线，并已经开始触底反弹，而在自主创新战略的有力支持下，机电产品的贸易条件将会持续、稳健的改善。基于此，我们可以作出一个基本判断，即我国贸易条件变动将会呈现出“N”型，如图8－1所示，其考察期始于20世纪90年代。

8.1.2　我国贸易条件持续恶化的原因：基于技术进步视角的一种解释

单纯地从技术进步角度来看，造成我国贸易条件恶化的主要原因在

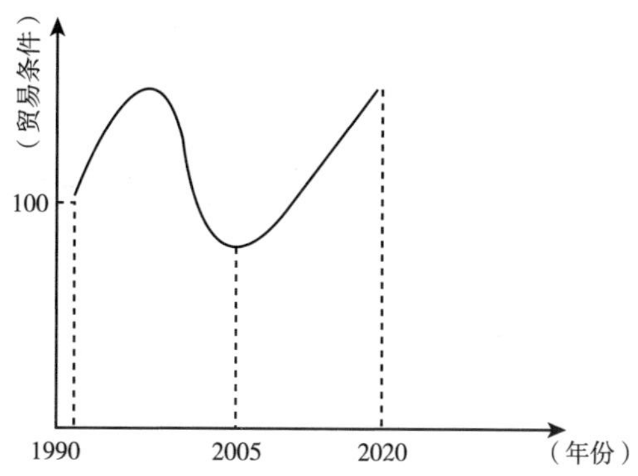

图 8 – 1　我国贸易条件变动趋势判断

于，我国的技术水平尤其是出口行业的技术水平与能力仍然较低，技术进步的方式仍限于生产率增长型技术进步，产品创新类技术进步和工艺创新类技术进步的贡献相对较低。并且，这一局面在短时期内难以迅速改变。为此，我们需要采取一系列针对性措施来逐步促成贸易条件改善和国民福利进一步提高。

8.1.3　我国贸易条件持续恶化的福利效应：中国是否陷入了“贫困化增长”

经济学界一直将“中国现象”当作一个特殊案例进行专门研究，毕竟，中国实践与经济学教科书上的相应描述相去甚远。为此，我们尝试基于中国实践，从静态和动态两个角度来分析我国贸易条件恶化背景下的福利效应。

8.1.3.1　静态视角

利用巴格瓦蒂提供的三个条件，我们可以逐个考察。

就第一个条件而言，改革开放以来，我国的生产能力已经得到极大提高，进口依存度不断降低，可进口产品的国内产量都大于进口数量。由于改革开放 40 多年来，中国已经建成全世界最完整的产业链和供应链，大部分工业产品已经是世界第一大产出国，其国内产量远大于进口量，即表中的两者之比小于1，见表8－1。

表8－1　　部分可进口产品的进口量与国内产量一览表

品名	单位	2019年			2018年		
		进口数量	国内产量	两者之比	进口数量	国内产量	两者之比
谷物及谷物粉	万吨	1785	61368.0	0.03	2047	61069.0	0.03
煤及褐煤	万吨	29967	38500.0	0.78	28123	36800.0	0.76
原油	万吨	50572	19101.4	2.65	46190	18910.6	2.44
天然气	万吨	9656	1761.7	5.48	9039	1602.7	5.64
钢材	万吨	1230	120477.0	0.01	1317	110551.7	0.01
未锻扎铜及铜材	万吨	498	978.4	0.51	530	902.9	0.59
集成电路	亿个	4451	2018.2	2.21	4176	1739.5	2.40
汽车	万辆	105	2552.8	0.04	113	2781.9	0.04

资料来源：《中国统计年鉴（2018）》和《中国统计年鉴（2019）》。

就第二个条件而言，近年来，进口的原材料、中间产品和能源的价格不断上涨，这也成为众多学者断定出现贫困化增长的一个重要理由。可是，导致这些商品价格上涨是两方面因素的共同作用：一是中国出口需求的不断上涨；二是全球经济的强劲增长。与此同时，国内在原材料、中间产品和能源方面的替代战略已经开始逐步显示作用，如新生物质能源、合成材料等都有力地替代着进口。可以说，目前可进口产品的国内替代效应已经显示。并且，国内从上涨的进口价格中提高了出口需求，有力地发挥了自身劳动力比较优势，提高了自身效用水平。

就第三个条件而言，目前，中国的国内市场国际化、国际市场国内化。中国的众多企业尤其是国有部门的大中型企业通过国际竞争、技术进步不断提高了自身的竞争力和市场适应力，他们都已经能够把握国际市场的脉搏，根据价格变动来调整自己的供给。中国的汽车工业、电子行业就是一个明证。

所以，我们可以肯定地说，“贫困化增长”的现象并没有在中国出现，当然，我们也不能盲目乐观，至少在第二、第三个条件上还没有远离危险地带。其原因就在于，我们对可进口产品价格需求和供给弹性的提升，主要是单纯地依赖于劳动生产率的增长，而在产品创新和工艺创新上的投入力度不够，但后两者是持久动力所在。

8.1.3.2　动态视角

社会各界一致公认，自改革开放以来，我国技术进步的速度不断加快，贸易量持续上涨，贸易条件却逐步恶化。可是，在贸易条件恶化的过程中，我国的资本回报、劳动回报、全要素生产率增长率却呈现了独特的变化。

（1）资本回报。在我国经济高速成长的过程中，投资增长扮演着至关重要的作用，资本回报率也因此成为关注的焦点，这项研究的展开过程伴随着不同意见交流，并在不久前引发一场引起国内外媒体广泛关注的讨论。整个讨论至少涉及三个层面问题：一是考察我国资本回报率到底有多高。二是分析导致资本回报率变动的因素。资本回报率变动是否对投资增长具有解释作用？三是资本回报率变动、原因及其与投资增长的关系（卢锋，2006；2007）。

（2）劳动回报。实际工资已经被经济学界毫无争议地用来度量劳动回报，而实际工资又可直接作为表征收入面福利的重要指标。毕竟，从员工方面来看，工资作为基本收入来源，为居民消费提供最重要财务支持，并与经济总需求存在密切联系（卢锋，2006）。我国官方统计基本口径就采用“职工工资①”，我们也将沿用这一口径。

据附表 28 中的数据可知，我国平均实际工资的增长率在 20 世纪 90 年代前稳定上升，但在 90 年代后，其增长率持续下降，在 1998 年、1999

① 卢锋认为，我国这一统计口径，从国际比较角度看，有两点局限。一是口径较窄，没有直接反映工人医疗保险、退休金等较大范围薪酬或劳动力成本变动情况。二是职工是指在国有、城镇集体、联营、股份制、外商和港澳台地区投资、其他单位及其附属机构工作，并由其支付工资的各类人员，没有包括乡镇企业和个私企业工人，而这类企业工资水平可能较低，因而职工工资可能会高估我国工人工资绝对水平，不过，本书重点考察工资水平的变动情况，这一局限对本书分析的影响微乎其微。

年、2002 年甚至出现了负增长。可见，我国的劳动回报正好走出与资本回报相反的路径，即先升后降。

（3）全要素生产率增长率。全要素生产率是宏观经济学的重要概念，也是分析经济增长源泉的重要工具。20 世纪 80 年代以来，国内外学者就对中国的全要素生产率进行了很多的研究，尤其在克鲁格曼提出“东亚无奇迹”的论点后，这一问题更引起了国内学者的普遍关注。整个研究大体可以分两个方面：一是研究全要素生产率变化趋势；二是探寻影响全要素生产率变动的因素。

在第一方面的研究文献中，考察期相对较短的研究都认为，中国的全要素生产率经历了一个由高到低的过程。谢千里等（2001）对 1980 ~ 1996 年的中国工业生产率的研究发现，全要素生产率在 1984 ~ 1988 年达到了最高点，平均每年达到了 4.7%，1988 ~ 1992 年回落到 80 年代初的水平，1992 年以后生产率增长出现了停滞并在 1993 ~ 1996 年出现了负增长。张军和施少华（2003）发现，1978 ~ 1998 年中国平均全要素生产率增长率大约为 2.8%，但 1992 年以后该增长率呈明显递减趋势；郑京海与胡鞍钢（2005）的研究结果认为，中国在 1978 ~ 1995 年经历了全要素生产率的高增长期（为 4.6%），而在 1996 ~ 2001 年进入了一个低增长期（为 0.6%）。可是，一旦将考察期延长，则结论变成中国的全要素生产率经历了一个由高到低再到高的过程。朱钟棣和李小平（2005）通过对 1986 ~ 2002 年各工业行业的全要素生产率增长分析，认为其经历了 3 个阶段：1986 ~ 1993 年的缓慢增长、1994 ~ 1997 年的下降以及 1998 ~ 2002 年的快速增长。郭庆旺和贾俊雪（2005）利用三种不同方法①估算了 1979 ~ 2004 年的中国全要素生产率，得出其相应的平均年增长率为 −0.54%、0.954%、0.891%。可是，由于前两种方法的内在缺陷，他剔除了前两种方法，而选择了潜在产出法。在这一方法下，其结果显示整体全要素生产

① 三种不同方法是指索洛残差法、隐性变量法、潜在产出法，对这三种方法的比较分析可以参见相关文献。郭庆旺，贾俊雪．中国全要素生产率的估算：1979 − 2004［J］．经济研究，2005（6）：51 − 60.

率走出了一条“先升后降再升”的轨迹，2002 年、2003 年、2004 年的增长率分别为 0. 969%、2. 362%、2. 103%。表面看，两个方面的结论似乎不大一致，但实际上，它们具有天然的同一性。后者只是在前者基础上进行了时间延伸，并且，这一结论已得到了学界公认。

综合上述三个指标的变动分析，我们可以作出以下判断：在我国资本社会回报低于私人回报的情形下，在我国资本回报率先降后升的过程中，产出面的边际福利先升后降；在我国劳动回报先升后降的过程中，收入面的边际福利先升后降；在我国全要素生产率先升后降再升的过程中，动态效率先升后降再升。简言之，在改革开放初期，我国的动态福利持续上升；中期，即 20 世纪 90 年代末，我国的动态福利持续下降。近年来，我国动态福利的最终变动方向依赖于动态效率的正向变动对产出面和收入面边际福利不利变动的抵消力的大小。换言之，当前的中国正在通过各种努力来走出“贫困化增长”泥沼，可是，在此过程中，资本社会回报与私人回报之间的逆向差、劳动回报的不断走低，极大地约束了其作用力度。

8. 2　政策建议

我国贸易条件变动的现实及其未来趋势告诉我们，贸易条件的变动主要受技术进步因素的影响，其改善并非一朝一夕。为此，我们需要有目的、有计划地进行相关改进。而计划也就意味着采取一致的经济政策决策，其由三个要素组成：目标、工具、分析模型①。

毫无疑问，这里的目标就是通过持续的技术进步来促成我国贸易条件逐步改善，国民福利不断提高。那么，在这一目标指导下，我们就有必要合理地运用一系列的政策工具，与之直接相关的政策工具包括竞争政策、产业政策、贸易政策、汇率政策和分配政策。

---

① 分析模型在这里可以理解为中国贸易变动的影响方程，而本书主要是基于技术进步角度进行阐释，为此，这一章就不再赘述，只谈相关政策目标和政策工具。

同时，我们得承认，政府已经于过去推出了一系列旨在促进技术进步，改善贸易条件的产业政策、贸易政策，并取得了一定的成绩；但是，并没有达到1+1>2的效果，且其作用逐步弱化。这一现象背后的重要原因是，在缺乏政策之间的有效协调的同时，又忽视了对一些相关政策工具的运用。为此，我们将沿着调整原有政策，引入新的政策工具并促成其与原有政策工具的协调、针对不同政策工具来确定其不同的着力点就成为我们的基本思路，简称为“一条主线、五个着力点”。

8.2.1 一条主线：引入其他政策工具，合理确立各时期的主导政策，促成相关政策之间的协调

我们要在继续运用并调整产业政策、贸易政策工具的同时，迅速引入汇率政策、竞争政策、分配政策工具，促成分配政策、汇率政策、竞争政策与产业政策、贸易政策之间的共同作用。不过，需要指出的是，不同时期的经济情形是不一样的。为此，不同时期也就需要以某一个或某几个政策来作为其主导政策，同时，运用其他政策来促成政策目标的有效实现。

短期来看，产业政策将在一段时间内作为主导政策。在我们继续针对相关产业进行技术改造、技术创新的同时，不仅需要利用相关贸易政策、竞争政策来促进这些产业技术水平的提升，还要适时地利用名义汇率的合理浮动来促成实际汇率的均衡，利用分配政策促成劳动回报的稳步上升，从而实现贸易条件的持续稳定、甚至改善，早日完全摆脱“贫困化增长”阴影。在产业政策与其他政策协调配合过程中，总的原则是，在国家产业政策未涉及的大部分产业内，其他有关经济政策按照各自的规律发挥作用，产业政策为其创造环境。体现国家利益的产业政策一经确定，在特定的产业领域，其他有关经济政策围绕产业政策配合行动。如有冲突的地方，必须从更高层次的经济社会发展需要和国家利益出发，深入研究，综合判断，做出抉择。还需强调的是，产业政策与其

他政策协调配合，在很大程度上取决于政府各部门之间职能衔接和相互配合。

长期来看，竞争政策将会作为主导政策。那时，我们就需要重点利用相关的竞争性法律或法规来提升我国的技术水平和技术能力，促成有效竞争、提高国际市场竞争能力。同时，不仅需要利用相关产业政策、贸易政策来促成主要出口竞争行业乃至进口竞争行业的技术能力提升；还要逐步促成我国的汇率体制和分配体制的改革，促成强势本币地位的形成、提高固定索取权收入在整体收益的分享比例。在这一过程中，总的原则就是，要从竞争力形成的角度，涵养竞争优势，用竞争政策统帅产品和部门层次的贸易政策、产业政策、分配政策、汇率政策，确保竞争政策目标的全面实现。

8.2.2 五个着力点：针对不同政策工具，合理确定其着力点

8.2.2.1 产业政策

我们不是要简单否定原来的产业政策，而是要调整其政策方向，从而构筑改善我国贸易条件及国民福利的产业基础与微观企业基础。其基本思路就是：要以全球化视野进行产业政策的适时制定、调整与协调；政策目标以构建产业内动态比较优势为起点，以期最终获得整体比较优势；政策方向从单纯的重视出口产业向进出口产业并举转变；政策方式逐步从单纯的“选择性产业政策”向“功能性产业政策”转变；政策重点则从注重于劳动力就业向提高相关产业技术水平与能力过渡。

（1）全球化视野下的产业政策的适时制定、调整与协调。经济全球化进程的不断加快，促使以西方发达国家为首的有关国家已经立足全球视角来重新审视当代产业政策的目标及其政策体系，力求在全球范围来解决资源在部门间和部门内配置的效率问题。而当前，中国产业经济的外向化、国际化趋势日趋明显，中国经济中的“全球因素”越来越多，WTO 规则的约束更是加强了这一趋势。为此，我们必须要以全球资源为着眼点，以

世界市场为导向来考虑产业政策的制定及调整。

制定或调整产业政策仅仅对产业发展提出鼓励或限制目标是不够的，必须有相应的经济、法律、行政、技术手段相配套。自20世纪90年代以来，我国发布的一些产业政策，多是一些鼓励或限制发展的产品目录，而没有相应的保障措施，更没有考虑贸易伙伴国的反应。其结果是，尽管出现了个别成功的例子①，但大多都出现了被鼓励的产品一哄而起、被限制发展的企业限而不死、被扶持的产业扶不起来、扶持起来的产业在贸易伙伴的强力打压下竞争力不强的问题。

为此，我们在制定或调整产业政策时，首先，要考虑该产业、产品的国际竞争力的动态变动情况，尤其要分析本国产业政策实施导致贸易伙伴国的正反影响；要促成本国产业政策尤其产业技术政策的国际协调；设立产业预警机制与产业安全保护，加强反垄断以及战略性能源产品安全保障的国际合作。其次，要迅速制定有利于产业成长并符合WTO规则的产业政策，如加大对相关产业、企业对研发投入的补贴；特别是在国内产业发展严重受到国外限制的情况下，要敢于采取“三反一保”等合理措施来进行应对。同时，要在WTO规则允许的范围内，差别化地制定、调整和完善相关产业政策，增强其有效性。对于那些近期和中长期都具有竞争优势的产业，政策重点应放在如何更充分地发挥其竞争力和比较优势，进一步优化产业组织结构，推动产业重组和合理化上。对于那些近期受一定冲击，但中长期具有广阔发展前景的行业，应在与跨国公司的全面合作中寻找发展空间，加快产业技术进步，培育企业核心竞争力。对于那些竞争力不强，没有发展潜力的行业，应采取收缩战略，有所为有所不为。最后，要辅以提供信息服务、税收减免、融资支持、财政补贴等经济手段，引导企业根据自己的实际情况来自主决定服从政府的产业政策目标；通过立

① 近年来，比较成功的例子是2000年6月24日国务院发布的《鼓励软件产业和集成电路产业发展的若干政策》，在软件企业认证制度、投融资、税收、收入分配、人才吸引和培养、知识产权保护等方面，都提出了鼓励软件产业发展的政策措施。这一政策的出台，有力地促进了我国软件产业的发展。从这个成功范例得到的启示是，产业政策的目标要细化和具有明确的针对性，而不要笼统；政策措施要具体和有可操作性。

法方式来严格规范企业行为、政策执行机构的工作程序、政策目标与措施等，以保障产业政策目标的实现；必要的时候以许可证制、审批制等行政手段，直接干预特定产业的资源配置与运行态势，及时纠正产业活动中与产业政策相抵触的各种违规行为，以保证预定产业政策目标的实现。

（2）政策目标以构建产业内动态比较优势为起点，以期最终获得整体比较优势。经济全球化改变了产业的贸易模式，由产业间贸易转向产业内贸易，也使产业比较优势发生了重大的变化。长期以来，中国的经济学者和政府产业规划部门都非常希望建立本国完整的具有比较优势的产业体系。特别是改革开放以来，通过“市场引资本”“市场换技术”提高了部分产业甚至产品部门的效率，但整个产业体系仍然是低效率的。面对全球性产业形成的趋势，改变这种状况，我们的选择应是积极参与国际间的产业内分工，在一些产业内部建立自己的部分比较优势，并有效促成其持续的动态升级。我国在汽车产业内部的部分差异化产品和产品本土化方面以及汽车的零部件生产和整车装配方面就是一个明证。因此，我们产业政策的目标应该放在充分利用本国原有的自然资源、低廉的劳动力成本和价格比较优势的基础上来进一步发展本国原有的部分比较优势产业、以“技术蛙跳”效应在某一产业内部建立起自己的比较优势，同时，以不断的技术改造与创新来培养和引导比较优势的动态升级，最终利用技术的“溢出效应”来促成比较优势范围的逐步扩散。

（3）政策方向从单纯的重视出口产业向进出口产业并举而转变。过去，我们片面地追求出口数量、规模的增加，而忽视了国内市场，使得可出口行业和可进口行业的发展速度严重失衡。我们需要给予出口行业和进口行业同等待遇，即将对出口产品、企业和产业提供相关产业支持措施同等地给予与进口产品有替代效应的产品、企业和产业，用于技术研发和升级，提高对进口产品的替代能力，从而削弱进口产品在国内市场的综合优势，迫使进口产品在国内的竞争力和价格下降。

（4）政策方式逐步从单纯的“选择性产业政策”向“功能性产业政

策”转变。产业政策可以区分为“选择性产业政策①”和“功能性产业政策②”，前者的目的在于推动这些产业及企业迅速形成能够参与国际市场竞争的核心竞争力，进而推动国内产业结构的升级并带动国民经济的全面发展。明显地，它在一定时间内将仍是我国的主要产业政策方式。但是，它存在着与生俱来的缺陷，江小涓（1996）等更是就对这一方式下的中国产业政策持怀疑态度③。不过，短期内，我国仍将会针对一些特定产业进行扶持，尤其是主要的进出口产业；但也需要逐步开始将这些措施让位于市场这一创新机器，让市场竞争来激发技术创新，提高企业、产业竞争力，进而最终改善贸易条件和国民福利。

（5）政策重点则从注重于劳动力就业向提高相关产业技术水平与能力过渡。劳动力就业问题一直是悬在各级政府头上的一把利剑，政府在对各种产业、各类企业进行相关政策引导时经常将其解决就业能力放在首位，这也直接限制了其技术水平与能力的提高，在很大程度上导致了产业的“空心化④”的出现。促成这一政策重点的转变已经刻不容缓。可是，相关产业技术水平与能力的提高也并非一蹴而就，需要各方的共同努力。

首先，加大研发投入，培育创新主体。一国现有的技术结构决定其是否有能力引进、吸收与创新，研发投入的增加有助于增强技术吸收、消化

---

① 狭义的产业政策也就是日本式的产业政策，其政策功能是主动扶持战略产业和新兴产业、缩短产业结构的演进过程，以实现经济赶超目标。由于它有着特定的产业指向，因此也被称为“选择性的产业政策”或“部门性的产业政策”。与功能性产业政策注重市场机制在资源配置中的基础作用有所不同，选择性产业政策更加强调政府在资源配置中的作用。

② 西方发达国家在讨论产业政策时，通常指的是政府通过提供人力资源培训和 R&D 补贴来提高产业部门国际竞争力的政策，即“功能性产业政策”。功能性产业政策建立在“市场失败”的理论基础上，其政策功能是对市场机制的缺陷起弥补作用。这种类型的产业政策通常没有特定的产业指向。很多欧美国家通常采用这种类型的产业政策，它在整个经济政策体系中不占主要地位。

③ 江小涓认为，由国家制定的产业政策的科学性值得怀疑与商榷，并且在实践中难以操作，甚至不可能被完整地执行，换句话说，产业政策是被支离破碎地执行的，改革开放以来的经济建设成就实际上应归功于市场机制功能的完善与发挥。

④ 产业“空心化”有两层含义：一是指一个国家或地区的制造业转移到其他国家和地区，导致本土就业机会减少，市场需求下降，经济增长放慢，如日本和我国的台湾、香港出现的情况。二是技术密集型产业没有核心技术，形成对跨国公司的技术依赖。在我国，重要的是要防止出现第二种情况。吕政．产业政策的制订与战略性产业的选择［J］．北京行政学院学报，2004（4）：28－30.

能力和提高技术创新水平。中国科技部部长徐冠华先生在2007年全国科技工作会议上表示，2006年我国全社会研究与试验发展经费总支出达3000亿元，比上年增长22%，占国内生产总值（GDP）的1.4%，为历史最高水平，可美国在2003年就达到2846亿美元，占国内生产总值的2.68%；在这“3000亿元”中，中央财政科技拨款达716亿元，占全部支出的23.87%，而工业化中期时美国政府投入在全部研发投入中所占的比重通常为65%。在这有限的投入中，还存在着“两大两少”现象，即大部分资金用于大学与科研机构，只有少部分用于企业；用于企业的科技资金又大部分用于国有企业，只有少部分用于中小企业和民营企业。其实，发达国家财政科技支出中用于企业的比例为30%左右，我国则只有10%左右。20世纪90年代，我国企业科技活动经费筹集额中来自政府的拨款所占比例一直保持在7%左右，2000年以后这一比例迅速下滑，2003年降低到3%左右。而在美国企业研究开发经费来源中，来自政府拨款的经费所占比重目前仍保持在8%左右。又据科技部统计显示，我国技术的对外依存度超过50%，99%的企业没有申请专利，只有万分之三的企业拥有核心知识产权。我国规模以上工业企业中设立研发机构的比例仅为25%，研发投入占销售收入的比重仅为0.56%，即使大中型企业，其研发投入占销售收入的比重也仅为0.71%。可见，我国目前的研发投入过低，技术格局仍是国家主导，资金投向远离了企业。我们需要不断加大研发投入，并使企业真正成为研发活动的主体，基本方向是要促成进出口行业的技术进步逐步从单纯地依靠劳动生产率提高而更多地向工艺创新、产品创新转变。

具体来说，其一，我们要切实提高三个资金比例：一是在财政支出中要提高科技支出的比例，保证财政科技投入增幅明显高于财政经常性收入增幅；二是财政科技投入中要提高产业与产品技术研发的投入比例，其中主要是提高对企业技术创新的投入比例；三是在财政科技资金对企业的投入中，要提高对民营企业、中小型企业的投入比例。其二，我们要建立和完善企业技术开发中心，增强企业的创新能力，制定创新战略，让市场竞争压力迫使企业增强研究和开发投入，建立有效的科技人才激励及储备机制。其三，要完善产学研结合机制，建立以大型企业联合体和相关科研机构为依托的行业技术开发基地，提高技术成果的商业化和社会化转化率。其四，要建立技术创新的独立组织机构。我们需要建立一个上至科技部、人事部以及各省区市，下至每一个技术人员都有章可循、有据可依的独立机构。其职责囊括咨询、监督、信息反馈与处理等一套完整的技术创新环节，使技术创新政策切实可行。

同时，加强人力资本的培养、使用与激励。一国劳动力技术水平和素质直接关乎其整体的技术水平与能力。当前，我国人力资源的现状可以用三句话来概括，即人口众多与低素质人口比重过大并存；人力资源丰富与人力资本短缺并存；人才稀缺与人才浪费并存。针对这一状况，我们需要采取以下措施：其一，要加大教育投入，发展教育事业，提高全民素质。我们需要大力增加教育经费，加大教育投资力度，提高教育消费占国民生产总值的比重，尽快解决教育供给尤其是优质教育资源供给不足的问题。其二，要构筑终身教育体系，大力发展职业技术教育，强化职业培训，提高在职者的素质。其三，大力发展劳动力市场，建立和完善劳动资源的配置机制，通过各级各类劳动力市场来实现劳动力的合理流动，尤其是要在一些国有企业中进一步完善人才选拔和使用机制，做到人尽其才，才尽其用。其四，根据提高技术能力的需要，探索技术创新的人才激励机制，加强国内外高水平人才和团队的引进力度。逐步建立技术入股，科技人员持股经营制度，探索知识产权、无形资产等作价入股的规范运作方式，留住人才、激发创新。

8.2.2.2 竞争政策

竞争政策是指一组针对限制性商业惯例的法律或法规，是政府使用的一系列决定市场运作的“竞争条件”的方法和工具（Hoekman & Holmes，1999），是政府所制定和执行的有关企业行使市场权力与运用支配地位的一套规则与纪律。其目的是通过约束各种反竞争的企业行业以保护和促进竞争性的市场与行业，为竞争者之间提供平等的竞争机会和竞争条件。限制性商业惯例的具体表现形式有：垄断行业和不正当竞争行为。竞争政策一个最大的特点是以国家或地区整体为对象，而非产业或部门层面。[①] 它的基本理念就是：尽可能地实现市场的配置效率、生产效率和动态效率。它的目标通常包括：创造有利于技术进步和创新的竞争环境；向国内外的竞争者开放市场准入；确保资源的有效配置；阻止少数大企业滥用市场主导力量、限制价格等行为；利用反托拉斯法拆散垄断企业，除非有足够充分的经济上的理由来证明垄断比竞争性企业更有利于资源配置；限制企业滥用市场主导地位并缔结提高价格和减少消费者选择余地的契约，以保护消费者的利益。过去，我们在国际贸易中忽视了对这一政策的使用，可这一政策能有效地促成我国一些技术水平较低的企业、行业竞争能力的提升，世界银行（2003）也认为，竞争政策是一国投资环境的重要组成部分，是一个国家中对于生产率和社会福利具有重大影响的微观基础的基本支柱。为此，其基本思路是要基于全球市场的动态变化而进行竞争政策的适时出台、调整与协调；政策目标以保障我国相关企业、产业技术战略实施为起点，以期涵养国家竞争优势；政策方向与方式逐步从“一种产业政策武器”向“市场调控手段”转变；政策重点则在于建立以严格知识产权保护为基础的有效竞争环境。

（1）基于全球市场的动态变化而进行竞争政策的适时出台、调整与协调。中国竞争政策的终极目标是要实现中国贸易品部门在世界市场结构中的均衡位置，提高本国企业的世界市场地位。这就需要考虑各类贸易品竞争力形成过程中影响市场结构变化的行为特征，并对贸易品进行特定的分类，在此基础上，根据贸易品的不同部分来确定结构性的中介目标和最终目标。

同时，中国贸易品部门竞争政策的确立是世界各国实施竞争政策所大量采用的“推理规则”[②] 的延伸和拓展，这也进一步要求我们在进行政策

---

① 谷克鉴．中国对外贸易发展中的竞争政策选择［J］．中国社会科学，2000（3）：39－49．

② “推理规则”指判断削弱竞争的行业是否非法，主要依据的是这一行为对生产者剩余和消费者福利的影响及其比较后所导致的福利。谷克鉴．中国对外贸易发展中的竞争政策选择［J］．中国社会科学，2000（3）：39－40．

反应时，必须纳入“全球市场因素”。尤其需要根据本国相关产业、企业在国际市场上的实际竞争力情况以及贸易竞争对手的情况来进行相应调整，与此同时，我们还需要根据本国的实际对某一些关系国计民生的产业区别对待，并加强与本国产业政策目标的协调。

（2）政策目标以保障我国相关企业、产业技术战略实施为起点，以期涵养国家竞争优势。短期来说，仍将是以产业政策为主，竞争政策为辅；而中长期，竞争政策将逐步占主导地位。为此，现阶段，我们要逐步弱化产业政策功能，更多地使用竞争政策。在这一过程中，政策目标也相应地需要从保障我国相关企业、产业技术战略实施向涵养国家竞争优势转变，尤其需要不断改进并运用贸易政策、产业政策、技术政策等具有突出结构意义的中介目标来促成这一终极目标的实现。

（3）政策方向与方式逐步从“一种产业政策武器”向“市场调控手段”转变。很多学者都将竞争政策当作产业政策的一部分，造成政策实践中过分地偏向于产业或部门层面，有的甚至将其作为一种产业政策。其实市场和企业才是提高竞争能力与效率动力源泉之所在。为此，我们就需要从市场结构、市场行为、企业能力提升三个方面着手。

首先，构建适合提高企业从事创新活动的市场结构。适度垄断有利于提高整体经济的效率，在适度垄断市场上创新最多，垄断竞争市场是最有利于创新的市场结构。这一论点已经被理论和实践界公认。因此，在国内市场上，凡企业扩大规模能明显提高效率与福利，且不至于限制竞争者，应大力提倡；企业扩大规模但不能增加效率与福利的，应杜绝。同时，对于市场上的垄断，应根据其原因区别对待，对于在市场竞争中形成的垄断地位应仅从维护公平竞争的角度来约束其不良行为。

其次，要维护公平、有效率的市场竞争行为，搭建合理的竞争秩序。要想维护有效的市场竞争，必须坚持市场结构政策和市场行为政策并举的原则。我们需要建立与 WTO 规则相对接的市场法律、法规体系和强有力的、统一的市场执法措施，以禁止滥用市场支配地位扭曲竞争、消灭竞争压力的行为。当前紧迫的任务就是：一方面要对一些不正当竞争手段予以严厉打击，以维护市场竞争的公平与效率；另一方面要重点解决市场分割与地方保护主义问题，要通过适当的强制手段进行一次性清理。

最后，要形成有利于企业竞争能力与效率提高的政策环境。造成我国企业竞争能力与效率低下的一个重要原因是外部政策环境不力。为此，需要将政策方式和方向进行及时调整，将政府职能调整到真正地为企业竞争能力提升而保驾护航上面来。

（4）政策重点则在于建立以严格知识产权保护为基础的有效竞争环境。充分有效的知识产权保护能促进技术创新和进步，知识产权保护又会产生市场垄断的力量。由知识产权保护导致的市场垄断的使用如果不合理地限制了相关市场的竞争，就要用竞争政策进行干预。知识产权保护与竞争政策的适当组合的制度结构可以既促进企业进行研发活动的努力，又可以诱导企业间通过发放许可证和其他机制来扩散研发，从而促进创新活动（Ordover，1991）①。

乌拉圭回合的TRIPs有大量的条款与竞争政策有关，第八条规定允许成员方政府在某些条件下采取适当措施，禁止或控制滥用知识产权的做法，以避免对市场竞争和技术转移造成负面影响。第四十条强调成员国有权立法规定专买行为及在特定情形中构成滥用知识产权的条件，知识产权的滥用对相关市场上的竞争有负面影响，有权采用与其他条款相一致的适当措施，以阻止或控制排他性许可条件、阻止对有效期挑战的条件及强迫性一揽子许可条件等行为。第四十条也包括了一项条款，在该条款下，一个成员如果要制定竞争政策限制另一成员的公司，可以与另一成员国进行协商，这就要求提供公开的非秘密信息和秘密信息（由于国内法和保密原因造成的）；反之，如果一国的成员也受到了这种规定的限制，在其提出要求的情况下，也可给予磋

① JANUSZ A，ORDOVER. A Patent System for Both Diffusion and Exclusion [J]. Journal of Economic Perspectives，1991，5（1）：43－60.

商的机会。①

在 WTO 框架下，我们可以相应采取一些应对措施。其一，充分利用以上条款，在知识产权保护与维护市场竞争相平衡的基础上，决定是否进行干预和以何种方式进行干预，尤其是对进口产品与产业。一旦进口产品或产业中的由于其知识产权保护而在中国市场上形成的垄断限制了相关市场的竞争，就要用竞争政策进行干预。其二，在一定时期内，可采用低度知识产权保护，以相对较低的成本来获得技术外溢所产生的收益。自 WTO 生效之日起，所有成员都有 1 年的期限来执行 TRIPs 条款，除国民待遇和最惠国待遇外，协议条款规定发展中国家可再延后 4 年实施；如果向市场经济过渡的国家在准备和执行知识产权法律时面临特殊问题，他们同样可要求享受 4 年过渡期的权利；最不发达国家有 10 年过渡时间，并可要求延长这一期限；发展中国家必须将产品专利的保护延伸至目前在其境内不提供保护的技术领域（如药品或农业化学品），对这些领域适用产品专利的规定可再延期 5 年，使整个过渡期达到 10 年。我们可充分利用 TRIPs 提供的这一便利来实现自身能力的建设。其三，充分利用 TRIPs 协议中相关条款以利本国发展，如强制许可条款是一个可以很好利用的工具。其四，建立知识产权战略促进国内企业发展。随着科学技术的发展，知识、技术、信息在产业国际竞争中越来越占据主导地位，国家之间综合实力的竞争集中地表现为科技和经济实力的竞争，企业之间生命力的竞争则突出地集中在产品技术与品牌的竞争，其中知识产权拥有的数量及价值就成为考察一个国家、一个企业竞争力的重要指标。企业品牌的建立、技术的开发都离不开知识产权保护，知识产权保护应是一国寻求长远发展的战略选择，发展中国家在知识产权保护从低度化向高度化发展演化过程中，要把握好尺度逐步建立起自己的技术开发能力，同时学习美国、日本和欧盟的经验，运用司法、媒体、资本、机构等博弈工具来配合知识产权保护，一方面阻止发达国家利用知识产权垄断阻碍本国发展，另一方面通过提高技术水

① 龚新宇．贸易的技术扩散效应分析［D］．北京：中国人民大学，2003.

平、发展自有品牌提高本国企业的核心竞争力。

8.2.2.3　贸易政策

与出口贸易相比，进口贸易是一种更为直接的技术扩散渠道，本国通过进口贸易往往能直接分享到贸易伙伴国 R&D 投入的成果。为此，贸易政策调整的基本思路就是要逐步实现“以进促出、进出协调”；政策目标要以提高我国企业、产业国际竞争力为基点，以期实现跨期、动态福利最大化；政策方向与方式逐步从“单一政策”向“综合性、战略性政策”转变；政策重点则在于建立适合我国经济成长与发展、福利提高的国际经贸环境。

（1）逐步实现“以进促出、进出协调”。

“以进促出”就是要以各种措施（如关税、外商投资的引进等方式）来促进一系列高新技术产品的进口或向本国的产业转移，在引进之后，通过相关配套设施、人员素质、相关能力的建设，提高这些相关企业、行业的技术消化、吸收能力，逐步提升本国对应部门的技术水平和竞争能力，进而最终将自己从一个进口国变为出口国。

“进出协调”就是要以相关贸易措施来促成进出口协调发展。短期内，在我国出口不断遭受技术性贸易壁垒难以迅速逆转的情形下，我们应该合理地利用 WTO 赋予的非关税措施，对我国大量进口的一些产品（如飞机、专用设备等）适当地设置一些障碍，当然，这只是权宜之计。长期内，我们则要改革进出口贸易体制，加快建立商会等中介机构，发挥他们在进出口贸易中的有效沟通作用，建立长期的进出口发展战略、进口和出口之间的长效联系机制；改善进出口商品和国别结构，降低对某一种商品或某一个国家的依存度；提高进出口商品的技术含量，合理介入全球价值链，进行全球资源配置，促成进口和出口双增长。

（2）政策目标要以提高我国企业、产业的国际竞争力为基点，以期实现跨期、动态的福利最大化。

我国原有一些贸易政策过于注重以出口规模、数量为代表的静态福利的增加，而忽视了动态福利。实际上，得不偿失。针对这一局面，我们需要从宏微观层面进行积极应对，在提高自身竞争力的基础上促成动态福利最大化。

首先，宏观层面。我们要积极改革我国的贸易管理体制，突破贸易分散化改革先于贸易自由化改革所引致的“路径依赖①”，实现出口竞争行为的统一，出口增长方式的转变和出口市场的多元化，出口由“规模导向型”向“效益（率）导向型”的转变，提高出口竞争力；以各种合理的产业、税收、金融政策为我国企业最大限度地参与新型国际分工提供便利；将企业作为一个内生要素纳入贸易政策形成机制之中，让企业积极参与贸易政策形成尤其是争端的解决。

其次，微观层面。我们要根据全球化发展的趋势和特点，合理利用我国的劳动力成本优势，以各种灵活的方式参与全球制造和全球分销，合理介入全球服务供应，以技术引进、技术改造等方式来提高相关产品的技术含量、加大产品品牌的培育力度，整合企业价值链，组织全球性营销工作，提高市场的快速反应能力，促成企业向价值链的上游和下游延伸，推动比较优势逐步进入高端领域。

但是，提高国际竞争力真可谓“冰冻三尺，非一日之寒”，我国的出口产品所面临的贸易争端在较长一段时间内还会存在，并且形式会更加多样。为此，当前的一个重要课题就是，在不断提高我国出口竞争力的过程中，建立成熟的争端应对机制，以期保证动态福利的实现。

出现争端并不是坏事，关键是不能落入全球化陷阱，被边缘化。我们的当务之急就是建立一整套成熟的争端应对机制。这一整套机制应包括防范、协调、谈判、化解四个方面的主要内容。在争端预防中不仅要加大对我国出口量较大的一些产品的相关信息的收集力度，尤其要注意两国有关规则上的差异和进口国国内的政治、经济和社会动向以及同一产品其他出

---

① 谷克鉴．中国对外贸易发展中的竞争政策选择［J］．中国社会科学，2000（3）：39－49．此处的路径依赖是指贸易分散化先于贸易自由化改革的这条改革路径所引致的出口竞争行为高度分散，“量增价跌”的出口增长方式。

口国的有关情况如纺织品就应注重印度、越南等国；而且要针对全球出口市场建立和完善科学、灵活、便捷的预警分析系统，加大信息的透明度，及时公开相关信息，为相关企业提供及时服务。在争端协调中，我们一方面要加强我国相关规则的国际协调，尤其是要尽快实现会计、（贸易）统计、国民经济核算等在渠道、口径、方法、手段上的国际接轨，积极参与相关国际规则的制定与修改，提高我们在国际规则上的利益表达能力。另一方面要加大我国行业协会等中介组织的建设力度，形成有效的专家咨询机制，提高企业参与的积极性和主动性，让它们在争端中起到沟通、协调、指导的作用。在争端谈判中，我们首先要实现谈判理念的转变，要在谈判中要寻求实现跨期的动态福利最大化[①]；我们要加强谈判队伍的建设，加大合格谈判人才的培养力度；在谈判中做到“知己知彼”，注意策略和技巧，趋利避害，或两害相权取其轻，最大限度地保障和维护自己的利益；要积极建立、完善和巩固定期性的双边贸易谈判机制。至于在争端化解中，关键就是要找准争端国内部的盟友，加强与对方自由贸易阵营之间的联系，提高它们的组织性与整体性，以各种合理方式增强它们进行利益表达的愿望和能力，利用他们的力量并让他们去游说、左右对方政府。

（3）政策方向与方式逐步从“单一政策”向“综合性、战略性政策”转变。

过去，我们要么采用进口限制，要么就是出口鼓励措施；而没有考虑各种不同贸易政策工具之间的协调与配合，没有形成良性互动，更没能从一个战略高度来进行相关运用。

首先，我们要构建一个整体的国家贸易发展政策体系，并明确其目的在于培养整体竞争优势。政府有必要组织专门的人力、物力，在深刻认识

① 严建苗．国际贸易政策的政治经济学分析［J］．经济学动态，2002（5）：65－68．在国际贸易中，一个政府所追求的不是一次分工和贸易活动的福利最大化，而是追求一个跨期（从选择政策或分工到政策或分工的作用结束为止的所有时期）的动态福利最大化。这个福利的变化既可能是直接的经济福利，也可能是在国际贸易竞争中的谈判能力的变化。可以说，中方在2005年的中欧纺织品贸易谈判中成功地实现了跨期福利最大化。

和辨析我国现实比较优势的基础上，结合当前全球经济的发展状况，制定出系统性、准确性、具体性、战略性的贸易发展政策体系。系统性是指不再单纯地追求贸易发展，而是要考虑整体经济发展和国民福利水平提高；准确性是指不再以数量为中心，而是以效益为中心；具体性是指进出口商品结构与来源地结合起来，实现合理化；战略性是指紧跟国际经济发展潮流，尤其是一些高新技术产业、市场的发展趋势，有计划、有重点地促进相关行业、企业的发展。

其次，要合理地配套使用相关政策工具。就进口贸易政策工具而言，我们要能有效地使用关税和非关税措施。在关税政策上，我们要将其与本国产业发展目标、整体发展战略相对接，借鉴成熟经验，针对不同产业、不同产品的不同需求弹性来合理确定其关税税率。在 WTO 规则约束下，一个较好的途径就是降低投入品的名义关税率，对急需引进的产品尤其是技术产品与资本品实行低税率。在非关税措施上，我们合理利用 WTO 文本中的漏洞与有利规则，尤其是“三反一保”措施等发出可置信威胁，设立有自身特色的合理进口限制措施体系，当前一个紧迫任务就是要尽快建立自己的技术性贸易壁垒体系。

至于出口贸易政策工具，我们则要迅速摒弃原有以财政补贴、出口退税为主的低效率的政策措施，而应向以金融、保险为主的政策措施转变，其主要包括出口信贷、保险。出口信贷主要是一种贸易融资措施，出口保险则主要是为了消除国内竞争条件与国际竞争条件的差异，两者需要配合使用。

最后，在个别产业要尝试引入“战略性贸易政策”。尽管目前，我国照搬发达国家经验而完全实行“战略性贸易政策”的时机并不成熟。但是，现代国际贸易实际就是一场博弈，只是，博弈的对手在不断地改变，而我们的博弈对手主要是这些发达国家。为此，我们在一些产业及其某一部分（如汽车装配等）就有必要尝试实施这一政策，以获得较大份额的“租”、更多“外部经济”。

（4）政策重点则在于建立适合我国经济成长与发展、福利提高的国际、国内经贸环境。

贸易条件的改善与国民福利的提高需要持续稳定的经贸环境作支撑，而目前，我国正处于一个复杂多变的国际、国内环境之中。为此，提供一个稳定的经济贸易环境成为当前的重中之重。

就国际经贸环境建设而言，一个重点是要将国家政治、立法、外交、服务等政策与贸易政策对接。如美国商务部长 2006 年访华，就带来了由 25 家美国大型企业组成的“豪华商务团”，其目的是向中国施压，推销美国产品。当然，我们不能又走回原路，让相关产业、企业坐等政府支持。另一个重点就是利用政府间的谈判、磋商与协作来为我国进出口贸易提供稳定的目的地和来源地。

就国内经济贸易环境建设而言，一个重点是要大力发展中国国内的各级各类市场，尤其是农村市场；另一个重点则是要在稳定中国的外资政策基础上进行适当调整。为了适应全球化新形势的变化，利用外资的思路和战略必须实现相应转变。我们不是要简单地放弃在 WTO 框架下中国可以灵活自主运用的外商投资优惠政策，而是要逐步实现原有的加工贸易的产品和产业结构的升级换代。同时，要准备在引进大型跨国公司和指导中国企业参与合资合作经营时，探索新形式参与全球制造和全球分销，尤其需要将其引向高科技领域为主导的所谓“服务外包”上。我们不是要完全否定，而是要积极调整部分用于实施税收优惠的开发区政策；引导建立地区间外资利用政策的协调机制，避免地区间过度竞争的局面。我们要进一步改进国家对加工贸易管理的政策措施，确保加工贸易也能在中国地区间形成合理分工、产业链延伸的布局；在中西部地区加强硬件基础设施建设的同时，借鉴发展中国家的经验教训，加强对投资环境的行政管理。同时，要指导中方合作伙伴引入和促进外商之间的竞争，在引资环节建立竞争性的市场结构，促使外方加快核心技术的转让和积极推动产品升级。

8.2.2.4 汇率政策

根据经济学界的经典定义，竞争优势产生于企业为客户所能创造的价值，或在提供同等质量和功能的产品时采取相对的低价格，或即便产品价格相同甚至较高，但由于企业能够提供更高的产品效用，客户能够在补偿溢价后仍有剩余（Michael E. Porter，1985）。[①] 这一定义就描述了产品价值链中产品价格和通过价格形式衡量的价格性能比表现出来的竞争优势的形成过程。因此，竞争优势本质上是可以通过价格手段加以测量的，包括实际和名义汇率在内的汇率手段则是国际贸易中价格的基本决定因素。而贸易、产业和技术政策均能影响汇率水平的变动。因为贸易政策只能通过名义汇率工具（包括名义有效汇率）的运用，改变其同实际汇率之间的关系，调整竞争力的状况，而实际汇率本身只能通过产业政策和技术政策加以调整。根据谷克鉴对 1990 ~ 1997 年部门间实际汇率的升值作用份额的计量分析表明，中国国民部门较高的工资系数，导致实际汇率较之外资部门升值 7% ~ 10%，在没有产业和技术政策相配套的前提下，贸易政策只能引起名义汇率同出口总额的循环波动。[②] 而名义有效汇率和实际汇率等非名义汇率工具的运用，可以达到名义汇率工具所不能达到的结构调节目标。

可是，过去我们长期依靠名义汇率的贬值、大规模的出口退税及其他旨在调低名义汇率途径鼓励出口，针对名义汇率与实际汇率水平的有利变化的出口竞争政策，恰恰成为我国出口政策体系的薄弱环节，甚至可以说是一个缺项。[③] 为此，我们需要着眼于经济金融全球化的大趋势来引入汇率政策，并将其目标定在促成名义有效汇率以及生产率影响下的实际汇率的变动均有利于促成实际汇率与贸易条件之间的均衡变化上，形成汇率政策与贸易政策、产业政策、技术政策之间的联动机制。

具体来说，首先，我们要立足当前迅速推进的经济金融全球化大趋势，从全球产业结构调整和经济信息化的背景，来动态地考察中国的汇率变动及其发展动态，尤其要分析它对当前中国贸易与经济发展的整体影

---

① PORTER, MICHAEL E. Competitive Advantage [M]. Free Press, 1985.

②③ 谷克鉴. 1990—1998 年国民与外资部门出口波动差异的实证分析——HBS 推断在中国的验证与拓展 [J]. 管理世界，2000 (2)：25 - 33.

响。其次，我们要对汇率政策、贸易政策、产业政策、技术政策进行综合权衡，统筹规划；按照各种现实情况的变动尤其是产业技术能力、国际竞争形势而适时进行相互间政策修正，如出口退税率的调低就是变相地人民币汇率升值。最后，从汇率体制上，要逐步从固定汇率制向真正意义上的浮动汇率制过渡，使人民币汇率形成机制市场化；要打造一个强势本币；在两个汇率之间的有效对接上，要重视名义汇率在实际汇率中的作用，真正地将名义汇率内生化实际汇率，让人民币汇率保持在合理、均衡的水平。

8.2.2.5　分配政策

目前，我国职工的实际工资收入低速上升，甚至出现了负增长，这已经严重影响了国民福利水平提高和经济发展，也与建立社会主义和谐社会的精神背道而驰，更与 WTO 框架体系下 SA8000 标准（Social Accountability 8000，社会道德标准 8000）相左。

SA8000 是全球第一个企业道德规范标准，是 1997 年 8 月由美国的非官方组织“社会责任国际”（Social Accountability International，SAI；其前身为“经济优先委员会认证署”，CEPAA）发起并实施的一个以保护劳动环境和条件、保障劳工权益为主要内容的标准管理体系。它主要涉及童工、强迫性劳动、健康与安全、自由结社及集体谈判权、歧视、惩戒性措施、工作时间、工资报酬及管理体系九方面内容。SA8000 是全球第一个可用于第三方认证的社会责任标准，SAI 是该标准的唯一认可组织。据 SAI 公布的数据，截至 2004 年底，全球共有 45 个国家的 572 家企业组织取得 SA8000 认证。其中，意大利最多，达到 167 张，占全球总数的 29.2%；中国是第二位，获证 79 张，占全球总数的 14%。目前，一些发达国家已经开始利用这一标准对中国出口产品设置障碍，其中一个关键因素就是中国劳动工资报酬问题。

可见，我们的分配政策的改革与完善已经时不我待。在这一背景下，我们应该将 SA8000 所引致的挑战变为机遇，按照其基本框架进行分配制度的改革与完善；改革继续沿用先试点后推广的方式；政策的目标则在于促进劳动报酬的稳步上升，提高相关产业的国际竞争力与整体福利，建立社会主义和谐社会。

第一，我们要高度认识到分配政策改革与完善的重要性。分配政策的改革与完善是建设社会主义和谐社会的需要，是我国进一步深化改革、加快开放的重要基础。第二，我们要借 SA8000 这一东风，按照其基本要求进行分配制度的改革，让各种生产要素都能参与分配，尤其要保证劳动报酬的稳步上升。第三，我们要率先在外贸行业、企业进行分配政策的改革与完善，在探索出相关经验后，向全社会推广。第四，分配制度的改革只是整个改革的一个起点，要按照 SA8000 的整体要求，进行系统、全面的改革，建立起应对 SA8000 的政策支持体系。

附　　录

附表 1　　各类国家贸易条件指数变动表（1980～2003 年）

年份	1980	1981	1982	1983	1984	1985	1986	1987
世界	100.29	99.36	97.18	93.74	93.97	95.86	101.05	103.37
发达国家	96.70	94.51	95.40	92.05	91.86	91.76	102.30	103.13
发展中国家	116.71	119.70	115.05	107.81	108.34	110.87	99.33	101.77
年份	1988	1989	1990	1991	1992	1993	1994	1995
世界	103.97	103.77	104.63	105.58	105.94	104.63	105.64	106.89
发达国家	103.96	102.94	102.70	103.67	103.60	103.85	104.67	105.13
发展中国家	100.16	100.56	100.56	100.99	100.21	100.54	101.51	101.90
年份	1996	1997	1998	1999	2000	2001	2002	2003
世界	105.36	104.65	105.05	104.56	100.00	100.60	102.03	104.63
发达国家	103.45	103.70	104.85	104.95	100.00	102.08	103.09	104.67
发展中国家	101.82	102.72	99.92	99.06	100.00	97.79	97.74	97.41

资料来源：联合国贸易发展会议统计数据库。

附表 2　　中国整体进出口价格及贸易条件指数

（1995～2005 年，1995 = 100）

年份	P 指数			L 指数			F 指数		
	进口	出口	贸易条件	进口	出口	贸易条件	进口	出口	贸易条件
1995	100.00	100.00	100.00	100.00	100.00	100.00	100.00	100.00	100.00
1996	102.18	100.60	98.45	101.21	99.71	98.52	101.69	100.15	98.49
1997	100.41	104.88	104.45	98.61	102.70	104.15	99.51	103.78	104.30

续表

年份	P指数			L指数			F指数		
	进口	出口	贸易条件	进口	出口	贸易条件	进口	出口	贸易条件
1998	101.94	98.77	96.89	97.81	98.24	100.44	99.85	98.50	98.65
1999	96.63	92.89	96.13	93.06	91.83	98.68	94.83	92.36	97.40
2000	108.29	95.64	88.32	100.07	93.66	93.59	104.10	94.64	90.92
2001	106.82	97.21	91.00	98.87	93.16	94.22	102.77	95.16	92.60
2002	112.15	97.07	86.55	100.20	91.55	91.37	106.01	94.27	88.93
2003	123.25	106.53	86.43	110.31	96.95	87.89	116.60	101.63	87.16
2004	147.44	121.42	82.35	128.93	108.41	84.08	137.87	114.73	83.21
2005	165.17	131.91	79.86	143.57	117.16	81.60	153.99	124.32	80.73

资料来源：UNCOMTRADE 数据库（HS.1992　6 位数）。

附表3　　中国纺织服装品进出口价格及贸易条件指数

（1995~2005年，1995=100）

年份	P指数			L指数			F指数		
	进口	出口	贸易条件	进口	出口	贸易条件	进口	出口	贸易条件
1995	100.00	100.00	100.00	100.00	100.00	100.00	100.00	100.00	100.00
1996	101.63	101.76	100.13	100.99	101.05	100.06	101.31	101.40	100.09
1997	98.27	118.88	120.97	97.85	111.58	114.03	98.06	115.17	117.45
1998	93.49	106.18	113.57	92.06	103.28	112.19	92.77	104.72	112.88
1999	91.38	98.53	107.82	87.26	98.06	112.38	89.30	98.29	110.08
2000	99.59	97.74	98.14	96.61	99.25	102.73	98.09	98.49	100.41
2001	101.31	92.92	91.72	94.89	94.81	99.92	98.05	93.86	95.73
2002	105.68	89.17	84.38	96.93	91.32	94.21	101.21	90.24	89.16
2003	108.43	92.13	84.97	105.26	94.32	89.61	106.83	93.22	87.26
2004	115.75	96.37	83.26	115.89	99.77	86.09	115.82	98.06	84.66
2005	119.53	103.57	86.65	121.19	107.29	88.53	120.36	105.41	87.58

资料来源：UNCOMTRADE 数据库（HS.1992　6 位数）。

附表 4　　中国机电产品进出口价格及贸易条件指数

（1995～2005 年，1995 = 100）

年份	P 指数			L 指数			F 指数		
	进口	出口	贸易条件	进口	出口	贸易条件	进口	出口	贸易条件
1995	100. 00	100. 00	100. 00	100. 00	100. 00	100. 00	100. 00	100. 00	100. 00
1996	105. 62	98. 49	93. 25	103. 29	97. 43	94. 33	104. 45	97. 96	93. 79
1997	95. 49	106. 98	112. 03	95. 02	106. 08	111. 64	95. 25	106. 53	111. 84
1998	106. 47	112. 23	105. 41	100. 24	111. 20	110. 93	103. 31	111. 71	108. 14
1999	107. 34	110. 67	103. 10	99. 09	109. 02	110. 02	103. 13	109. 84	106. 51
2000	119. 84	113. 29	94. 53	105. 71	111. 81	105. 77	112. 55	112. 55	99. 99
2001	122. 96	121. 82	99. 07	109. 23	120. 80	110. 59	115. 89	121. 31	104. 67
2002	126. 69	114. 21	90. 15	114. 86	113. 90	99. 16	120. 63	114. 05	94. 55
2003	143. 35	116. 86	81. 52	127. 58	118. 52	92. 90	135. 24	117. 69	87. 02
2004	166. 92	124. 88	74. 81	145. 39	129. 19	88. 86	155. 78	127. 02	81. 53
2005	180. 89	136. 75	75. 60	159. 62	142. 43	89. 23	169. 92	139. 56	82. 13

资料来源：UNCOMTRADE 数据库（HS. 1992　6 位数）。

附表 5　　中国制成品进出口价格及贸易条件指数

（1995～2005 年，1995 = 100）

年份	P 指数			L 指数			F 指数		
	进口	出口	贸易条件	进口	出口	贸易条件	进口	出口	贸易条件
1995	100. 00	100. 00	100. 00	100. 00	100. 00	100. 00	100. 00	100. 00	100. 00
1996	100. 26	100. 17	99. 91	99. 66	99. 25	99. 59	99. 96	99. 71	99. 75
1997	98. 94	105. 09	106. 22	97. 57	102. 77	105. 33	98. 25	103. 92	105. 77
1998	101. 15	99. 15	98. 02	96. 35	98. 64	102. 38	98. 72	98. 89	100. 18
1999	96. 15	93. 26	96. 99	92. 25	92. 43	100. 20	94. 18	92. 84	98. 58
2000	108. 97	96. 30	88. 37	101. 89	94. 62	92. 86	105. 37	95. 46	90. 59
2001	107. 43	97. 96	91. 18	100. 42	94. 20	93. 81	103. 87	96. 06	92. 49
2002	112. 57	97. 75	86. 83	101. 38	92. 59	91. 33	106. 83	95. 14	89. 05
2003	124. 14	107. 43	86. 54	111. 58	98. 12	87. 94	117. 69	102. 67	87. 24
2004	149. 27	122. 26	81. 91	131. 04	109. 66	83. 68	139. 86	115. 79	82. 79
2005	168. 13	132. 94	79. 07	147. 63	118. 99	80. 60	157. 55	125. 77	79. 83

资料来源：UNCOMTRADE 数据库（HS. 1992　6 位数）。

附表 6　　中国劳动资源密集产品进出口价格及贸易条件指数

（1995～2005 年，1995＝100）

年份	P 指数			L 指数			F 指数		
	进口	出口	贸易条件	进口	出口	贸易条件	进口	出口	贸易条件
1995	100.00	100.00	100.00	100.00	100.00	100.00	100.00	100.00	100.00
1996	97.24	101.24	104.11	97.22	100.71	103.59	97.23	100.97	103.85
1997	95.63	113.14	118.31	95.86	108.47	113.15	95.74	110.78	115.70
1998	91.15	103.42	113.46	90.97	101.17	111.21	91.06	102.29	112.33
1999	86.96	95.59	109.92	85.72	94.67	110.44	86.34	95.13	110.18
2000	94.36	97.48	103.31	93.23	97.79	104.89	93.79	97.63	104.10
2001	92.49	93.99	101.62	91.20	94.68	103.82	91.84	94.33	102.71
2002	93.19	91.23	97.90	91.71	92.24	100.58	92.45	91.73	99.23
2003	100.68	93.96	93.33	100.06	95.08	95.02	100.37	94.52	94.17
2004	136.32	98.05	71.93	116.94	99.89	85.42	126.26	98.97	78.38
2005	154.03	105.69	68.62	123.50	107.77	87.26	137.92	106.72	77.38

资料来源：UNCOMTRADE 数据库（HS. 1992　6 位数）。

附表 7　　中国低技术产品进出口价格及贸易条件指数

（1995～2005 年，1995＝100）

年份	P 指数			L 指数			F 指数		
	进口	出口	贸易条件	进口	出口	贸易条件	进口	出口	贸易条件
1995	100.00	100.00	100.00	100.00	100.00	100.00	100.00	100.00	100.00
1996	97.51	99.36	101.90	98.50	98.65	100.15	98.00	99.00	101.02
1997	100.20	101.25	101.05	99.48	99.57	100.09	99.84	100.41	100.57
1998	96.99	97.90	100.94	95.88	96.84	101.00	96.43	97.37	100.97
1999	89.21	90.70	101.67	89.00	87.12	97.89	89.10	88.89	99.76
2000	98.73	90.99	92.16	99.96	88.41	88.45	99.34	89.69	90.28
2001	93.42	90.77	97.16	96.52	85.60	88.69	94.96	88.15	92.83
2002	91.12	89.86	98.62	94.97	86.02	90.58	93.03	87.92	94.51
2003	104.26	95.13	91.24	108.42	93.95	86.65	106.32	94.54	88.92
2004	135.95	116.49	85.69	132.84	122.34	92.10	134.39	119.38	88.83
2005	167.00	128.33	76.84	165.62	133.80	80.79	166.31	131.04	78.79

资料来源：UNCOMTRADE 数据库（HS. 1992　6 位数）。

附表 8　　中国中技术产品进出口价格及贸易条件指数

（1995～2005 年，1995＝100）

年份	P 指数			L 指数			F 指数		
	进口	出口	贸易条件	进口	出口	贸易条件	进口	出口	贸易条件
1995	100. 00	100. 00	100. 00	100. 00	100. 00	100. 00	100. 00	100. 00	100. 00
1996	103. 00	97. 62	94. 78	101. 15	96. 75	95. 65	102. 07	97. 18	95. 21
1997	96. 53	102. 88	106. 58	96. 00	102. 10	106. 35	96. 26	102. 49	106. 47
1998	98. 56	105. 28	106. 82	96. 71	104. 22	107. 77	97. 63	104. 75	107. 29
1999	98. 89	102. 76	103. 91	96. 11	100. 41	104. 47	97. 49	101. 58	104. 19
2000	110. 28	104. 13	94. 42	104. 53	102. 48	98. 04	107. 37	103. 30	96. 21
2001	110. 79	110. 15	99. 42	105. 90	107. 96	101. 95	108. 32	109. 05	100. 68
2002	113. 62	104. 76	92. 20	108. 91	102. 43	94. 05	111. 24	103. 59	93. 12
2003	128. 28	106. 72	83. 19	119. 73	106. 34	88. 82	123. 93	106. 53	85. 96
2004	149. 49	115. 91	77. 54	138. 58	117. 27	84. 62	143. 93	116. 59	81. 00
2005	163. 79	128. 89	78. 69	154. 99	130. 87	84. 44	159. 33	129. 88	81. 51

资料来源：UNCOMTRADE 数据库（HS. 1992　6 位数）。

附表 9　　中国高技术产品进出口价格及贸易条件指数

（1995～2005 年，1995＝100）

年份	P 指数			L 指数			F 指数		
	进口	出口	贸易条件	进口	出口	贸易条件	进口	出口	贸易条件
1995	100. 00	100. 00	100. 00	100. 00	100. 00	100. 00	100. 00	100. 00	100. 00
1996	103. 27	100. 92	97. 72	102. 47	99. 46	97. 06	102. 87	100. 19	97. 39
1997	105. 51	95. 43	90. 45	100. 48	95. 59	95. 13	102. 96	95. 51	92. 76
1998	118. 62	88. 18	74. 34	104. 02	90. 97	87. 45	111. 08	89. 56	80. 63
1999	107. 61	82. 92	77. 06	99. 25	85. 59	86. 24	103. 35	84. 24	81. 52
2000	130. 11	90. 66	69. 68	111. 95	86. 77	77. 51	120. 69	88. 69	73. 49
2001	128. 87	95. 33	73. 97	109. 48	88. 12	80. 49	118. 78	91. 65	77. 16
2002	142. 47	101. 69	71. 38	111. 01	90. 24	81. 29	125. 76	95. 79	76. 17
2003	155. 49	122. 02	78. 47	120. 01	100. 89	84. 07	136. 60	110. 95	81. 22
2004	172. 37	143. 68	83. 36	139. 42	114. 77	82. 32	155. 02	128. 41	82. 84
2005	187. 90	153. 47	81. 68	155. 21	122. 16	78. 71	170. 77	136. 92	80. 18

资料来源：UNCOMTRADE 数据库（HS. 1992　6 位数）。

附表 10　发达国家与发展中国家 0 类产品（SITC 分类）净出口额一览表（1980～1991 年）

单位：百万美元

编码		1980 年	1981 年	1982 年	1983 年	1984 年	1985 年	1986 年	1987 年	1988 年	1989 年	1990 年	1991 年
00	发达国家	513819	1049663	511112	745473	769100	533042	536926	570680	609592	180600	137793	477344
00	发展中国家	-975025	-1274869	-1215223	-1388360	-1133979	-875067	-579967	-826250	-952313	-446695	-170856	-650876
01	发达国家	594462	1362927	371786	355644	671651	173051	410278	-187157	-359162	-59903	19389	96666
01	发展中国家	-1445082	-503598	-364691	-300357	-522816	-268216	-651704	268214	-347569	-1068257	-469211	-16282
02	发达国家	4658144	4988973	4413620	3791035	4182207	3452668	3395365	4217151	5047947	5882470	5340964	5479866
02	发展中国家	-5303027	-5686432	-5663055	-5058426	-4893669	-4301707	-4180165	-4267940	-4771116	-5438054	-5361010	-5036532
03	发达国家	-4488305	-4670689	-5302092	-5791570	-6075870	-6653834	-9198585	-12128610	-14037688	-14201705	-15064568	-16834570
03	发展中国家	6552265	6184203	5790904	6702182	6685615	6738979	8939587	9001516	10459710	10101589	10782889	11641990
04	发达国家	18134879	18870157	15528687	16030733	18869197	12387001	9061415	9755736	13441175	18736619	17524600	14552628
04	发展中国家	-8303552	-8920230	-8989632	-9071936	-12304535	-8905414	-8254289	-8590269	-11753283	-16397025	-15176802	-11097425
05	发达国家	-8450572	-8107185	-8347724	-8793333	-10048830	-10373002	-12094840	-14792603	-16255391	-15596667	-17630692	-18542623
05	发展中国家	9340996	8931270	8633570	9091025	9622737	8374408	9116566	8901745	8972951	8433011	10638944	11987307
06	发达国家	-1888056	-688067	-635330	-795380	-1505410	-1400298	-962992	-470650	-473212	-262409	-631460	-1100402
06	发展中国家	5290476	3178184	1874920	1776292	2924994	1990578	1904039	4223976	2858140	2939493	2057465	1929829
07	发达国家	-17038679	-12899133	-12621257	-13091512	-15364293	-15926020	-20462034	-15817880	-14946960	-13262756	-10683660	-10311565
07	发展中国家	19233737	15232815	14469385	15455515	16748351	16247138	18286319	13611510	13042754	12233362	10218350	9481327
08	发达国家	-2507090	-2385585	-2239679	-3138206	-2939240	-2585970	-3175441	-4183037	-4146529	-4352712	-3732362	-3165682
08	发展中国家	2942559	3383910	2215924	2437978	1554794	1547397	2048301	2045922	3071902	2998612	2457667	2349339
09	发达国家	918397	1195593	1168336	975252	897256	1034580	900373	1057572	835920	714769	998020	1163516
09	发展中国家	-1061044	-1298420	-1352276	-1030121	-1257836	-1150664	-1196850	-1148983	-1105743	-977660	-1137752	-1089410

资料来源：《联合国贸易发展会议统计数据库》，原始数据只有进口额和出口额，在引用时笔者计算出了其对应的净出口额），http：//stats. unctad. org/Handbook/Table Viewer/table View. aspx？ReportId = 128。

附表 11　　发达国家与发展中国家 0 类产品（SITC 分类）净出口额一览表（1992～2003 年）

单位：百万美元

编码		1992 年	1993 年	1994 年	1995 年	1996 年	1997 年	1998 年	1999 年	2000 年	2001 年	2002 年	2003 年
00	发达国家	226935	627111	998557	1024602	1260072	1261999	853224	629523	499990	686247	1058841	1149324
00	发展中国家	－977947	－652453	－729304	－1060564	－1672609	－1368590	－1144924	－1053956	－744862	－544027	－624225	－524547
01	发达国家	－319384	1334627	1619457	1775854	2383402	5232999	3752834	2829774	3045225	3222067	2797641	2707479
01	发展中国家	－405628	91675	63101	469232	815276	－1197557	－1402566	－2059907	－2591517	－1427188	－1453102	－892171
02	发达国家	6156803	7053428	6370463	7206629	8042602	7770191	7125358	5778329	6507478	7389611	5999545	6995992
02	发展中国家	－5654302	－5869647	－5412646	－6788339	－6634982	－6702905	－6281216	－6143624	－6631304	－6965406	－6206615	－6761704
03	发达国家	－17517910	－17880000	－20491320	－22713679	－22272328	－21447047	－21928045	－22562755	－24011575	－22839641	－22381847	－23974869
03	发展中国家	11792603	13000567	15391935	16772752	16094369	16569726	16079883	15487408	17493103	16916981	16384024	18367422
04	发达国家	17630728	15116815	12274771	18937643	22083100	18095952	14673354	14415017	14420860	13957735	12305795	12824497
04	发展中国家	－13886205	－12731144	－13226386	－21886101	－25029899	－17917536	－15981217	－17193381	－16812097	－16688422	－16598934	－16233487
05	发达国家	－19923069	－14968471	－16426574	－18329264	－20339783	－17981673	－18857645	－20612803	－18603515	－18222942	－18787550	－22262794
05	发展中国家	12383958	12138534	12169980	13567022	14102618	12723119	13341653	14372951	12681546	12906101	13617770	17367866
06	发达国家	－1151454	－232785	135523	－10941	－1262526	－386201	－991925	－1659648	－975550	－1554829	－2063155	－2507155
06	发展中国家	2283743	1864577	381480	749436	1039494	966039	1732160	1125359	1437632	2283709	2692244	3099071
07	发达国家	－9206955	－8472556	－12344726	－15374430	－13247785	－16022200	－15927589	－13669997	－11343752	－8597166	－9069318	－11388629
07	发展中国家	8222531	9225479	13374461	15199657	14602478	16606373	15764136	13222994	10821355	8611463	9241676	10062255
08	发达国家	－3304167	－3184567	－3794687	－3040665	－3815852	－2238157	－1844186	－1845051	－1999638	－2301859	－2571543	－3339978
08	发展中国家	2275601	2245343	2288664	1658912	2150496	1085440	－297895	496006	211081	897931	1038109	2261584
09	发达国家	1685918	1920426	2321293	3238389	2875268	2754184	1837376	1025198	1628430	1839823	1895072	1943322
09	发展中国家	－1227458	－1267321	－1450561	－1354213	－1343347	－1627199	－1553601	－1892035	－1972353	－2047442	－2217940	－2241822

资料来源：《联合国贸易发展会议统计数据库》，原始数据只有进口额和出口额，在引用时笔者计算出了其对应的净出口额。

附表 12　　发达国家与发展中国家 1 类产品（SITC 分类）净出口额一览表（1980～1991 年）　　单位：百万美元

编码		1980 年	1981 年	1982 年	1983 年	1984 年	1985 年	1986 年	1987 年	1988 年	1989 年	1990 年	1991 年
11	发达国家	738538	583423	388129	-39764	-112539	-217156	-89174	207996	63957	23282	707347	998446
11	发展中国家	-573138	-298134	-281635	-494802	-402234	-460881	-395309	-677214	-782659	-930991	-1052554	-793308
12	发达国家	-4903	370822	98892	-158293	-238113	-92421	129640	422910	1236302	1744430	3667355	2775365
12	发展中国家	1338435	1879025	1572231	1265988	1072495	1015336	731053	-239755	10279	59949	756319	1047224

资料来源：《联合国贸易发展会议统计数据库》，原始数据只有进口额和出口额，在引用时笔者计算出了其对应的净出口额。

附表 13　　发达国家与发展中国家 1 类产品（SITC 分类）净出口额一览表（1992～2003 年）　　单位：百万美元

编码		1992 年	1993 年	1994 年	1995 年	1996 年	1997 年	1998 年	1999 年	2000 年	2001 年	2002 年	2003 年
11	发达国家	1271076	2113389	3155474	3887715	3274019	2608848	312664	-93307	-823324	-1160403	-743395	333158
11	发展中国家	-1112116	-1286276	-1269119	-1440305	-1216639	-1163822	-265882	-127506	270442	434678	668188	893018
12	发达国家	3392936	2124185	3044486	3095934	3302430	2574811	2187122	983427	1538502	-167656	-1031925	-1541206
12	发展中国家	673006	888160	1170273	573897	1599346	1922603	2201739	994924	253954	841920	609374	557307

资料来源：《联合国贸易发展会议统计数据库》，原始数据只有进口额和出口额，在引用时笔者计算出了其对应的净出口额。

附表 14　　发达国家与发展中国家 2 类产品（SITC 分类）净出口额一览表（1980～1991 年）

单位：百万美元

编码		1980 年	1981 年	1982 年	1983 年	1984 年	1985 年	1986 年	1987 年	1988 年	1989 年	1990 年	1991 年
21	发达国家	-849828	-427794	-281890	-31003	-31536	20261	365554	813563	858848	912950	1105486	1275907
21	发展中国家	2196104	1483644	1865017	1534533	1547490	1220615	490827	-1352184	-1260244	-1383455	-1445932	-1597926
22	发达国家	-923074	-692004	358256	-63284	-686455	-1472181	-201096	-517954	-690160	-1305313	-2088578	-1356687
22	发展中国家	3175493	1949503	1092340	1140648	1859123	1774968	429737	213357	252110	668885	1303309	726613
23	发达国家	-2499871	-2044311	-1283322	-1731507	-2087496	-1529399	-1404138	-1842957	-2598838	-2433387	-1942053	-2178233
23	发展中国家	3278940	1853201	1551641	2368435	2743223	2115467	1903584	1951315	2347970	1966427	1322936	1248650
24	发达国家	-9225974	-5803905	-4677293	-4085819	-4136024	-3920712	-4708173	-6544428	-7801551	-8784139	-8273950	-7467285
24	发展中国家	2558830	1275258	1210316	753176	1002191	933129	1122962	1217447	-123501	1104881	402658	325816
25	发达国家	-14879	67616	-253773	100188	149422	9927	201969	589035	775415	282720	-78282	336788
25	发展中国家	-873547	-851561	-772548	-690833	-948677	-976033	-1219808	-1908552	-2329860	-2107733	-2037580	-2156811
26	发达国家	-126314	161178	-291782	-467636	-561306	-860190	-364002	-47264	1201445	399156	641557	1078409
26	发展中国家	1239033	173641	809229	1163234	1927676	1252663	-78439	-1216154	-975145	-1352610	-1595394	-3260346
27	发达国家	-2773698	-2300862	-2003193	-1818507	-1862735	-1871625	-2132935	-2117604	-2748976	-3365898	-3444031	-2972501
27	发展中国家	2942908	1957841	1233480	3098042	3422681	2082356	1552197	309359	582431	1091362	177581	-138383
28	发达国家	-14097594	-12600866	-9885001	-10218159	-10256517	-9946265	-9409729	-9216725	-11950270	-12349374	-11479124	-11228311
28	发展中国家	13963767	12301446	8423720	10801289	9960320	6841334	4726221	4164941	4978610	4335969	3853735	3230207
29	发达国家	-1570751	-1208539	-1532978	-1457655	-1524674	-1637462	-1705942	-2148321	-2670970	-2745600	-2668845	-2719248
29	发展中国家	2250343	2126486	2737017	2934677	3069493	2739478	1887409	1303466	1403627	1583446	1520756	1455465

资料来源：《联合国贸易发展会议统计数据库》，原始数据只有进口额和出口额，在引用时笔者计算出了其对应的净出口额。

附表 15　　发达国家与发展中国家 2 类产品（SITC 分类）净出口额一览表（1992～2003 年）　　单位：百万美元

编码		1992 年	1993 年	1994 年	1995 年	1996 年	1997 年	1998 年	1999 年	2000 年	2001 年	2002 年	2003 年
21	发达国家	1296165	1331202	1479858	1696617	2006201	1967754	1427318	1307214	1923796	2347679	2427451	2759835
21	发展中国家	-1650310	-1717161	-2040681	2533255	-2878546	-2696779	-1898114	-1558939	-1955062	-2304342	-2242115	-2340507
22	发达国家	-1328970	-1073289	-2174156	-1054484	-452859	359244	-914583	-225280	530776	-127719	77806	1041529
22	发展中国家	-174938	-58890	195415	849387	-1491833	-1893405	-646435	-1815541	-2692291	2066831	-1876784	-3228582
23	发达国家	2526639	-2103759	-2841806	-5194334	-4387346	-3835132	-3323577	-2710751	-2985085	-2328974	-2499228	-3670031
23	发展中国家	1455173	1173493	1912268	3216592	2785279	1659386	967128	526599	360326	31333	1247132	1418265
24	发达国家	-7736751	-7881155	-8814329	-9284263	-7934628	-8321854	-6657105	-8453878	-8622238	-6791164	-6328635	-7458702
24	发展中国家	122373	236044	-327551	134308	-85176	-471133	-514897	-1156340	-1654255	-1850152	-2119002	-2553574
25	发达国家	62491	8106	255268	805936	69858	378044	-144989	-218302	-681402	445641	1264312	1625934
25	发展中国家	-1984766	-1892351	-2349895	-3371183	-3121244	-2547414	-1946309	-2979877	-4276948	-3740753	-4098961	-4548464
26	发达国家	1203860	1613545	2100297	3015681	2349788	2810157	2123518	1270382	2458265	3129477	3489636	4800398
26	发展中国家	-3561294	-3436124	-5323699	-6828173	-6311108	-6656682	-5548489	-4268798	-5413612	-6333132	-4681111	-6804788
27	发达国家	-3136836	-3071972	-3138950	-3387238	-3226121	-3539213	-3691429	-4101314	-3737880	-3405226	-3237043	-3559138
27	发展中国家	9008	-22271	-380349	-519295	-919464	-1171101	-499222	-448139	-944627	-644992	-843860	-1000958
28	发达国家	-10606516	-8585601	-11585297	-13397403	-12663544	-11931934	-12989631	-11306511	-12494495	-9716961	-7600098	-7688220
28	发展中国家	2594953	4939612	-394286	3691473	3235326	2391856	3929693	2619198	1628727	-1010094	-1155080	-5211304
29	发达国家	-2941074	-2211001	-2501813	-3258715	-3702245	-4088615	-4580251	-3842462	-3551605	-3378174	-2897102	-2385657
29	发展中国家	1369137	1332774	1761348	2213422	1664674	1519552	1517353	1863482	1860471	1912954	2078350	2195822

资料来源：《联合国贸易发展会议统计数据库》，原始数据只有进口额和出口额，在引用时笔者计算出了其对应的净出口额。

附表 16　　发达国家与发展中国家 4 类产品（SITC 分类）净出口额一览表（1980～1991 年）　　单位：百万美元

编码		1980 年	1981 年	1982 年	1983 年	1984 年	1985 年	1986 年	1987 年	1988 年	1989 年	1990 年	1991 年
41	发达国家	577031	579855	433575	538176	612742	488070	305299	381039	557380	390433	373775	355927
41	发展中国家	-759956	-797750	-702110	-702632	-692297	-591982	-585349	-449574	-624251	-616905	-549465	-503383
42	发达国家	-475991	-309071	-276902	-219512	-249199	-337713	-280609	-363635	-416415	-511079	-667252	-1066582
42	发展中国家	2619986	2468561	919944	1024791	2104178	1682920	-19017	66782	372453	27842	7036	451929
43	发达国家	2161	-46741	-74300	-57056	-131942	-88635	-74563	-51079	-16948	-29610	-16239	-87754
43	发展中国家	-547472	-627649	-461780	-367059	-493169	-474853	-264634	36850	136542	277230	290381	256931

资料来源：《联合国贸易发展会议统计数据库》，原始数据只有进口额和出口额，在引用时笔者计算出了其对应的净出口额。

附表 17　　发达国家与发展中国家 4 类产品（SITC 分类）净出口额一览表（1992～2003 年）　　单位：百万美元

编码		1992 年	1993 年	1994 年	1995 年	1996 年	1997 年	1998 年	1999 年	2000 年	2001 年	2002 年	2003 年
41	发达国家	376637	383956	439474	627066	477600	504821	704058	525763	412861	327293	531634	606152
41	发展中国家	-544465	-574563	-548062	-822294	-736686	-637265	-923496	-736736	-557248	-418206	-570391	-720839
42	发达国家	-852043	-914127	-1186605	-665102	-1537440	-787418	-639994	-1285314	-1464984	-1268443	-1497816	-2413075
42	发展中国家	579351	559491	1251431	513758	1188004	2220338	503603	776694	258564	472967	1077916	958841
43	发达国家	-330389	-103184	-309658	-425490	-276279	-169693	-119909	-146566	-136774	-119705	543222	408380
43	发展中国家	213520	264250	598697	935595	797312	471479	624486	393208	200001	136527	431276	641326

资料来源：《联合国贸易发展会议统计数据库》，原始数据只有进口额和出口额，在引用时笔者计算出了其对应的净出口额。

附表 18　　发达国家与发展中国家 5 类产品（SITC 分类）净出口额一览表（1980～1991 年）　　单位：百万美元

编码		1980 年	1981 年	1982 年	1983 年	1984 年	1985 年	1986 年	1987 年	1988 年	1989 年	1990 年	1991 年
51	发达国家	4736105	5071080	4638351	5151167	4788267	4547375	5085568	6856197	7577287	6468362	6234415	5593757
51	发展中国家	-2785867	-3726072	-3965082	-3015342	-3265168	-5258286	-5001584	-9225394	-11909513	-11974703	-12213806	-13739897
52	发达国家	-111872	664279	573420	863404	-131656	-262788	160613	74270	-49995	110698	254342	203532
52	发展中国家	160871	-1261452	-1705024	-1174540	-1454314	-1279010	-2152588	-2105756	-3001308	-3407383	-3311657	-3833725
53	发达国家	1993948	2148428	1779795	1906924	1793271	1798295	2089072	2391776	3138400	3215045	3975005	3439585
53	发展中国家	-2693145	-2856431	-2540705	-2134995	-2277713	-2305749	-2733813	-2824651	-3146375	-3350814	-3698678	-3880487
54	发达国家	3529580	3681098	3507074	3485486	3017563	3326541	4171420	4497388	4077567	4532599	5568213	5402127
54	发展中国家	-3734255	-3571552	-3776126	-3802316	-3467705	-3697061	-4602966	-4409213	-5327923	-5169218	-5901879	-6103270
55	发达国家	1804819	2041452	1739680	1605257	1436672	1507244	1593833	1840321	2023116	2487080	3472115	3515425
55	发展中国家	-2212856	-2423540	-1836638	-1684387	-1471689	-1959198	-1772186	-1839399	-1871206	-16231	-1655657	-2215903
56	发达国家	3343043	2831799	1900105	1733288	2449855	3511953	2989913	3628367	3474351	2963783	2523517	2408966
56	发展中国家	-1492974	-2784846	-2088419	-286869	-715054	-1363753	-792388	-2999781	-4558340	-5083091	-5195479	-5817725
57	发达国家	93409	141 -576	28574	9826	67665	8682	-72211	-98447	322313	302088	347757	-74036
57	发展中国家	-211040	-90269	-94690	-151725	-167910	-72395	6593	49650	75897	12127	-55407	-51773
58	发达国家	6172171	5852742	5524317	5771373	5981027	4822768	5317527	6943459	8251410	7543687	7321098	8387148
58	发展中国家	-7047689	-6094594	-6104463	-5718599	-6418545	-5810796	-5091576	-7961563	-10593653	-9039299	-9173421	-10387047
59	发达国家	3638256	3909806	3845504	3869007	4048497	3680695	3840364	4730174	4522841	4198151	5097397	4242973
59	发展中国家	-5473979	-5419623	-5455146	-4698255	-5548195	-4925519	-5278439	-5418064	-6090214	-7193346	-8607924	-9041069

资料来源：《联合国贸易发展会议统计数据库》，原始数据只有进口额和出口额，在引用时笔者计算出了其对应的净出口额。

附表 19　　发达国家与发展中国家 5 类产品（SITC 分类）净出口额一览表（1992～2003 年）　　单位：百万美元

编码		1992 年	1993 年	1994 年	1995 年	1996 年	1997 年	1998 年	1999 年	2000 年	2001 年	2002 年	2003 年
51	发达国家	4190826	6850522	6110703	4925888	5805234	3485814	714691	-3243941	-498006	-8551316	-406704	719175
51	发展中国家	-11603686	-13201866	-15539062	-22605906	-20244597	-19194974	-15425505	-16434085	-19709941	-17128635	-15626012	-16773501
52	发达国家	-228491	-558470	-2342143	-3927733	-4077361	-3090916	-4392895	-3882079	-4022233	-3447827	-3273773	-5549355
52	发展中国家	-3139285	-3111479	-2796642	-2770364	-3365304	-3404724	-3431964	-3383712	-3673124	-3446546	-3911322	-3267125
53	发达国家	3805827	4285581	4553082	4972788	5420688	5768663	5324756	5537319	5865800	5633011	6601334	8054231
53	发展中国家	-4392492	-4568331	-4657908	-4884896	-5432557	-5697999	-4906287	-5235715	-5652511	-5169813	-5593446	-6583058
54	发达国家	6563163	7317245	7795498	8249053	9038295	10355726	11665790	11013329	10000813	15832407	8990625	9494417
54	发展中国家	-7272405	-7566994	-8269930	-9686836	-10147389	-10968200	-11640018	-12301498	-12987366	-14165088	-15025353	-17188115
55	发达国家	4070179	5005062	5656861	6282807	7545432	8592951	7941849	7723174	6915893	8107959	8550177	10493483
55	发展中国家	-2991869	-3208031	-3970798	-4360338	-4145647	-4919857	-4345018	-4719520	-4827096	-4944593	-4583319	-4886128
56	发达国家	1776203	439536	1118872	1157494	657286	1578434	1644906	2024075	924459	240347	970431	-2651
56	发展中国家	-6103464	-4703300	-5333466	-7531278	-7423676	-7268854	-6581466	-6653959	-6309566	-5790147	-6686594	-6278865
57	发达国家	-95317	-55124	-4045	-118891	-128086	-147950	-220068	-328264	-247697	-194639	-168758	-172258
57	发展中国家	17055	3085	51561	60694	47443	45160	83374	121127	86327	42964	-12377	-468
58	发达国家	8157465	11403552	10808423	12222621	13865488	15000863	12255495	13019109	16196980	16022827	18022589	21391081
58	发展中国家	-11722180	-12803623	-14245337	-16566664	-18521615	-19453644	-16817043	-17743884	-19581335	-19007476	-20029489	-22514779
59	发达国家	5206672	7242283	9250901	10328405	10647917	12437063	12377320	12191924	12637178	12084210	13191845	15302247
59	发展中国家	-9727616	-10200322	-10507640	-11774057	-12262262	-12989497	-12270015	-12511475	-14024824	-13839132	-15284329	-17451650

资料来源：《联合国贸易发展会议统计数据库》，原始数据只有进口额和出口额，在引用时笔者计算出了其对应的净出口额。

附表 20　　发达国家与发展中国家 6 类产品（SITC 分类）净出口额一览表（1980 ~ 1991 年）　　单位：百万美元

编码		1980 年	1981 年	1982 年	1983 年	1984 年	1985 年	1986 年	1987 年	1988 年	1989 年	1990 年	1991 年
61	发达国家	-337494	-489071	-481338	-481990	-773381	-861466	-1003999	-1335258	-1789123	-1515382	-1790119	-787975
61	发展中国家	1753137	1043746	1067375	946857	1139208	1275843	931558	1286695	1542792	1466521	2182051	2141007
62	发达国家	1704954	2557658	1746419	1671074	1197036	1064019	988843	713816	488378	-3157	708938	1066431
62	发展中国家	-2904655	-3431860	-3098446	-2502319	-2372039	-2004514	-2042783	-1459430	-1578334	-2044877	-2150745	-2212142
63	发达国家	-1235731	-975608	-712228	-1052393	-1300679	-1480417	-1909347	-3033369	-3143508	-3304536	-3571862	-3367194
63	发展中国家	945707	953950	815017	1327167	1441637	1617970	1920235	2823824	2889863	3034813	3114484	3332916
64	发达国家	3860074	4260807	3647645	3087712	2878276	2764102	2458255	2785975	3266845	3378683	4453523	5200557
64	发展中国家	-5605695	-5615086	-5466811	-4732937	-4879935	-4721330	-4724421	-4983194	-5621961	-6227552	-7283037	-8129979
65	发达国家	2516660	4362257	2777831	1971618	-144617	-1039220	-2101017	-4453140	-5989186	-5810593	-4422829	-3190663
65	发展中国家	-1053226	-2374127	127032	2444339	2051615	3158206	2313293	5966039	4828755	6022747	6936386	8035761
66	发达国家	352193	2782338	2337263	1217986	-911171	-1678460	-3125034	-4082755	-6293169	-5907890	-5177180	-3454649
66	发展中国家	-2464800	-2322781	-3266354	-3214483	-2682792	-3157162	-2486226	-990846	-1835105	-2053841	-2600520	-3733596
67	发达国家	19722844	20530241	17323329	16135237	13383958	14759484	13398875	14257833	11124620	13860400	11171298	12519798
67	发展中国家	-12936661	-12849050	-15686306	-12387428	-13533402	-14681068	-13854900	-11823680	-13241663	-17100480	-15943425	-18955111
68	发达国家	-7225020	-5357630	-4927012	-5269096	-6417088	-5426745	-6222271	-6869607	-12093692	-13993484	-11717036	-9009043
68	发展中国家	10505446	5047852	4429914	4858943	3213924	3935720	1622450	3944744	3607154	3353243	2661368	635937
69	发达国家	8903744	10498241	96120	7862652	5409135	3412211	3130036	1427980	-516295	544098	2024764	2377551
69	发展中国家	-11528720	-11866243	-11817846	-9518209	-8254752	-6062362	-5180097	-2433182	-2379528	-1743186	-2799345	-3219417

资料来源：《联合国贸易发展会议统计数据库》，原始数据只有进口额和出口额，在引用时笔者计算出了其对应的净出口额。

附表 21　　发达国家与发展中国家 6 类产品（SITC 分类）净出口额一览表（1992～2003 年）　　单位：百万美元

编码		1992 年	1993 年	1994 年	1995 年	1996 年	1997 年	1998 年	1999 年	2000 年	2001 年	2002 年	2003 年
61	发达国家	-556290	1071	-723061	-370768	56863	-178696	-468768	156678	311583	-288582	-71733	-102719
61	发展中国家	1948698	1273194	1573554	1912906	1343621	1935408	2087561	1660513	1981970	2293018	1893119	1822355
62	发达国家	1003210	2413128	2384354	2720764	3125915	3683292	2485302	1435103	1595602	1407806	480919	329747
62	发展中国家	-2232344	-2096314	-1750889	-2378010	-2298084	-2875746	-1986547	-1586664	-2277739	-2274171	-1592583	-1461068
63	发达国家	-3651940	-4042575	-4334283	-4282367	-4443220	-4445505	-3505523	-4837993	-5332880	-5212915	-5708453	-6266084
63	发展中国家	3788693	5349219	5072227	5366838	6292083	5647143	3844291	5406450	5245598	5037641	5516552	5863544
64	发达国家	5837816	7008017	8600929	12440201	12225932	12392876	10116039	9200349	10968244	9544180	10333458	10861056
64	发展中国家	-9215991	-9334963	-10650733	-13151975	-13002502	-13252355	-11431190	-11086035	-12081979	-10750759	-10555126	-10840069
65	发达国家	-2157198	-209633	-2959713	-1696247	-1861032	-2034864	-3941866	-4659944	-4545464	-3956314	-4393774	-4728140
65	发展中国家	8835615	10245021	12561198	14936345	16078432	19073394	14894135	15814948	17612771	15652247	17724698	24655843
66	发达国家	-103132	-3115967	-1070650	-300249	-863461	-2334520	-5463676	-7815007	-9555128	-6940146	-5923020	-4154369
66	发展中国家	-4069628	-862489	333458	-377868	-2468063	-1206616	-1217346	-115086	2196112	5828400	2312852	1473721
67	发达国家	12574645	17561667	10752686	8592442	8203229	7210704	-2028473	1381749	-1245492	2747755	5350158	10115952
67	发展中国家	-19365063	-27204845	-24654898	-25348387	-26759932	-24230805	-16838635	-15976267	-17536946	-20129124	-21278471	-30191252
68	发达国家	-6459827	-3472562	-8748279	-12294016	-6900237	-10279488	-12275529	-11337536	-17752376	-14872155	-9484313	-11451659
68	发展中国家	-926828	-2118854	-2664631	-4896249	-4680430	-4838633	-3647610	-1591419	-5752515	-4358884	-5414133	-3131170
69	发达国家	2756740	4860815	4416085	5709256	6413697	5752661	1801080	-569295	-2294030	-2233834	-4543142	-5672342
69	发展中国家	-3978759	-2952953	-3663648	-2733192	-5263521	-5247520	-4228179	-3453253	-917870	-69934	2694901	4573646

资料来源：《联合国贸易发展会议统计数据库》，原始数据只有进口额和出口额，在引用时笔者计算出了其对应的净出口额。

附表 22　发达国家与发展中国家 7 类产品（SITC 分类）净出口额一览表（1980 ~ 1991 年）　单位：百万美元

编码		1980 年	1981 年	1982 年	1983 年	1984 年	1985 年	1986 年	1987 年	1988 年	1989 年	1990 年	1991 年
71	发达国家	11460547	12828222	11460845	10002224	8567496	6542154	6989647	7174030	9751505	11144215	14270574	17033803
71	发展中国家	-9547395	-10909059	-11303409	-8477885	-7151862	-7205525	-6982285	-7333094	-9271390	-9288477	-12629632	-14641849
72	发达国家	22758251	27353271	23980539	19360279	16201362	18133797	20592003	20633014	24897888	28933312	35058692	39246248
72	发展中国家	-21517657	-24133198	-22922752	-19355072	-18777800	-19910088	-22196450	-20888907	-2492125	-28357286	-34224614	-37985998
73	发达国家	4767727	5104225	3724358	3496822	3116458	2656977	3664893	4311749	5508406	6005656	6696561	7384158
73	发展中国家	-4349578	-4619325	-4279519	-3282191	-3242135	-3409808	-3990805	-3633914	-5420516	-5649568	-5793439	-7056575
74	发达国家	20132801	21809685	18136836	16361499	13910981	13230687	13737611	13542820	19185214	20416492	26628986	29919252
74	发展中国家	-23425104	-25908677	-26359014	-21135376	-20063856	-19051808	-20302968	-18594981	-22121675	-24165735	-28268344	-32175925
75	发达国家	2527955	2361859	1718187	1477985	551330	303520	-813523	-2651676	-3827650	-6111218	-9282837	-10844115
75	发展中国家	-2763664	-2970968	-3066625	-1502201	-1110988	-1408361	-489324	2130087	4091177	5414875	7521495	9474946
76	发达国家	665151	7177057	5672814	4774153	4479451	3195410	2030701	-461724	-2207083	-3138206	-793909	-1086539
76	发展中国家	-3567343	-4983691	-4626757	-1908493	-2265120	-3526590	-631456	2421166	2830185	4864391	4487316	3256620
77	发达国家	10706326	12699130	10830083	9032354	5693993	4238450	6285915	5964642	5829542	9052368	12472458	1575251
77	发展中国家	-15786211	-17189711	-17260886	-15031009	-13250020	-11656445	-14604463	-13343433	-15363102	-14290215	-18432484	-21705278
78	发达国家	29223383	32683181	28325764	23140555	22553192	18387780	17658600	19314443	23127055	21812571	29525180	30707034
78	发展中国家	-20238736	-22734713	-22493819	-18141864	-18410997	-17028684	-13244377	-11984506	-17510744	-18106724	-21468902	-22894550
79	发达国家	17141131	21640247	23544774	20726085	21581698	20494367	18253751	22968727	20225616	20881443	28814259	34500348
79	发展中国家	-6717398	-7151356	-6777615	-4468203	-4138498	-5597573	-5881685	-6786960	-7175638	-9650046	-12303860	-10968170

资料来源：《联合国贸易发展会议统计数据库》，原始数据只有进口额和出口额，在引用时笔者计算出了其对应的净出口额。

附表 23　　发达国家与发展中国家 7 类产品（SITC 分类）净出口额一览表（1992～2003 年）　　单位：百万美元

编码		1992 年	1993 年	1994 年	1995 年	1996 年	1997 年	1998 年	1999 年	2000 年	2001 年	2002 年	2003 年
71	发达国家	18325630	19596203	20078212	21959093	20352732	19316130	15722791	14445912	15477767	19143785	18605910	23430180
71	发展中国家	-15717822	-17418338	-17945518	-19815369	-21335885	-21965424	-20321402	-17883044	-19692029	-19590758	-21746001	-22482306
72	发达国家	42248752	47748510	51497568	60385985	62467800	61577932	51450673	46288856	58526628	52526566	54755740	64067317
72	发展中国家	-42725663	-45979023	-48604170	-56632362	-62022933	-55647457	-45269783	-40824352	-48605455	-44223987	-46922091	-53145545
73	发达国家	7673309	9524730	9709750	12890805	13139451	11860745	8609287	8953040	9675669	8932832	9458748	11887496
73	发展中国家	-8258291	-8775097	-10253474	-11910979	-13120174	-12095986	-9201903	-9397444	-9755892	-9066083	-9284522	-11217845
74	发达国家	32655971	39433345	41326511	47355565	50198135	48528582	40932051	34526974	35001923	35594198	35274811	40963337
74	发展中国家	-36353460	-37646482	-41005318	-48138554	-52678761	-51565436	-43780518	-38406506	-37241569	-37398296	-35382069	-38983007
75	发达国家	-16835008	-17454772	-24945598	-37958352	-44599063	-45348949	-62590208	-78780793	-81902625	-68225275	-79547131	-96191721
75	发展中国家	13164168	16346044	22247985	32963735	42014624	47677274	53122286	63688808	75295604	63390458	71856409	88527584
76	发达国家	-1204259	1080281	-440203	-2134083	-5237738	2728624	-3098747	-12580599	-20833796	-27397362	-32574210	-45686527
76	发展中国家	4860869	5556390	10114602	11987490	13491000	5946944	9138730	14570490	23172017	28833171	45364251	54894172
77	发达国家	18481850	26151853	29601757	32535169	28449552	32598479	22471414	22440648	21109180	16869824	25771540	27462097
77	发展中国家	-25005826	-26798057	-28515158	-28754972	-33553715	-36110155	-27732509	-24939603	-36723901	-43582501	-49917177	-54412703
78	发达国家	42437657	42479492	43512275	37771196	29041649	35410951	24926664	-1743282	3183771	1820348	6969252	17346860
78	发展中国家	-30321451	-30127689	-31488002	-30191613	-22328954	-22273565	-13576518	-643954	-6167466	-5363093	-5859131	-2402462
79	发达国家	46553564	46060641	45348718	5020052.2	50967390	53825033	59879375	50310835	39639140	48596067	48504563	47294443
79	发展中国家	-16542139	-19351123	-18862266	-18113044	-17810514	-17100618	-11790110	-9593210	-1250732	-6625966	-4614966	-7640446

资料来源：《联合国贸易发展会议统计数据库》，原始数据只有进口额和出口额，在引用时笔者计算出了其对应的净出口额。

附表 24　发达国家与发展中国家 8 类产品（SITC 分类）净出口额一览表（1980 ~ 1991 年）

单位：百万美元

编码		1980 年	1981 年	1982 年	1983 年	1984 年	1985 年	1986 年	1987 年	1988 年	1989 年	1990 年	1991 年
81	发达国家	842382	993040	860389	735208	515057	361015	212888	42957	-192028	-542611	-547172	-813670
81	发展中国家	-1150561	-1068637	-1010900	-844198	-653268	-561839	-365537	75027	77557	235599	200250	483288
82	发达国家	594403	956073	742828	250032	-221516	-357618	-970116	-1891782	-2713573	-3420615	-2939831	-3546963
82	发展中国家	-574146	-785957	-1116613	-742833	-555572	-101545	579468	1168140	1384026	162601	1232535	1958692
83	发达国家	-926037	-1069929	-1134812	-1335406	-1676372	-1782285	-2178058	-3020347	-3485609	-3950896	-4558168	-5238969
83	发展中国家	1083397	1166137	1084016	1563431	1693477	1869481	2415284	2570135	2668678	2895003	2831685	3255932
84	发达国家	-13120758	-13747947	-14603791	-15637939	-20730260	-22226757	-28754707	-39384042	-44956410	-50884093	-56046526	-61295881
84	发展中国家	11241482	12552373	12574381	14252852	19583981	20417881	26498165	34565710	38610981	44256731	47692669	54635219
85	发达国家	-2639322	-2808422	-3043232	-3736093	-4847844	-5257008	-6553231	-8578197	-10030200	-10190400	-11544918	-13161311
85	发展中国家	2394881	2556651	2570080	3381429	4134735	4568789	5951239	7724938	9302619	9668505	10707264	11882738
87	发达国家	4184124	4985049	4676755	4838153	4591730	5243674	4996376	5440929	6585277	6640813	7371403	8344634
87	发展中国家	-4266013	-5258939	-5039766	-4209793	-4609007	-5417704	-5908720	-5896955	-7210776	-8037704	-8811721	-9922866
88	发达国家	2545428	3216414	2631630	2581992	2342132	2321614	2554745	2741821	2670793	2622689	2499758	2454935
88	发展中国家	-3272008	-3647565	-2965197	-2209776	-1856491	-2383912	-2321807	-1935710	-2368419	-2553180	-2903082	-2706892
89	发达国家	151881	851778	-262090	-1773874	-4181550	-5330218	-354630	-11792162	-16307604	-15923624	-15637338	-16779393
89	发展中国家	-581299	-489639	-74044	2767393	4260998	4579939	6506372	10152429	10733911	12065051	11583385	12485651

资料来源：《联合国贸易发展会议统计数据库》，原始数据只有进口额和出口额，在引用时笔者计算出了其对应的净出口额。

附表 25　发达国家与发展中国家 8 类产品（SITC 分类）净出口额一览表（1992～2003 年）　单位：百万美元

编码		1992 年	1993 年	1994 年	1995 年	1996 年	1997 年	1998 年	1999 年	2000 年	2001 年	2002 年	2003 年
81	发达国家	-931877	-699618	-896208	-1127017	-1289825	-1448346	-2120709	-3703371	-4598542	-4369308	-5247370	-6168786
81	发展中国家	743877	931147	911750	1038697	1147582	1152898	1447645	2095941	2598596	2979876	3708679	4442175
82	发达国家	-3980489	-2177878	-3141006	-2328677	-2564217	-3434505	-5299998	-9963203	-12856188	-13187338	-17416480	-22189199
82	发展中国家	2569343	3515154	4174119	4798017	5452581	5728262	5741619	8222966	10675878	10300728	12493197	15291894
83	发达国家	-5641024	-5836810	-6415941	-7377239	-7519109	-7844494	-8084724	-8766516	-9285613	-8885318	-9030535	-9951818
83	发展中国家	4093725	4204850	4636433	5279089	4942408	5547522	5560279	5508492	6082930	5624951	5216288	5666673
84	发达国家	-68550313	-68232376	-72862079	-79036810	-81577916	-82296206	-91081375	-97175070	-109683737	-111415706	-113043335	-127302397
84	发展中国家	60239224	62411662	67509200	70459109	71605126	78834049	84414568	84694817	96819617	93756906	98022741	114291093
85	发达国家	-13716826	-13943646	-14481256	-14990609	-15742107	-18050932	-17189309	-19115631	-20605235	-21275100	-22375602	-24357062
85	发展中国家	12520806	13263225	13108057	13864160	14267423	13864314	12924851	13760030	14851182	14618457	15103846	16657635
87	发达国家	8547755	10919322	11313405	13281953	13718584	16491743	13139843	13129614	15296874	13070687	14294674	18644388
87	发展中国家	-10612205	-11485428	-13359685	-16357097	-18803115	-19132717	-13788530	-13283960	-18686567	-15729598	-17516969	-24633303
88	发达国家	2500434	3319053	4061742	4936593	4829468	5735623	2791193	2758044	6878407	6413932	6379748	7957567
88	发展中国家	-3039984	-3173819	-3818428	-3638690	-3048820	-2221129	-345653	-1739077	-3225318	-3446411	-4181587	-5223909
89	发达国家	-19004471	-17502608	-18439616	-17816956	-19725040	-22879771	-29187003	-31550035	-35335298	-35672663	-41481620	-44826426
89	发展中国家	14933825	14780507	16650162	17879947	16252850	17358337	21327974	20036402	23206103	21617577	24807808	29801572

资料来源：《联合国贸易发展会议统计数据库》，原始数据只有进口额和出口额，在引用时笔者计算出了其对应的净出口额。

附表 26　中国 9 类产品（SITC 分类）净出口额一览表（1980～1992 年）

单位：百万美元

编码	1980 年	1981 年	1982 年	1983 年	1984 年	1985 年	1986 年	1987 年	1988 年	1989 年	1990 年	1991 年	1992 年
001	23284	2938	21007	32079	340373	283597	274230	334892	369579	384173	416112	419461	441100
011	176184	165806	208940	185538	282635	192145	223116	315471	322142	358918	469402	497815	301853
012	14251	23729	6033	17697	7108	3877	11929	6136	15109	9466	14312	12348	12728
014	62683	135711	129639	113525	89900	72610	76097	180751	219340	241194	253758	333501	195446
022	-20595	-41832	-50161	-33748	-5664	-21086	-47333	-28095	-37063	-29516	-55257	-44793	-35018
023	-5165	-19587	-49643	-11959	—	—	-23675	—	—	—	-9521	-5624	-2861
024	218	65	-290	-61	—	-196	—	-660	-690	-632	-783	-998	-1474
025	50443	67998	60839	83100	73477	50243	54276	55812	55425	42764	39637	40908	35258
034	53588	71123	39809	29137	126787	119299	133636	204215	162577	155788	219297	229683	175151
035	46698	47584	45906	43137	7824	4973	7994	-6454	-3562	-1613	87570	17513	21189
036	124755	194837	164130	113508	182015	199566	444850	446711	682986	720691	907739	727445	846838
037	55324	73194	93205	61121	29991	26258	45664	18037	34781	46127	52801	84147	195620
041	-225782	-260991	-276097	-217006	-1748386	-879983	-801503	-1361633	-1730153	-2580968	-2155970	-1459276	-1503430
042	88794	115508	168572	144991	106000	143422	64878	105299	106053	-209562	72541	111992	178801
043	-22957	-50569	-36405	-28988	-16580	—	-34945	—	—	-41926	—	-110181	-134196
044	-77605	-10941	-50695	-105183	66788	382636	236321	172658	380519	429539	355984	864340	1187104
045	42527	35853	2371	18297	20234	—	70134	27539	58859	122558	55595	58366	79478
046	-388	12123	-28121	-58329	-53936	-25332	-31727	-63734	-18896	-34504	-18250	-19471	-1435
047	15252	25346	17754	14723	4084	5689	5080	1250	2482	1967	1810	2094	2702

续表

编码	1980 年	1981 年	1982 年	1983 年	1984 年	1985 年	1986 年	1987 年	1988 年	1989 年	1990 年	1991 年	1992 年
048	97966	124036	118841	107339	42662	42025	36862	31209	35784	48868	57561	73033	80289
054	207608	260416	249069	198093	244702	267177	478594	417309	592241	545833	675254	853629	892699
056	248094	389397	261788	261880	367218	330348	372679	426934	544840	561982	587723	610227	626188
057	196395	188135	226831	186722	222059	190001	238538	220582	233563	244231	235029	197669	227874
058	179546	207965	178434	202757	100815	70343	84491	170024	171807	182292	178399	218821	258442
061	131112	-56327	-81478	-110542	-86142	-91867	49209	-147405	-756824	-205818	-74965	-72184	452239
062	25657	33451	27047	22527	5778	5005	4023	3812	1653	1049	3004	4835	26604
071	304	-70987	22245	27146	2914	-39430	-6965	-8639	-14752	-10461	-3428	-6004	-5398
072	37472	-28407	18832	27424	15560	3761	8115	-5262	-16317	-13749	8841	-12682	-4962
073	9932	14873	14917	9404	2454	1785	5697	12751	5569	7272	4116	4351	5174
074	298369	411561	348430	384337	292490	286820	304976	348506	378292	415064	405619	371979	358496
075	121928	149321	146583	140430	139601	134224	125581	62512	65884	101285	88484	78112	85305
081	100063	87358	157249	109909	217764	138208	383954	397383	527999	427045	453551	255044	41271
091	-10201	-4893	-17277	-19105	-6314	-9492	-9671	-10576	-10372	-9561	-8607	-6723	-13102
098	78644	115160	78743	118729	78614	69852	68444	26943	51373	71346	69113	93510	112470
111	30382	3619	24602	31999	35553	25653	26713	59345	72087	91937	99211	122081	141527
112	64219	74625	73815	63006	-7052	-5956	7992	29714	30182	50776	45434	58616	102849
121	35786	-55343	-43757	132099	-9859	-18768	-33014	-38069	-49551	701	17448	85105	53319
122	-59968	-61271	-619	-29880	-116281	-235232	-261120	-139392	-163062	-31166	22998	62781	183666

续表

编码	1980年	1981年	1982年	1983年	1984年	1985年	1986年	1987年	1988年	1989年	1990年	1991年	1992年
211	-17135	-18237	27495	44786	24203	28598	35352	37473	74545	47224	107946	35002	-69635
212	38242	85114	70967	110480	63030	71223	43293	31350	31451	31114	24576	9014	-38435
222	129015	173468	152351	279451	360737	353896	360047	578482	603624	602149	562023	692041	409325
223	42496	62234	116089	114287	—	31589	39686	33671	42126	29144	36021	28808	28206
232	-175919	-190102	-122117	-150861	-293280	-198426	-265597	—	-523986	—	-288462	-270911	-231057
233	-97464	-221879	-111850	-126744	-67607	-139407	-121697	-53121	-58080	-52888	-56975	-127107	-165934
244	-4374	-8940	-10233	-3172	—	—	—	-1126	-1305	-1064	-1063	-2078	-2252
245	—	815	342	481	—	—	-115	78	-161	84	88	302	3591
246	-2	4421	6835	1960	—	—	151	-11866	-5224	4966	22804	41110	32899
247	-61038	-141524	-25755	-161720	-438318	-487353	-285221	-513856	-1005888	-551186	-425714	-408664	-438333
248	14600	-76480	-64952	-51521	-53904	-43260	-18675	-19548	-37306	19627	7499	17110	-2912
251	-277009	-250091	-261963	-268383	-251387	-151970	-227359	-402153	-576127	-420110	-284461	-452432	-411248
261	—	—	—	170596	298982	315344	314402	313911	402660	671168	448257	414848	321673
263	-265734	-319240	-295853	-194664	255156	318304	403893	764384	672537	-270736	-399518	-269377	-237634
264	19139	-19149	42944	11194	-1801	24185	-6738	7121	12159	8432	16432	11395	6814
265	33440	27342	68733	60504	79533	77834	95748	89977	54081	31339	22449	23307	17064
266	-233759	-448105	-242671	-232929	-457745	-589030	-423806	-367422	-784437	-680913	-546972	-795955	-787904
267	-145741	-176973	-152912	-108525	-66563	-66965	-129083	-190093	-186075	-317609	-399532	-389695	-111931
268	5881	-22148	9334	77508	178602	-10884	-400546	-240351	-448125	-181817	114160	-74024	-261622

续表

编码	1980 年	1981 年	1982 年	1983 年	1984 年	1985 年	1986 年	1987 年	1988 年	1989 年	1990 年	1991 年	1992 年
269	35	-7291	3200	1813	-910	-7753	-6228	7	3547	-336	-233	305	176
271	-86200	-94994	-104485	-126691	-26251	-13633	-39791	-9046	-9238	-5596	-6154	-8559	4736
273	33488	29182	36209	62631	32306	33926	46322	43569	45920	58276	65966	91363	93618
274	-46879	-28789	-47459	-117374	-25828	-24992	—	8933	7235	-9105	7905	4433	5535
277	-17238	-48941	-21834	-29061	-7826	-7835	-6217	1238	11788	21373	8112	-1783	658
278	183267	211926	181731	182201	254552	246669	254331	288459	356247	430244	406404	372246	402529
281	-13424	-7702	—	-40448	-97882	—	-222665	-269422	-259942	-329813	-394028	-565694	-765555
282	2953	59759	42872	13087	-33084	-57900	-89389	-50420	53342	418	-17713	-26162	-136087
286	—	—	—	—	—	-131	—	2191	—	—	—	—	—
287	95841	214756	85037	-74690	36427	56236	-299	78869	108957	-54516	-301911	-397074	-407697
288	2306	35565	23412	-672	-3209	-4831	-2474	-1269	2830	-17892	-26708	-76789	-257631
289	-11837	-27332	-54469	-50125	-2713	—	-6340	134	179	-41	314	112	-557
291	265880	263151	190861	138013	220416	182877	242806	384035	385312	446405	396113	334695	363008
292	153544	142792	172695	151769	192302	134233	158053	131853	194890	284878	332551	272733	262246
322	102675	83532	80961	73670	269083	221584	240725	406211	453033	463113	579999	701282	699501
323	—	15406	22774	12390	1679	—	—	59320	78457	126338	100820	80841	97012
333	43553	-11495	3434	—	—	—	2897773	3140969	2459976	2283323	2978055	1962773	1050242
334	121713	200928	150909	125291	1581949	1404388	432985	393466	183444	-211145	267146	-78245	-565480
335	136090	119686	225934	165224	76523	88696	80892	71127	68547	95560	173075	177458	159343

续表

编码	1980年	1981年	1982年	1983年	1984年	1985年	1986年	1987年	1988年	1989年	1990年	1991年	1992年
341	5527	2517	-5	6254	1209	2279	-243	-1244	-4265	-13951	-24581	-44971	-78943
351	—	—	—	—	—	—	—	-65084	-77126	-72391	-109347	-158537	-276493
411	-146118	-144535	-84240	-82876	-24479	-45426	-26915	-32130	-42220	-33066	-32251	-24364	-19926
423	8782	-29688	77715	106052	60071	42203	-34495	-155107	-77456	-458864	-432852	-212574	-148427
424	-20337	-113311	-40346	38130	7700	-22398	-21125	-79223	-173316	-297913	-359464	-333710	-207158
431	-21105	-18214	-23510	-14401	-3770	-15800	-60665	-1359	-1602	620	3437	2402	-3827
511	-14133	-179898	-170968	-143420	-73738	-65409	-57892	-129716	-294426	-211042	-83921	-223610	-236473
512	21149	-38450	70482	22107	-35689	-72385	-78129	-90851	-134214	-132574	992	-185489	-132698
513	-66129	-187344	-73219	-39609	-53586	-72908	-195885	-203875	-239389	-195317	-194115	-350068	-185882
514	-23084	30069	-43283	-122782	-52734	-101228	-48650	-110571	-298043	-235361	-89835	-133071	-106014
515	-39897	118744	66225	122096	14299	-12793	-1457	39011	-125378	38351	42556	-68810	-47803
516	3400	-6696	-53687	-25794	1443	-18332	-15072	-1593	-34888	20858	31740	-11754	-666
522	-45767	79177	48643	-95685	32027	47254	91603	124540	198119	181388	280092	322115	392848
523	-20040	17204	126255	137660	55762	-14820	14396	-50720	-2005	22339	193023	268508	293314
524	13024	18387	20576	22388	11729	27061	32283	57296	117695	121442	154163	112984	124450
531	-71682	-64572	-74976	-21529	-1543	-31461	-1609	13157	267	87073	165713	108736	89521
532	-3555	-15621	-40247	-455	-2770	111	-1178	-1016	-253	1000	2310	2042	-6588
533	-48359	-52608	17838	11712	-25427	-65836	-72364	-38937	-7537	-26625	-46106	-119913	-222339
541	181048	177342	241367	281794	163453	145497	107668	181303	86273	241393	225253	253415	419147

续表

编码	1980 年	1981 年	1982 年	1983 年	1984 年	1985 年	1986 年	1987 年	1988 年	1989 年	1990 年	1991 年	1992 年
551	127897	110602	130528	183761	70489	58391	58275	68717	79664	91401	84468	67981	69374
553	37741	48574	44081	52127	11991	8910	11536	20015	33913	63606	140210	69022	78384
554	41696	26203	50488	9283	-26332	-54769	-55170	3652	-12620	3400	7218	-47214	-61263
562	-421343	-553781	-615060	-727566	-847815	-546158	-447950	-1387227	-2317285	-2346447	-2577814	-3204752	-2967698
572	116522	162539	149624	121430	140954	143467	158894	182532	297295	242658	211219	155389	147894
582	-146559	-213161	-113842	-72155	-153447	-227079	-194564	-206016	-407204	-475589	-336182	-392016	-532645
583	-146089	-272607	-445825	-463904	-1070963	-1133661	-1077814	-1169125	-3015969	-1590537	-889202	-1746955	-3407392
584	-78148	-71377	-58091	-89004	-15550	-24349	-38441	-22165	-20391	-16263	-43893	-48274	-55085
585	18591	31233	47684	72624	11705	8348	9420	9009	14768	22453	35690	41180	27660
591	-117966	-105757	-68533	-199569	-213683	-40267	-22205	-7168	-98986	-138315	-109323	-99318	-114653
592	32317	-9503	-5658	3221	-3457	-7532	-7629	-3738	-8469	-25296	-31633	-59047	-106775
598	-99972	102710	88364	72725	4459	-58887	-53122	-47690	-51170	-95354	-92264	-169975	-235007
611	-297516	-284252	-274653	-169210	-104650	-194305	-203603	-85266	-98137	-106540	-60229	-250059	-962143
612	289	6043	6422	10509	851	-426	-6141	-16062	-26011	-71827	-134050	-207367	-198353
613	88978	61626	93131	102228	32236	16962	-9925	8280	2447	2408	3287	7473	-15984
621	-33113	12243	13768	17379	-1956	-5096	-8394	1736	222	-412	3792	-3773	-45570
625	30925	63788	55458	91844	17693	8176	22919	50164	52292	74718	82412	86333	116935
628	-31006	-16786	7110	-9994	-3761	-6555	-18180	4210	9355	23298	57336	77615	30062
633	8405	8080	9604	8571	2118	2203	2257	3028	4062	3809	2507	3576	443

续表

编码	1980 年	1981 年	1982 年	1983 年	1984 年	1985 年	1986 年	1987 年	1988 年	1989 年	1990 年	1991 年	1992 年
634	5476	10545	-36877	-38439	-29914	-55238	-96092	-518918	-585632	-425290	-521641	-567991	-694427
635	72761	87559	97677	131984	33954	31798	35839	60141	100262	151397	228104	308549	391359
641	-327943	-190114	-90861	-162575	-138020	-393681	-464869	-529030	-379471	-388046	-448295	-661548	-1136248
642	50303	38777	24149	101995	49068	25020	-25880	54422	40581	43944	-2674	14585	7476
651	-177379	-96973	-2244	48336	-38854	-526183	-281941	779300	415489	319660	414762	527931	-556997
652	360141	436256	368057	430299	983425	757643	802793	-411776	-662380	-556617	-1166239	-1697894	1061681
653	231496	136323	273870	331914	27312	-156583	-179993	299512	230049	310198	261380	100880	-1106018
654	97243	104344	112906	104568	350526	329465	370064	548970	776428	807353	750894	626352	408586
655	-78979	-154445	-75995	-93490	-90723	-126981	-242760	29869	115997	182514	204124	245435	-100702
656	17638	34190	25403	-14336	6824	-4092	-10816	1360	-807	-2149	-10730	-29365	-120952
657	22030	65352	59820	72160	-67343	-139138	-147169	-182493	-257938	-391829	-397120	-552737	-914192
658	296904	435043	438054	475305	618726	596810	750744	863193	1124150	1200930	1318062	1341755	1663035
659	271304	261767	309644	285410	278971	254609	298342	324929	422966	457179	418288	475351	597149
661	108248	102581	55561	61968	-22055	-24788	-18620	-61845	-22998	33943	337725	570669	429069
662	12029	68037	-11712	8402	11411	-25701	-66152	-8561	12393	25170	35807	35622	18830
663	27368	-23105	28767	25273	11817	-7070	-13799	11429	12660	15447	18026	31599	55976
664	23437	-25856	-14295	-32752	-52745	-134379	-67536	-54745	-117405	-93118	-21094	-47409	-68103
665	61281	73449	99477	87647	31177	14983	18471	22646	26064	38162	55101	74421	76407
666	286202	304477	297128	241897	157978	141802	200696	191712	238772	283137	404307	521305	585843

续表

编码	1980 年	1981 年	1982 年	1983 年	1984 年	1985 年	1986 年	1987 年	1988 年	1989 年	1990 年	1991 年	1992 年
667	-3100	61698	45326	81551	41761	26096	30307	-3214	-313	-30656	33182	39156	-41705
671	51105	168050	160927	-140564	-162746	-339706	-235129	38466	494383	134787	140100	382284	380130
672	-114743	55051	22805	-80480	-347174	-545749	-435221	-80475	-36547	-29758	24668	135728	-581955
673	-464483	11056	-42609	-362165	-1202899	-2484745	-1990552	-1469943	-750909	-635290	-32494	378679	-238439
674	-306198	-290365	-248321	-468641	-1713981	-1846377	-1951759	-2060944	-2292698	-3551683	-1281505	-1171203	-1920084
675	-147080	-129522	-112744	-111182	-86428	-82042	-114625	-102497	-105341	-113750	-67204	-37463	—
676	-8389	1142	-20335	-36220	-36023	-63710	-71838	-51397	-20413	-163	-2079	-3069	-32602
677	31540	56464	60870	36596	1736	-28731	-47271	12077	44611	39062	52192	83528	15435
678	-274998	-288068	-276881	-171241	-1010560	-1334458	-1142435	-653793	-954953	-938938	-420931	-822742	-241416
679	3858	13170	13742	6019	897	-188	-1782	3202	6449	8037	17694	29200	90274
681	-2603	18106	12777	-15040	-128290	5240	-117774	-20456	-51937	-19762	3555	-6982	-10768
682	-102482	-55168	-180559	-177617	-190900	-258291	-225324	-159663	-92497	-238005	-116676	-308777	-1116454
683	-4902	-5516	-8190	-43066	—	-2982	3437	44195	-61831	-44744	-4536	-38850	-80985
684	-160092	-339613	-70456	-206553	-199821	-533448	-322902	-266316	-68310	-586084	-137080	-122704	-459168
685	-49805	-15159	-32244	-12821	-964	-1601	-1648	7367	4791	-23776	29454	10098	48536
686	28046	37040	-181218	-229793	-253715	-186022	-1. 7403	11924	-51686	-7133	24000	-1411	38765
687	79991	82104	118645	95567	48404	169492	42565	121114	93938	100150	83650	105444	146129
688	—	—	—	124	—	—	—	-67	6076	—	—	—	923
689	28297	55726	90280	28411	39303	41694	50366	115813	158966	158525	135902	108153	105718

续表

编码	1980 年	1981 年	1982 年	1983 年	1984 年	1985 年	1986 年	1987 年	1988 年	1989 年	1990 年	1991 年	1992 年
691	-155060	-58889	-52423	-92839	-65721	-118022	-352019	-152554	-120408	-145837	-83366	35257	83214
692	-61964	-71110	-24839	-22879	-19252	-41578	-86789	-64082	-86421	-68852	-19097	-15587	-41665
693	-76225	40048	45509	18878	-42953	-102771	-116389	-95026	-49845	-23926	7830	70577	56836
694	142611	177343	222458	189893	113785	95753	92603	136839	172292	189781	194365	190301	164230
695	120551	126654	224392	142398	67097	-20139	46974	194275	237466	283467	293906	300915	363159
696	54073	100449	106638	84765	34557	34119	47491	69587	80977	88941	109373	157971	203811
697	129467	202676	184742	186915	92382	40620	70367	73987	74163	81723	104569	132213	288998
699	84595	195817	156958	175860	66645	30236	16748	116532	110886	176566	289968	293272	301848
711	-93302	-205743	-121887	-16879	-8750	-25485	-197355	-214874	-163212	-215004	-411363	-158540	-104008
712	—	-63379	-84133	-173964	-26768	-18153	-95754	-31314	-114020	-96851	-103176	-104775	-32514
713	-173607	-69807	-127236	-105167	-127520	-187805	-175598	-61603	-103027	-111866	-154180	-344377	-573257
714	-83121	-115984	-62094	-50332	-16148	-112389	-128960	-63828	-55936	-44274	-72488	-103430	-130008
716	-91974	-32038	-19674	-26531	-32345	-168990	-145345	-92431	-407635	-636661	-210353	-234207	-588162
718	-47377	-27793	-36642	-11564	-1176	-10758	-28023	-3315	-16634	-10260	-506802	-337544	-123872
721	-76144	-33857	-7803	-26866	-23077	-38289	-60990	-52541	-82900	-72508	-85862	-55603	-108048
722	-50755	17569	-20888	-22351	-19517	-23311	-26046	-1111	-1751	3122	26454	25670	-40845
723	-223063	-226424	-163796	-245492	-422161	-798846	-710353	-395136	-309059	-340975	-358447	-299814	-1114360
724	-79204	-297555	-104788	-174630	-379081	-1116026	-1474953	-1170259	-1296263	-1750754	-989554	-1332611	-3014568
725	-33517	-64052	-27006	-67853	-56920	-94933	-130125	-90471	-69604	-71984	-67810	-161424	-216173

续表

编码	1980 年	1981 年	1982 年	1983 年	1984 年	1985 年	1986 年	1987 年	1988 年	1989 年	1990 年	1991 年	1992 年
726	-61737	-51855	-86016	-88682	-71218	-166346	-155069	-121811	-99977	-85405	-108585	-137796	-350752
727	-15823	-37639	4942	-46078	-38532	-154161	-214505	-280246	-238782	-276714	-236744	-172889	-223369
728	-285766	-306484	-279418	-368017	-500368	-1352412	-1983258	-2700078	-2404038	-2772321	-2634873	-3017864	-3162019
736	-208792	-241435	-113	-88817	-126547	-504306	-963060	-398826	-418427	-335651	-293655	-374282	-778237
737	-94404	-111347	-37082	-138210	-60962	-166657	-369787	-481405	-815264	-430938	-236275	-293062	-369439
741	-205795	-302895	-173972	-116207	-288868	-636573	-837362	-477293	-669431	-659568	-483124	-518077	-743590
742	-135392	-112053	-170823	-52665	-34142	-117173	-155180	-121143	-79253	-101618	-72720	-68361	-99069
743	-311446	-239339	-163590	-143974	-106558	-281580	-324572	-288906	-465205	-567451	-253665	-273919	-408635
744	-281698	-217521	-76075	-105182	-153313	-346933	-421968	-238622	-201880	-235801	-146090	-149622	-202388
745	-155669	-84027	-72532	-166175	-94513	-230216	-309268	-272978	-227684	-218371	-121713	-138821	-276378
749	-146376	-168114	-93238	-73218	-79933	-179427	-304591	-195237	-189787	-182194	-118482	-229902	-478899
751	-91095	-96289	-70252	-16789	-118919	-226511	-12199	-14891	-19083	19861	45950	51311	166731
752	-119494	-247397	-155233	-166888	-376739	-513784	-604264	-442507	-391386	-334757	-268831	-254686	-167799
759	-123844	-165702	-147183	-89501	-210599	-327626	-157216	-184914	-161046	-150509	-173554	-240504	-114953
761	-127913	-148223	-107824	-19245	-545212	-1566073	-288286	-34275	25238	98236	416258	506453	661141
762	-107328	-46332	-16237	34363	59266	2682	249336	81362	316048	492912	744041	931299	1443854
763	-75707	-54455	-20972	-72778	-153346	-227217	-15500	-16538	-11682	26477	63287	28554	111049
764	-130120	-180694	-172705	-282967	-674243	-1161134	-1374408	-1023498	-1243405	-1068185	-1140091	-1240952	-1733140
771	-159947	-78826	-57189	-146664	-46590	-101996	-191898	-112661	-106113	-142299	-62213	-46357	55301

续表

编码	1980 年	1981 年	1982 年	1983 年	1984 年	1985 年	1986 年	1987 年	1988 年	1989 年	1990 年	1991 年	1992 年
772	-207937	-130774	-124164	-153583	-94061	-216927	-460848	-158085	-220918	-173948	-94399	-114333	-347719
773	-27544	23304	-51150	-44466	-44846	-180724	-234679	-127844	-81679	-122025	-117402	-100790	71338
774	-118271	-176024	-146771	-181369	-186617	-227739	-277823	-199292	-193379	-170549	-172181	-217397	-243718
775	22378	-4135	10787	33612	-97040	-465739	-57503	-60177	-3976	29611	225347	366924	842283
776	-120245	-110867	-130548	-142511	-238973	-499314	-366842	-469942	-979056	-909860	-618956	-848332	-1423054
778	-65913	-63134	-15167	16980	-98210	-218300	-268329	-129599	-149406	-87127	8763	6785	-224816
781	-33140	-19993	-58204	-55848	-203975	-620613	-209535	-326854	-539420	-484849	-303400	-565552	-1367303
782	-273308	-40305	-167363	-195244	-565806	-1604914	-1041668	-503432	-389177	-338082	-317684	-346604	-844232
783	-89195	-33068	-61050	-29690	-214316	-465139	-95512	-45212	-96690	-70318	-55959	-73537	-113586
784	-134409	-103761	-120891	-195880	-137018	-218513	-177782	-401549	-485828	-97183	-52830	-338754	-782808
785	72317	45118	121968	96865	-81493	-259152	-106915	14721	24235	47929	149828	276713	389777
786	-41137	-44219	-2321	2559	711	-10184	-14322	3523	22345	57779	110837	231588	360488
791	-20182	-58190	-51010	-48014	-321756	-121208	-281385	-336838	-493949	-444196	-307276	-65554	-43881
792	-38063	-96097	-125421	-26931	-156905	-960518	-524810	-677075	-407190	-618836	-854238	-1193348	-1664972
793	-228534	-154100	-222970	-112376	-319278	-694774	-270425	-60307	-80073	-279845	-266203	-28453	28625
812	67457	46669	92578	69084	18450	3527	14794	14299	8359	29102	68544	117482	303341
821	227952	272550	213369	135807	153507	98389	122579	135640	173561	204578	249267	415681	743045
831	154300	166797	147831	229645	338057	443237	656836	250468	340108	395475	378817	485132	1430428
842	246604	269145	292206	305415	720000	704159	987842	784296	934400	1088258	1154389	1604712	3656825

续表

编码	1980 年	1981 年	1982 年	1983 年	1984 年	1985 年	1986 年	1987 年	1988 年	1989 年	1990 年	1991 年	1992 年
843	177859	236555	308636	336331	899703	840730	1430234	945597	1273750	1764800	2009336	2774423	4704586
844	261948	367339	336540	254610	303686	342704	421817	416698	520847	654746	782160	1031613	1601353
845	129353	123615	189238	195956	685033	784608	1340537	1948696	2189308	2541689	3297927	3973219	2749296
846	178188	162907	206513	289975	390721	361624	608540	434699	606792	761329	858567	1038486	1680841
847	234933	170020	243569	226313	142743	152111	184608	366391	506021	586794	656521	789900	370088
848	252140	267909	222242	219810	313188	334005	444599	424307	535925	729427	862240	971287	1554120
851	277579	328460	327135	333293	320774	335230	434214	527581	813571	1279742	1947618	2864545	4070959
871	－120717	－86574	－43332	－95850	－40812	－46979	－61666	－33201	－22593	－1317	5973	7902	84123
872	－45104	－43481	－41575	－96451	－28918	－39737	－42331	－32379	－38468	－19107	－21304	－28190	－79529
873	750	－14734	8056	3560	790	－8827	－5899	1997	1103	322	2992	6526	1332
874	－385378	－382830	－126492	－368551	－627047	－938256	－1068035	－739610	－669809	－648384	－582596	－674401	－892786
881	－102334	－54030	－62515	－77218	－109094	－206656	－114024	－57815	－36541	－22539	5698	－15564	42699
882	－19426	－34333	－22774	－55171	－47799	－113316	－157753	－178717	－118332	－128735	－76154	－57276	－53780
883	－1275	1198	－474	－1609	－576	－607	－519	－247	199	－624	－1283	－1130	255
884	－21101	－28059	－17305	－26390	－20547	－37534	－26004	－33797	－16375	－5374	9667	53879	343
885	－62311	－59773	3662	－45302	－16796	－76479	－9145	26967	63351	158121	330569	266739	354645
892	－102788	－120766	－130701	－72480	－106060	－140888	－194139	－71873	－37502	－64646	－65798	－62661	－156116
893	－15091	－86907	32767	18418	－38377	－87768	－87524	－30786	－6130	79139	131427	174721	625160
894	194032	235266	202841	167901	264506	482251	810273	305484	442927	922466	1137611	1552722	3169381

续表

编码	1980 年	1981 年	1982 年	1983 年	1984 年	1985 年	1986 年	1987 年	1988 年	1989 年	1990 年	1991 年	1992 年
895	74333	66346	95627	77416	34625	15713	45611	49448	56629	69141	71187	88297	135516
896	103405	97158	76113	92652	69977	89481	123086	157788	155305	151760	65271	49447	37677
897	95576	107178	80835	82893	45634	39342	73230	102891	99680	210762	241498	212509	787922
898	-23482	-34095	-35566	-68411	-111924	-131318	-64465	-70971	-68123	1155	32402	134046	244297
899	293363	338989	344897	312253	444650	408981	514101	417630	499842	582994	657048	711977	1200245
911	2910	3564	3263	2763	717	781	1155	—	-1	—	—	53	—
931	-34533	22129	-61146	-116449	-111081	-135518	-71118	2453929	1885616	284182	877370	507305	-185708
941	11417	19487	12860	11278	3695	2009	4494	-696	-2349	6196	9443	12212	17718
951	-371	190	227	658	417	178	1573	—	—	—	—	—	15016
961	—	7469	—	—	—	—	—	—	—	—	-5	7	436
971	-163	15	-348	-573	-947	-343	12966	—	—	—	—	209	—

资料来源：《联合国贸易发展会议统计数据库》，原始数据只有进口额和出口额，在引用时笔者计算出了其对应的净出口额。

附表 27　　中国 9 类产品（SITC 分类）净出口额一览表（1993～2004 年）

单位：百万美元

编码	1993 年	1994 年	1995 年	1996 年	1997 年	1998 年	1999 年	2000 年	2001 年	2002 年	2003 年	2004 年
001	420798	433557	454824	442353	430258	403536	352467	351350	313003	289365	213066	104201
011	269514	528006	906635	913957	803305	678227	179468	102770	233189	29509	-119045	221985
012	9396	20840	20060	14397	16964	18705	12779	13816	9729	2496	3032	3639
014	305144	254690	325494	335254	329990	298407	358719	483907	610720	694892	751300	894511

续表

编码	1993 年	1994 年	1995 年	1996 年	1997 年	1998 年	1999 年	2000 年	2001 年	2002 年	2003 年	2004 年
022	-18636	-49781	-27919	-21924	-21589	-45513	-107312	-157488	-171797	-203477	-275197	-343647
023	-1983	-2058	-1069	-1293	-1010	-541	-5542	-4397	-2023	-6151	-16826	-24348
024	-1323	-2309	-1778	-802	114	869	-2024	-2742	-2668	-4128	-8258	-20126
025	27742	30654	31893	43615	43456	35815	26514	32587	35732	40159	50557	67162
034	212492	292371	517541	485869	656664	508284	518314	536666	705006	671079	743565	866375
035	27242	100608	109091	42056	61672	52171	51872	68715	73390	96644	119452	145738
036	650194	848561	861819	612823	630044	509503	493962	452036	481308	541203	607307	703527
037	292046	517023	778327	1126130	1049482	918655	1015092	1386428	1421272	1618435	1904335	2570569
041	-825839	-950521	-2024835	—	-368177	-277157	-85432	-147124	-74506	-32613	188441	-1528335
042	217791	373120	-417292	-174829	124801	803988	573741	448339	230152	300733	398130	-18986
043	-127876	-178327	-240256	-304186	-380360	-238795	-292521	-313222	-381820	-290916	-267571	-320195
044	1153809	944090	-802844	-42786	858727	499916	441773	1051344	620809	1165645	1766446	323422
045	58069	62893	-20191	43783	50549	10415	75	29941	32311	25679	58737	67289
046	30790	19[illegible]91	44777	145260	109306	58399	28483	30299	41306	51763	51070	68502
047	3273	11901	-9732	15248	7084	-137	-3749	837	-4389	4069	6903	7084
048	63741	80045	120929	132944	158717	65952	36540	49472	44390	15351	63789	69557
054	949430	1316302	1250258	1244555	1199161	1177129	1200671	1204558	1289402	1465041	1689177	1802658
056	655550	872608	1181728	970512	907197	878827	888851	951575	1006659	1207739	1409397	1686214

续表

编码	1993 年	1994 年	1995 年	1996 年	1997 年	1998 年	1999 年	2000 年	2001 年	2002 年	2003 年	2004 年
057	286766	330510	361135	220881	182358	128711	84501	-18688	-12036	91886	133752	176923
058	225682	313344	421631	445187	517008	517405	591258	705250	817863	864476	1146118	1369768
061	559634	-8614	-622290	-25272	-24946	58865	4346	29201	-182745	-77732	-29427	-137227
062	32355	383	7889	12856	33282	35259	26815	50367	57114	97334	112929	143237
071	-1097	5159	1755	-11154	25308	17646	18708	9482	14040	16364	20413	23418
072	1062	-7032	-13746	-958	-3416	-13905	-4198	-18074	-20432	-15651	-33275	-42220
073	5001	-4851	-2570	-8293	-10342	-6163	-9041	-22992	-29887	-23084	-20568	-21210
074	352039	292418	272954	281160	332085	368086	-334932	343208	339106	329059	362740	430813
075	99919	146948	180087	200191	191341	136321	135511	140023	128825	197238	232760	397994
081	147676	117225	-71542	-934054	-1481722	-1187040	-380628	-605519	-304331	-346464	-232697	-427587
091	-8530	-7905	-15332	-3592	24817	9909	-36710	-109570	-68575	-16418	-4725	-87820
098	104954	160400	223824	248328	310476	414611	408398	456140	497391	578116	549399	528945
111	119446	176545	226869	254244	270973	291208	329525	314947	346287	349535	315668	463138
112	96600	103168	108777	71642	54372	32562	-14876	-31819	-3274	56959	27665	-18962
121	84340	65374	70767	50042	111482	146552	156583	-12735	-43861	-10242	-32028	31803
122	355750	588641	569301	468661	291710	325726	92179	110185	162498	199862	217739	189768
211	-90531	-164112	-320953	-301816	-332269	-335082	-352973	-567560	-779159	-704662	-900530	-1248213
212	-62741	-41158	-38753	-34360	-30299	-39998	-42091	-58723	-63523	-57348	-85173	-136706

续表

编码	1993 年	1994 年	1995 年	1996 年	1997 年	1998 年	1999 年	2000 年	2001 年	2002 年	2003 年	2004 年
222	379696	574517	390390	128998	-608482	-948674	-1172684	-2548001	-2781868	-2211856	-4982145	-6641703
223	25838	29124	22304	23724	14057	9014	13853	21082	26335	32215	38268	26165
232	-216705	-327596	-419560	-681219	-412601	-308111	-282927	-587986	-594473	-694896	-1154372	-1525736
233	-183755	-228308	-293821	-384221	-436165	-440606	-578047	-678689	-731143	-879992	-1095905	-1299622
244	-2515	-2314	-2981	-3181	-4027	-3724	-6464	-3393	-2404	-3671	-5674	-7749
245	6794	8381	16560	18863	27951	28724	29784	41821	52585	55209	61531	36290
246	58689	80987	179458	159779	153315	115397	104277	115931	101252	83917	63133	59885
247	-388141	-387190	-321216	-428483	-647556	-586632	-1240624	-1647703	-1688425	-2135085	-2444261	-2802359
248	-23965	22574	65323	66506	-30017	-208808	-452265	-710834	-706532	-868182	-795492	-904107
251	-290088	-488247	-815282	-956076	-912028	-1084625	-1656274	-2667326	-2726212	-2884291	-3870544	-5278453
261	243028	395357	336906	305643	292774	238315	269281	316682	271075	260541	228835	220540
263	201539	-773311	-1437853	-1261775	-1404791	-322012	180990	170077	-34561	-27086	-1083592	-3224558
264	7660	3284	-6838	-4725	-35660	-17960	-2168	-315	-647	-8345	-6727	-14760
265	12692	-5410	-25053	-10772	-16014	-30139	-55160	-102725	-107683	-110879	-194461	-239561
266	-714567	-957047	-1285110	-1374325	-1315986	-969393	-733551	-1059529	-911045	-963432	-1077609	-1172574
267	-42485	-184336	-193098	-159050	-219023	-302070	-290329	-344328	-384132	-390223	-436625	-499056
268	-257195	-186419	-476626	-328695	-228255	-248668	-158595	-482793	-575517	-527416	-463396	-782481
269	1527	1575	-2565	334	2596	4456	2339	3399	2971	1004	-1458	-5126

续表

编码	1993 年	1994 年	1995 年	1996 年	1997 年	1998 年	1999 年	2000 年	2001 年	2002 年	2003 年	2004 年
271	10279	9219	32752	54075	76025	98435	106060	130055	164622	126603	135437	138423
273	95847	100582	71569	59245	27486	1495	-116353	-247102	-299026	-278975	-411000	-540396
274	-1129	-3033	-2142	-27683	-17292	-43220	-93600	-149017	-132726	-185376	-388892	-603715
277	3796	8002	20610	2508	3763	5655	6316	8752	12631	4781	-11609	-1141
278	423917	489610	739991	680539	734320	650886	575503	632853	653436	567845	620586	553377
281	-926945	-1025379	-1226855	-1320555	-1614601	-1467057	-1378409	-1857614	-2502669	-2768978	-4855993	-12698782
282	-418707	-270263	-152703	-160712	-201039	-204944	-294885	-475375	-1015853	-885152	-1399215	-2205057
286	—	—	-247	—	—	—	—	—	—	—	—	—
287	-379897	-478143	-909876	-1051014	-954908	-1077424	-1069135	-1842459	-2215502	-2110157	-3475871	-6086924
288	-232541 -	-257985	-606306	-448261	-498596	-422916	-733049	-1512974	-1469197	-1299112	-1768517	-3570879
289	—	-317	-524	-1217	-1309	-2755	2161	1646	3977	8309	6639	-8829
291	318960	475143	623454	572868	577814	541766	502721	592666	470389	456816	514147	717195
292	255300	475255	518101	437935	435323	322690	282486	257087	264929	271152	253626	291160
322	660612	737251	937478	963033	1037496	999857	1023131	1391474	2577863	2196390	2383748	2912191
323	171724	281804	683318	610870	791110	800108	554002	917291	927843	960344	1680754	3960340
333	85389	426918	-120060	-617263	-2722080	-1751524	-3875957	-12728624	-10277929	-11461138	-18120799	-32586989
334	-2391015	-1377472	-1315365	-1562677	-2533361	-1725782	-1681755	-1641864	-1767301	-1604989	-2384603	-5621081
335	118843	108959	66148	126398	119210	197160	88599	-5957	-64243	-295350	-591823	-742665

续表

编码	1993 年	1994 年	1995 年	1996 年	1997 年	1998 年	1999 年	2000 年	2001 年	2002 年	2003 年	2004 年
341	-154429	-293281	-441723	-748204	-522633	-621596	-970043	-1319459	-1160348	-1330319	-1820640	-2213650
351	-235161	107812	353273	235045	458463	445908	529690	492805	560759	494374	530776	437053
411	-32673	-44684	-145609	-98680	-83532	-78623	-110427	-121184	-86060	-110325	-130844	-159102
423	-27900	-776761	-1242533	-747329	-412979	-504874	-399579	-102134	17580	-404925	-1084332	-1749156
424	-232179	-482395	-754718	-472807	-544483	-604136	-670669	-557005	-511939	-925770	-1564005	-2043096
431	-929	-5027	3736	2687	7760	9116	-39913	-66013	-64119	-83583	-104734	-114351
511	-266545	-360058	-538424	-430289	-492983	-543534	-1026994	-1786811	-1692379	-2032113	-3604006	-5685205
512	-124791	-98520	-273511	-368212	-298732	-444092	-821328	-1343321	-1621234	-2006781	-3126404	-5059707
513	-111029	-110441	-397972	-446453	-317289	-338427	-853315	-1583592	-1800862	-2725646	-3400229	-5154344
514	-65995	-26553	33965	31350	176691	17294	-228568	-382771	-321245	-212881	-312500	-243671
515	62595	145279	185967	316134	359230	276006	111481	-4058	127219	127053	185647	5130
516	42032	69267	118532	101813	138606	125773	-2708	-87136	-91969	-20748	-267798	-518054
522	427602	577861	895141	796003	890646	845440	701059	844047	807144	782130	975484	1228691
523	281238	391235	736977	569946	729053	667087	705323	726567	924083	915129	1097880	1520582
524	160206	76358	221223	232813	227824	226431	206554	157409	103230	129758	147842	162861
531	49207	144993	261990	254598	381899	401693	375721	436311	428862	463333	434905	583385
532	-2643	-10013	-13243	-17536	-24332	-27905	-25258	-48013	-52952	-69709	-66916	-95090
533	-261056	-299951	-313237	-366726	-480195	-466787	-672601	-885350	-924661	-1052700	-1368994	-1462956

续表

编码	1993 年	1994 年	1995 年	1996 年	1997 年	1998 年	1999 年	2000 年	2001 年	2002 年	2003 年	2004 年
541	488932	782324	1174726	1165034	1205488	1158820	857955	835601	760967	889465	1154920	1334998
551	73200	96694	101662	106671	67654	57517	16952	-2821	-10189	-23949	-30230	-44805
553	103437	80930	114054	108656	126243	156524	146238	192957	243475	341180	510231	581552
554	-55299	-93738	-31784	-70417	-86187	-61893	-114128	-128618	-133180	-148326	-214354	-308077
562	-1423915	-1860605	-3602390	-3355058	-2787395	-2352539	-2022420	-1411694	-1174677	-2012376	-975094	-995906
572	129462	152762	180949	224835	219219	248990	323496	268406	271673	306521	339819	384930
582	-740262	-900930	-1014408	-1219952	-1428704	-1541732	-2000676	-2624673	-2558020	-3284550	-4142971	-5783494
583	-3298649	-4048758	-5391132	-6087421	-6824841	-7048854	-7676722	-9458768	-10314289	-11166022	-12871881	-16601608
584	-66651	-54576	-21663	-90970	-90449	-104074	-99362	-59016	-67787	-71718	-92074	-117552
585	26777	34570	43618	37442	46010	41835	38092	53003	65524	90970	117201	166152
591	-34310	15522	74243	138891	143989	139018	197024	270726	384131	455959	595599	1038313
592	-127425	-139012	-173365	-237631	-243130	-212800	-279228	-307959	-272904	-312290	-378414	-435129
598	-323150	-373857	-487062	-521923	-580383	-923206	-1324309	-1541863	-1556813	-2705039	-3600074	-2955974
611	-1340192	-1484886	-1534356	-1762416	-1808057	-1552326	-1615001	-1842721	-1485994	-1590996	-1716246	-1951335
612	-115332	137740	153062	111147	127813	169058	146207	250369	358217	481131	554000	814387
613	-21944	-32112	-5850	-777	-976	4458	2205	26355	50045	37724	52740	102617
621	-53436	-33070	-35141	-89233	-81791	-75027	-119871	-167379	-214174	-223988	-545470	-669489
625	149243	230246	451008	484897	525595	606655	741178	1035183	1044348	1258959	1619200	2504804

续表

编码	1993 年	1994 年	1995 年	1996 年	1997 年	1998 年	1999 年	2000 年	2001 年	2002 年	2003 年	2004 年
628	20780	13284	33109	34703	67790	66315	-94012	-4880	-18941	-14841	-115849	-128625
633	-698	32	-307	-1814	-4081	-6848	-4241	-6063	-5469	-5294	-2204	-3202
634	-810293	-862553	-799928	-675139	-639342	-657765	-527988	-467095	-122787	79806	70914	804775
635	399806	538984	701781	737289	867194	806810	1068679	1334767	1478914	1769638	2207260	2869793
641	-1098713	-1443673	-1432096	-2216377	-2714502	-2934471	-3389966	-3056422	-2805461	-3248518	-3165451	-3174972
642	46428	78770	133487	166660	357840	360773	294240	392942	509921	672484	914442	1388667
651	-382400	-361150	-348856	-944751	-724809	-659173	-220649	-417951	-529292	-590747	-208307	315549
652	1234771	1427718	1931894	1262087	1419393	1174101	1121172	1329198	1447095	2408364	3453762	3789637
653	-1309483	-1014617	-1269047	-1856069	-1255460	-930503	-1148560	-730891	-150716	657252	1970542	3856683
654	271684	534323	457233	152449	129394	126820	74549	161150	86115	130393	265183	536857
655	-146568	-76377	-71603	-336929	-371762	-247577	-209035	-53879	20171	572018	863191	1171748
656	-134181	-113611	-139140	-154397	-123138	-128463	-210237	-233981	-188315	-86588	48782	274114
657	-825701	-852227	-877794	-1053281	-841281	-793006	-870967	-873551	-770656	-653814	-470818	-209696
658	1711182	2147495	2516049	2432262	2652796	2615810	2845917	3408373	3656331	4337973	6076429	7653077
659	599615	728341	684815	610598	618239	562381	551299	622166	642857	725617	824057	993603
661	266622	393434	746020	973685	1005428	770974	756018	868530	983094	1157170	1371599	1712613
662	-7194	-5455	13869	34947	59800	121824	124868	165302	272005	531293	773590	1181005
663	46972	53519	75570	64315	118284	116898	104970	39359	44165	53314	84681	110470

续表

编码	1993 年	1994 年	1995 年	1996 年	1997 年	1998 年	1999 年	2000 年	2001 年	2002 年	2003 年	2004 年
664	-73225	-124054	36142	-127770	-67174	-203426	-265634	-394987	-374846	-216185	-161876	228068
665	62837	109589	151161	167144	201029	250078	256254	281203	334070	452016	599944	847170
666	552307	971947	1021284	1009428	1352916	1326670	1390051	1546175	1235788	1473568	1700418	1998340
667	-105365	125349	270221	-39753	10207	5738	-86942	-165562	-111288	-280176	-330439	-412853
671	331806	679891	1732093	1196993	1524642	1003927	750681	1100021	568750	500809	786069	2099215
672	-3392517	-1451592	664828	-370522	405957	-215304	-735781	-974638	-2449229	-2714828	-5672246	-2473198
673	-4432011	-3202089	-835682	-1127267	-738191	-781968	-462025	-156836	-184987	-170507	-162732	921381
674	-3256056	-2569468	-2160784	-3208073	-3160124	-3068828	-4294470	-532516	-5489949	-7496559	-12206601	-10548863
675	—	—	—	—	—	—	—	—	—	—	—	—
676	-49076	-152113	-120485	10043	23037	34252	25742	34655	-16039	-10160	-4644	-878
677	-45270	-99984	-21118	-531 -87	-74027	-97433	-91779	-149252	-150674	-165298	-142908	-4008
678	-458356	-451206	-190483	57994	-45531	156008	151695	325073	300561	13468	252098	468980
679	108363	162525	246779	375075	466050	498941	466811	493954	510368	602856	691679	1018039
681	-10249	-477	-3952	-29154	-28667	-26662	-46079	-51535	102784	197988	126247	114904
682	-1070792	-671114	-942723	-1279396	-1198444	-1336953	-1970569	-2775012	-2992116	-3809073	-4792770	-5877786
683	-43358	89714	-17435	-42097	-13527	9239	-6702	-94912	-268150	-330099	-702564	-938103
684	-366845	-346286	-635490	-764538	-564182	-551949	-1246614	-1921021	-924876	-498677	-264021	404300
685	35192	101.	593137147	194978	122775	133530	233519	217631	226883	207851	198101	340570

续表

编码	1993 年	1994 年	1995 年	1996 年	1997 年	1998 年	1999 年	2000 年	2001 年	2002 年	2003 年	2004 年
686	118050	170367	87358	120076	547162	284553	397910	472858	344065	128369	42976	-286013
687	171592	177349	206886	173984	171411	247787	294836	391347	216170	62688	61561	84770
688	14301	276	208	388	123	—	62	—	25	-6	-24	—
689	117348	249424	417220	288010	338397	353247	374372	377258	425618	346424	637251	1269251
691	-13533	-42264	34292	49674	27288	206595	406995	550908	729201	922495	1110213	1616068
692	-103011	-99710	-39510	-11347	5670	62973	57923	84460	85537	144743	203043	241633
693	49653	64747	139934	146931	193440	194592	214065	204931	232263	239320	236141	476216
694	134205	184049	273355	176411	176557	210941	189911	251183	223373	215312	279670	753518
695	397162	487890	617614	573713	713412	678556	664365	788426	803884	861731	927170	1110096
696	238738	304948	388174	410179	570908	608890	664943	896790	943129	1095943	1371723	1735469
697	344448	519309	677358	759345	1047769	1110515	1293875	1790903	1955669	2518609	3240807	4231961
699	258187	482835	654084	669700	1033579	1145947	1207565	1504792	1750816	2332142	2855604	4325995
711	-306543	-314453	-363202	-329141	-456303	-901576	-472338	-262577	-255302	-80330	-161217	-169492
712	-70304	-210671	-123966	-123298	-350270	-407919	-430936	-382903	-191278	-220696	-185710	-368529
713	-694341	-537879	-351457	-474980	-370729	-390586	-702119	-668873	-840492	-1026816	-1974626	-2421370
714	-77329	-76893	-113527	-277444	-283077	-269196	-231442	-165483	-285729	-491395	-360962	-526480
716	-443002	-950095	-606955	-399974	-298646	8857	51065	194253	48251	46400	184091	-355278
718	-38770	-114276	-113700	-63431	-95348	-169012	-511063	-950685	-627976	-744631	-1095171	-696825

续表

编码	1993 年	1994 年	1995 年	1996 年	1997 年	1998 年	1999 年	2000 年	2001 年	2002 年	2003 年	2004 年
721	-102193	-104582	-91838	-129669	-87098	-54975	-75241	-45883	-53280	7013	112678	160381
722	-33663	-9577	42983	48104	49969	36852	19049	45759	46388	46203	55839	84061
723	-1175715	-1089943	-1067075	-589055	-609827	-631744	-773809	-585641	-548942	-949342	-1922352	-1069150
724	-4167993	-3048251	-2777026	-2904828	-1770482	-956902	-1069389	-1602444	-2196359	-3094274	-3573839	-3578571
725	-305839	-349358	-464643	-473113	-468482	-989258	-376742	-411439	-383525	-626645	-881177	-1260783
726	-718515	-640141	-618473	-770739	-472686	-396335	-680051	-828223	-1230160	-1016067	-1316809	-1379751
727	-567239	-535881	-593843	-718933	-355213	-95702	-139874	-184981	-210182	-126848	-200139	-200927
728	-5766541	-6793608	-7041707	-7764226	-5079787	-4259518	-4176635	-5458709	-6057417	-7447780	-9524324	-13765291
736	-1837380	-1942815	-2009253	-2422022	-1438460	-1568748	-1372434	-1613634	-2117617	-2814354	-3815098	-5475449
737	-374157	-738186	-915396	-805628	-570720	-508707	-694736	-523470	-621274	-1110731	-1370889	-1844911
741	-1271039	-1675902	-1591879	-1405725	-1055754	-717947	-638639	-360377	-459490	-392761	-132019	782518
742	-128958	-220508	-263367	-231717	-206637	-184550	-224215	-186164	-217130	-302883	-511432	-655674
743	-524502	-707587	-886858	-859485	-819893	-795496	-1067253	-1065387	-1542242	-1928942	-2085769	-3009645
744	-550268	-847904	-1191042	-1308535	-868163	-571199	-500522	-254273	-196886	-193166	-473248	-217712
745	-522796	-593511	-633862	-928138	-630757	-396033	-354783	-354779	-435928	-349943	-352345	-48965
749	-745702	-801820	-748705	-810540	-480251	-370615	-697435	-412991	-472544	-527468	-524498	-1075943
751	224093	445646	769033	1035613	1287625	1177638	1034847	1190318	1426707	1848796	2090082	2049357
752	-138758	155835	1250946	2725675	4226637	5245376	4668622	6477696	8112845	13398931	29606105	45455181

续表

编码	1993 年	1994 年	1995 年	1996 年	1997 年	1998 年	1999 年	2000 年	2001 年	2002 年	2003 年	2004 年
759	-31658	-9949	-75115	-465478	-745689	-469171	-69512	111481	1373128	3886045	6586571	9965034
761	581552	380545	472483	547658	483907	554918	659318	1237396	1550670	2359282	3385805	5337445
762	1525587	2170883	2399151	2319397	2700551	2708622	2394103	2931800	2609632	3016223	3188020	2943925
763	56137	411002	774228	1031815	1239310	1401785	1800563	2788760	4017856	6280211	9711833	14651358
764	-3095297	-3024093	-2853624	-728088	-86825	-1372232	-1156751	137472	2287341	6211196	9234811	20936755
771	224640	386335	748604	715552	1115331	1210063	1379671	1706330	1498188	1671877	1828138	2509365
772	-386441	-466854	-258002	-593113	-734976	-788212	-1097620	-2043060	-2730450	-3626830	-5433779	-6754813
773	-284318	-249205	-194616	-50513	14182	125845	149638	273810	328647	510777	788662	1244328
774	-247412	-202033	-244761	-278913	-201802	-282043	-448782	-569963	-873287	-701983	-950087	-1047798
775	1028375	1297205	1770576	2177970	2582889	2792827	3275629	4184011	5055028	6341688	8318507	10944043
776	-1768249	-2303199	-2583435	-3208540	-4308128	-5944747	-9681251	-15803809	-18680079	-27890492	-42122473	-58271256
778	-73311	271092	576136	300319	494268	816115	1049969	1270305	1490354	1063399	1012558	1305702
781	-2062995	-1618198	-901410	-378709	-282216	-405740	-442597	-730764	-1229449	-2561030	-4330360	-4284794
782	-1210367	-1147160	-423463	-269090	-185950	-186083	-211634	-198743	-259483	-316897	-420024	-297492
783	-185066	-541963	-30389	-35708	-59693	-99818	-53717	-80499	-59978	-90853	-98209	-46160
784	-822032	-489625	-518575	-719130	-504865	-414165	-490290	-998383	-1189480	-1145851	-3829284	-2911611
785	43408	153559	628561	645443	886498	1003754	1188746	2234245	2365384	2708595	4002356	4952282
786	192062	659765	1259247	1135444	1124818	1699802	1636461	2748385	2484779	2557747	4346988	5898137

续表

编码	1993 年	1994 年	1995 年	1996 年	1997 年	1998 年	1999 年	2000 年	2001 年	2002 年	2003 年	2004 年
791	-48204	-81839	-122720	8693	50807	16954	-73600	-65687	-156260	-200028	-259313	30892
792	-2089000	-3205327	-1217642	-2476379	-2944668	-2736136	-2608373	-1636809	-4145704	-3614461	-4023924	-4472165
793	-601517	-794275	-212028	728237	1326016	1672276	1365559	1298097	1228534	1317371	2209846	2126411
812	425122	651291	834651	874589	1111932	1199820	1529514	2000587	2174757	2819779	3559692	4287769
821	988355	1380651	1669641	1821391	2396119	2721827	3344932	4403611	4815397	6377748	8501844	11952439
831	1676460	2315268	2827290	2701301	3308450	3242909	3391187	3848802	3882024	4368862	5047038	6191768
842	3882879	5499143	5185936	5482497	6307488	5628779	5666398	6821501	6778760	6791710	8222756	9342263
843	5202082	6540284	6212885	6167130	6741183	6138189	6433640	7969053	8243726	9724134	11971708	13813104
844	1778310	2092259	1899442	1822876	1981465	1969719	1983669	2303086	2317760	2266350	2584550	2899850
845	3054368	3823162	3847728	4159447	6273144	6832766	7346233	8607175	8772461	10552872	13749639	16991051
846	1797847	2314681	2887750	3265675	5258393	4515158	4042651	4244940	3867257	4520328	5884470	7558303
847	348436	498785	343761	309641	1015326	995083	795905	1208590	1213953	1422512	2003420	2744001
848	1883934	2455356	2831072	2883779	3219762	2985549	2784442	3811081	4265733	4761721	6317473	7078845
851	5029603	5682103	6253118	6697074	8136786	8038238	8340572	9438673	9635569	10622192	12399565	14468925
871	58661	130384	197699	185799	311695	307934	362892	150740	-782490	-3482675	-9430648	-16319218
872	-47973	-17156	-818	45532	83471	122190	42028	73073	47066	129556	110153	-324009
873	-1195	12237	473	2717	24513	20679	10267	18272	33320	225604	129371	130896
874	-1053135	-1191351	-1494877	-1440465	-1194531	-1255617	-1513984	-2063776	-2790100	-3364206	-4846595	-6382794

续表

编码	1993 年	1994 年	1995 年	1996 年	1997 年	1998 年	1999 年	2000 年	2001 年	2002 年	2003 年	2004 年
881	70381	139745	244751	288265	502652	566321	548024	634146	465413	145889	7618	−518933
882	−44405	−54395	−53530	−43395	−41918	−81633	−129375	−91401	−39291	−44177	18649	52767
883	574	1264	1529	5133	3289	2448	46	139	−976	−1039	−906	−2067
884	−51867	14125	65719	188057	243035	192484	172789	164063	−362964	−37475	−285471	−753433
885	443223	708334	809592	843560	966899	1013364	989251	953784	771975	782836	939782	939848
892	−122465	−139555	−203593	−302995	−539538	−200710	−174211	−148347	−122449	−740	−17354	85264
893	819969	1307171	1714099	1934401	2688929	3062812	3001420	3767694	3999387	4786902	5664862	7084400
894	3701770	4750839	5390029	5869423	7725846	8133964	8259442	9879817	9610664	12200105	13929963	15780788
895	150984	203380	275817	297532	359505	392275	393566	454920	477970	592111	758427	1007277
896	38961	41371	31038	45968	49795	40359	30259	13489	12589	15423	13553	18913
897	635062	1055451	1219776	976482	1407170	1693504	1978073	1742308	1429068	1594426	1682888	2116595
898	252027	428509	466211	396485	469911	236323	66692	−167186	−179886	−279916	−301266	−291616
899	1224600	1999063	2252542	2033800	2425556	2648645	2597612	2784413	2888145	3150214	3620148	4510121
911	—	—	—	—	—	—	—	—	—	—	—	—
931	−353607	−411289	−509320	−570775	−577663	−15	−1196537	−1209593	−1101757	−917400	−308691	−419803
941	13329	11010	11736	−2820	4621	−16995	−32911	−18826	−3341	1099	−3747	6141
951	7255	17537	12649	12330	3380	232583	2234	1777	−2955	439	3304	2484
961	—	−322	−84	−54	222	−511	−4996	−771	9398	1084	−15794	2832
971	—	—	11	—	—	−747762	—	—	—	—	—	—

附表 28　　我国职工实际工资（1978 ~ 2004 年，元/人，1978 年不变价）

年份	1978	1979	1980	1981	1982	1983	1984	1985	1986	1987	1988	1989	1990	1991	1992	1993	1994	1995	1996	1997	1998	1999	2000	2001	2002	2003	2004
城市居民消费价格指数																											
1978 = 100	100	102	110	112	115	117	120	134	144	156	189	219	222	234	254	295	368	430	468	482	479	473	477	480	476	480	496
实际职工平均工资																											
合计	615	627	674	691	704	718	738	826	883	961	1160	1349	1367	1436	1560	1811	2264	2644	2877	2966	2948	2910	2933	2954	2924	2951	3048
农业采掘	561	571	614	629	642	655	673	753	805	876	1058	1230	1246	1309	1422	1651	2064	2411	2623	2704	2688	2653	2674	2693	2666	2690	2779
制造业	597	608	654	670	684	697	716	801	858	933	1126	1310	1327	1394	1514	1758	2198	2567	2793	2879	2862	2825	2849	2867	2839	2864	2959
建筑水电	734	748	804	824	841	857	881	985	1054	1147	1384	1610	1631	1714	1862	2161	2702	3156	3433	3540	3519	3473	3501	3525	3490	3521	3637
服务业	594	605	650	667	680	694	712	797	853	928	1120	1302	1319	1387	1506	1748	2185	2553	2777	2863	2846	2809	2832	2851	2823	2848	2942
农业	470	479	515	528	538	549	564	631	675	735	887	1031	1045	1098	1192	1384	1730	2021	2199	2267	2253	2224	2242	2257	2235	2255	2329
采掘业	676´	689	741	759	774	790	811	908	971	1056	1275	1483	1502	1579	1715	1991	2489	2907	3162	3260	3241	3199	3224	3247	3214	3243	3350
水电煤气	850	866	931	954	973	993	1020	1141	1221	1328	1603	1865	1889	1985	2156	2503	3129	3655	3976	4100	4075	4022	4054	4083	4042	4078	4213
建筑	714	728	782	802	818	834	857	959	1026	1116	1347	1566	1587	1668	1811	2103	2628	3070	3340	3444	3423	3378	3406	3429	3395	3426	3539
交通邮电	694	707	760	779	795	811	833	932	997	1085	1309	1523	1542	1621	1760	2044	2555	2984	3247	3347	3327	3284	3310	3333	3300	3330	3440
金融保险	610	622	668	685	699	713	732	819	876	953	1151	1338	1356	1425	1547	1796	2246	2623	2854	2942	2924	2886	2909	2930	2901	2927	3023
房地产	548	558	600	615	628	640	657	736	787	856	1034	1202	1218	1280	1390	1614	2017	2356	2564	2643	2627	2593	2614	2632	2606	2629	2716
商业食宿	551	561	604	619	631	644	661	740	791	861	1039	1209	1225	1287	1398	1623	2028	2369	2578	2657	2642	2607	2628	2646	2620	2644	2731
文教体卫	552	563	605	620	632	645	662	741	793	863	1041	1211	1227	1289	1400	1626	2032	2374	2582	2662	2647	2612	2633	2651	2625	2649	2736
公共组织	655	667	718	735	750	765	786	879	941	1024	1236	1437	1456	1530	1661	1929	2411	2816	3064	3159	2140	3099	3124	3146	3115	3143	3246
其他服务	579	590	635	651	664	677	695	778	832	906	1093	1271	1288	1353	1470	1706	2133	2491	2711	2795	2778	2742	2764	2783	2755	2780	2872

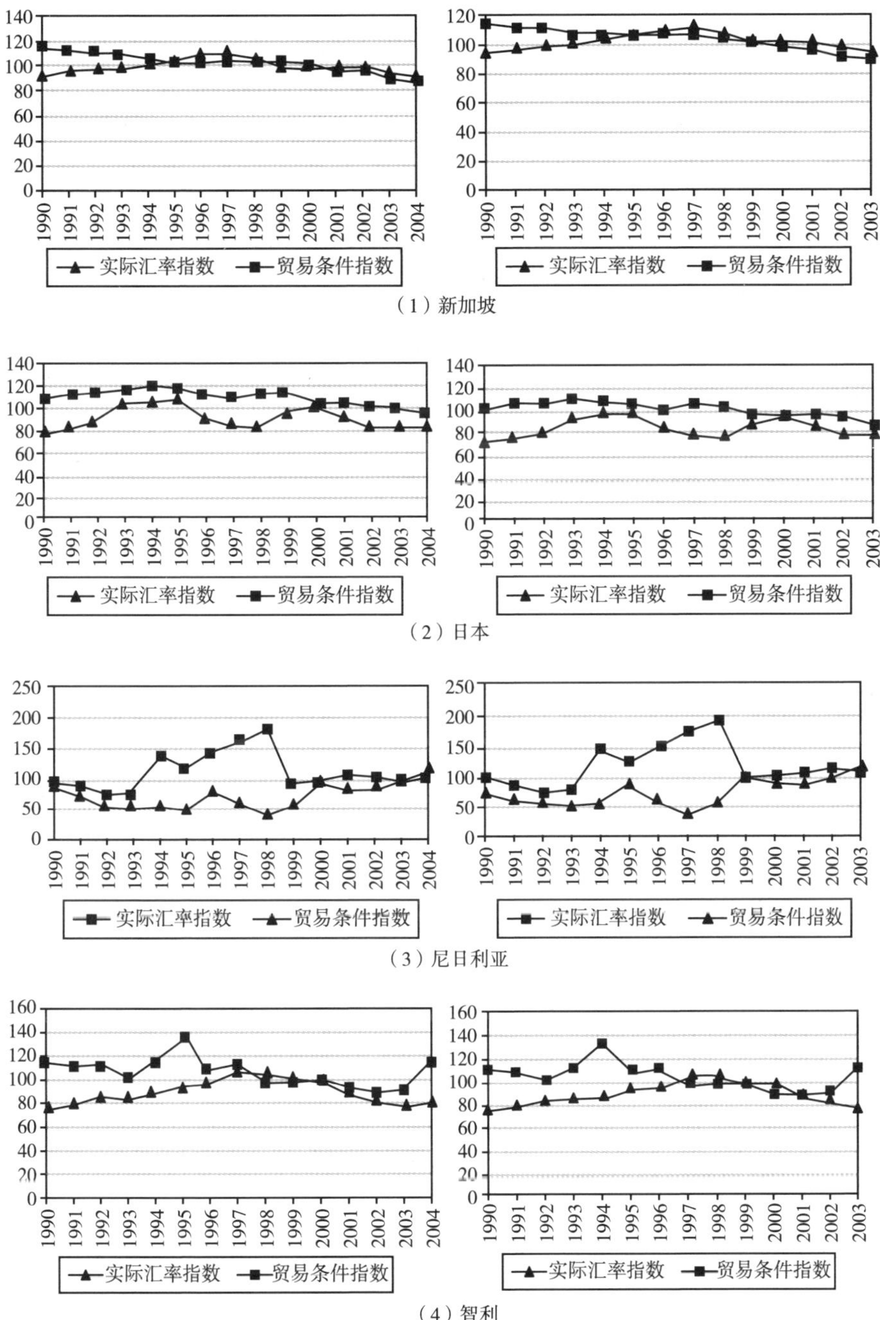

（1）新加坡

（2）日本

（3）尼日利亚

（4）智利

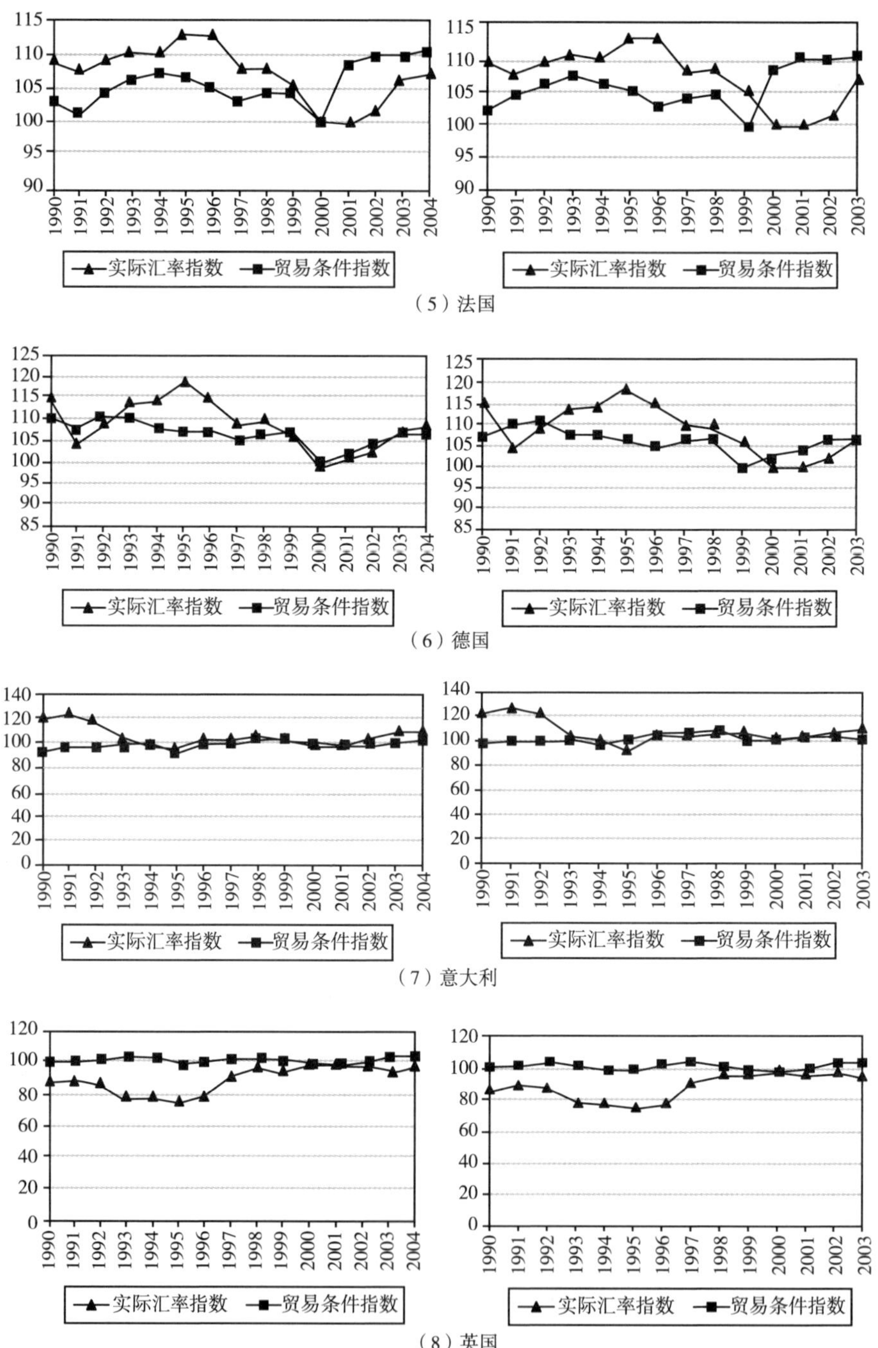

（5）法国

（6）德国

（7）意大利

（8）英国

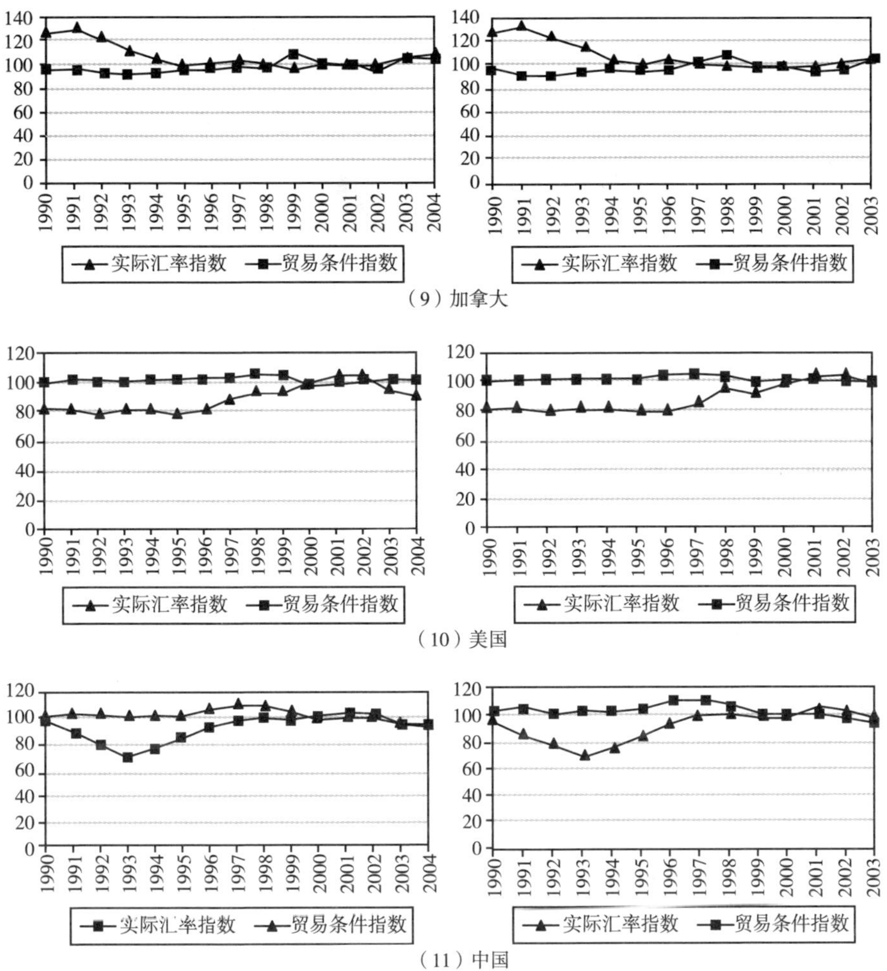

附图 1　11 个代表性国家的实际汇率指数与贸易条件指数变动（2000 = 100）

注：这里针对每一个国家有两幅图：左图不考虑时滞；右图考虑时滞。

资料来源：联合国贸易发展会议统计数据。

参考文献

一、中文部分

[1] [美] 保罗·克鲁格曼，[美] 茅瑞斯·奥伯斯法尔德. 国际经济学（第五版）[M]. 黄卫平，等译. 北京：中国人民大学出版社，2002.

[2] 陈雪梅，郭熙保. 贸易条件恶化论述评 [J]. 教学与研究，1999 (7)：52－57.

[3] 崔津渡，李诚邦. 中国对外贸易条件：1995－2005 年状况分析 [J]. 国际经济合作，2006 (4)：27－29.

[4] 董国辉. "贸易条件恶化论"的论争与发展 [J]. 南开经济研究，2001 (3)：11－14.

[5] 董国辉. 21 世纪的贸易条件问题初探 [J]. 拉丁美洲研究，2000 (4)：52－54.

[6] 都晓岩，朱新瑞，赵立成. 影响中国贸易条件的制度因素与改革方略 [J]. 经济与管理，2004 (10)：8－11.

[7] 杜哲俊. 中国贸易条件变化趋势及问题分析 [J]. 科技情报开发与经济，2005 (6)：86－87.

[8] 段国蕊. 对我国比较优势产业贸易条件的分析 [J]. 山东经济，2006 (1)：148－151.

[9] 方文，袁江. 转型之痛：从"溢出效应"到贸易条件恶化 [J]. 中国外汇管理，2004 (7)：35－38.

[10] [美] 菲利普·阿吉翁，[美] 彼得·霍依特. 内生增长理论

[M]. 阿然，译. 北京：北京大学出版社，2004.

[11] [美] 格曼斯曼，[美] 赫尔普曼. 全球经济中的创新与增长[M]. 何帆，牛勇平，唐迪，译. 北京：中国人民大学出版社，2003.

[12] 葛伟民. 新要素禀赋理论——信息经济条件下的国际贸易理论[J]. 上海经济研究，2002 (10)：45-47.

[13] 谷克鉴. 1990-1998 年国民与外资部门出口波动差异的实证分析——HBS 推断在中国的验证与拓展 [J]. 管理世界，2000 (2)：25-33.

[14] 谷克鉴. 国际经济学对引力模型的开发与应用 [J]. 世界经济，2001 (2)：14-25.

[15] 谷克鉴. 中国对外贸易发展中的竞争政策选择 [J]. 中国社会科学，2000 (3)：39-49.

[16] 谷克鉴. 中国利用外资实践的功能评价与战略选择——基于经济学与管理学视角的实证描述 [J]. 财贸经济，2005 (3)：63-70.

[17] 谷克鉴. 中国的经济转型与贸易流动：基于制度和技术因素的理论考察和计量研究 [M]. 北京：中国人民大学出版社，2006.

[18] 郭庆旺，贾俊雪. 中国全要素生产率的估算：1979-2004 [J]. 经济研究，2005 (6)：51-60.

[19] 韩青. 中国贸易条件及其影响因素的经验分析：1980-2002 [J]. 经济科学，2006 (6)：66-76.

[20] 和睦. 发达国家与发展中国家贸易条件比较与实证分析 [J]. 新疆财经，2006 (1)：65-68.

[21] 黄平，索瓦罗. FDI 流向部门结构对我国贸易条件的影响——理论与实证分析 [J]. 云南财贸学院学报，2003 (3)：18-19.

[22] 黄萍. 国际贸易的动态利益及其实现条件 [J]. 湖南大学学报（社会科学版），2001 (2)：25-26.

[23] 黄瑞芬，孙兆明. 人民币实际汇率与贸易条件的实证研究 [J]. 国际贸易问题，2005 (7)：122-127.

[24] 李皓，赵丽君. 双顺差下的中国贸易条件分析 [J]. 科技情报

开发与经济，2006（5）：127－129.

［25］李慧中，黄平．中国 FDI 净流入与贸易条件恶化：悖论与解释［J］．国际经济评论，2006（3）：48－51.

［26］林丽，张素芳．1994－2002 年中国贸易条件的实证研究［J］．国际贸易问题，2005（11）：17－21.

［27］刘崇献，张自如．人民币升值对我国贸易条件的影响研究［J］．当代财经，2006（10）：101－105.

［28］卢锋，韩晓亚．长期经济成长与实际汇率演变页——巴拉萨页——萨缪尔森效应假说及其经验证据．北京大学中国经济研究中心讨论稿系列，No. C2006002，2006.

［29］卢锋．我国劳动生产率增长及国际比较（1978～2004 年）——人民币实际汇率长期走势研究之一．北京大学中国经济研究中心讨论稿系列，No. C2006004，2006a.

［30］卢锋．我国工资与劳动力成本变动及国际比较（1978～2004 年）——人民币实际汇率长期走势研究之二．北京大学中国经济研究中心讨论稿系列，No. C2006008，2006b.

［31］卢向前，戴国强．人民币实际汇率波动对我国进出口的影响：1994－2003［J］．经济研究，2005（5）：31－39.

［32］罗忠洲．汇率波动的贸易条件效应研究［J］．上海金融，2005（2）：39－41.

［33］罗忠洲，廖发达．汇率对出口价格传递率的经验研究：以 1971－2003 年的日本为例［J］．世界经济，2005（11）：26－32.

［34］［意］尼古拉·阿克塞拉．经济政策原理：价值与技术［M］．郭庆旺，刘茜，译．北京：中国人民大学出版社，2001.

［35］牛勇平．技术进步对贸易条件变化的影响［J］．乡镇经济，2005（3）：55－58.

［36］苏基溶，廖进中．经济增长、技术进步与人民币实际汇率的长期趋势［J］．湖南财经高等专科学校学报，2006（1）：43－47.

[37] 苏应蓉. 中国贸易条件分析及其战略 [J]. 计划与市场探索, 2003 (9): 24-26.

[38] 隋广军, 申明浩, 罗晓扬. 贸易条件恶化与我国比较优势分析 [J]. 当代财经, 2003 (8): 99-101.

[39] 孙兆明, 黄瑞芬, 吉晓莉. 人民币实际汇率与普雷维什-辛格命题——基于1980-2002年数据的实证研究 [J]. 科学·经济·社会, 2005 (1): 46-50.

[40] 唐晋. 大国崛起 [M]. 北京: 人民出版社, 2006.

[41] 万国峰. 贸易条件恶化: 劳动力市场均衡与比较优势 [J]. 云南财贸学院学报, 2003 (3): 32-34.

[42] 王明益. 中国贸易条件改善的途径选择与比较优势的动态化 [J]. 商场现代化, 2006 (7): 23-24.

[43] 王平, 钱学锋. 从贸易条件改善看技术进步的产业政策导向 [J]. 中国工业经济, 2007 (3): 47-53.

[44] 王维. 相对劳动生产力对人民币实际汇率的影响 [J]. 国际金融研究, 2003 (8): 11-17.

[45] 王文龙. 贸易条件恶化论的发展及影响 [J]. 贵州财经学院学报, 2003 (2): 58-61.

[46] 王允贵. 中国贸易条件持续恶化——中国粗放型进出口贸易模型亟待改变 [J]. 国际贸易, 2004 (6): 16-18.

[47] [美] 威廉·鲍莫尔. 自由市场创新机器: 资本主义的增长奇迹 [M]. 郭梅军, 唐宇, 等译. 北京: 中信出版社, 2004.

[48] 武海峰, 牛勇平, 黄燕. 贸易条件的改善与技术进步 [J]. 经济问题, 2004 (6): 68-70.

[49] 谢飞. 贸易条件、技术进步与发展战略选择 [J]. 财贸研究, 2003 (6): 1-6.

[50] 谢富纪. 技术进步及其评价 [M]. 上海: 上海科技教育出版社, 2004.

［51］徐建斌，尹翔硕．贸易条件恶化与比较优势战略的有效性［J］．世界经济，2002（1）：31－36.

［52］尹翔硕，徐建斌．论落后国家的贸易条件、比较优势与技术进步［J］．世界经济文汇，2002（6）：14－26.

［53］于宾，朱廷珺．贸易条件理论研究：文献述评［J］．社科纵横，2006（8）：61－64.

［54］曾铮，胡小环．我国出口商品结构高度化与贸易条件恶化［J］．财经科学，2005（4）：162－168.

［55］张根能，徐丽秋，徐瑞平．我国贸易条件变化的综合分析［J］．经济与管理研究，2005（8）：74－76.

［56］张建华，刘庆玉．中国贸易条件影响因素的实证分析［J］．国际贸易问题，2004（6）：20－23.

［57］张军．资本形成、工业化与经济增长：中国的转轨特征［J］．经济研究，2002（6）：3－13.

［58］张先锋，刘厚俊．我国贸易条件与贸易利益关系的再探讨［J］．国际贸易问题，2006（8）：12－17.

［59］张学忠，张丽，孙兆明．人民币实际汇率与贸易条件的协整关系及动态冲击响应的检验［J］．山东社会科学，2002（2）：106－109.

［60］张烨．贸易条件影响因素的综合分析［J］．运筹与管理，2002（6）：89－94.

［61］张烨．我国制造业的要素贸易条件变化与比较优势分析［J］．福建论坛（人文社会科学版），2004（1）：32－34.

［62］赵登峰．几种不同人民币实际汇率指数的测算与比较［J］．统计与决策，2006（2）：38－39.

［63］赵顺龙，赖寒．基于贸易投资一体化的贸易条件研究［J］．学术月刊，2004（12）：43－49.

［64］赵玉敏，郭培兴，王婷．1993—2000 中国贸易条件变化概况［J］．经济研究参考，2002（69）：35－40.

[65] 赵玉敏，郭培兴，王婷．改善贸易条件的建议［J］．经济研究参考，2002（69）：27－29.

[66] 赵玉敏，郭培兴，王婷．构成贸易条件变化的价格趋势［J］．经济研究参考，2002（69）：1－20.

[67] 赵玉敏，郭培兴，王婷．贸易条件变化的原因［J］．经济研究参考，2002（69）：20－27.

[68] 赵玉敏，郭培兴，王婷．总体趋于恶化——中国贸易条件变化趋势分析［J］．国际贸易，2002（7）：18－25.

[69] 郑恺．实际汇率波动对我国出口的影响——基于 SITC 比较［J］．财贸经济，2006（9）：37－42.

[70] 庄芮．FDI 流入的贸易条件效应：发展中国家视角［M］．北京：对外经济贸易大学出版社，2005.

二、英文部分

[1] ASIMAKOPULOS. A Note on Productivity Changes and the Terms of Trade［J］. Oxford Economic Papers（New Series），1957，9（2）：225－233.

[2] ANNE G，DEBORAH L，SWENSON. Incomplete Exchange-Rate Pass-Through and lmperfect Competition：The Effect of Local Production［J］. The American Economic Review，1996，86（2）：71－76.

[3] Anne O. Krueger，Hugo Sonnenschein. The Terms of Trade，the Gains from Trade and Price Divergence［J］. Internatiotlal Economic Review，1967，8（1）：121－130.

[4] ANTHONY Y C，KOO. Income Elasticity of Demand for Import and Terms of Trade［J］. The American Ecomomic Review，1949，39（5）：996－970.

[5] ARTHUR I，BLOOMFIELD. Effect of Growth on the Terms of Trade：Some Earlier Views［J］. Economica（New Series），1984，51（202）：187－193.

[6] AVINASH K，DIXIT，JOSEPH E，et al. Monopolistic Competition

and Optimum Product Diversity [J]. The American Economic Review, 1977, 67 (3): 297 - 308.

[7] BATRA. Economic Growth and the Terms of Trade [D]. America: Southern Illinois University, 1969.

[8] BELA G. The Impact of Technological Innovation-Concepts and Measurement, OMEGA [J]. The Int, 1973, 1 (2): 108 - 128.

[9] BELA BALASSA. The Purchasing-Power Parity Doctrine: A Reapprasial [J]. The Journal of Political Economy, 1964, 72 (6): 584 - 596.

[10] BERTIL O. Inter-regional and International Trade [M]. UK: Cambridge, 1933.

[11] BJARNE S, JENSEN, KAR-YIU WONG. Dynamics Comparative Advantage, Economic Growth, and International Trade [M]. America: The University of Michigan Press, 1977.

[12] BOYAN J, SAUL L. Product Innovation and the Business Cycle [J]. International Economic Review, 1997, 38 (1): 3 - 22.

[13] BASTABLE C F. The Theory of International Trade, 4th ed [M]. UK: London, 1903.

[14] CHI-CHUR C, EDEN S J, YU. Urban Unemployment, Terms of Trade and Welfare [J]. Southern Economic Journal, 1990, 56 (3): 743 - 751.

[15] ROBERTSON D H. Changes in International Demand and the Terms of Trade [J]. The Quarterly Journal of Economics, 1938, 52 (3): 539 - 540.

[16] DAVID C, PARSLEY. Exchange Rate Pass-through: Evidence from Aggregate Japanese Exports [J]. Southern Economical Journal, 1933, 60 (2): 454 - 462.

[17] DAVID D. Technological Innovation, Capital Mobiliy, and the Product Cycle in North-South Trade [J]. The American Economic Review, 1986,

76 (1): 177 - 190.

[18] DIXIT A, STIGLITZ J. Monopolistic Competition and Optimum Product Diversity [J]. The American Economic Review, 1977, 67 (1): 823 - 839.

[19] BRESIZ E, KRUGMAN P, TSIDDON D. Leapfrogging in International Competition [J]. The American Economic Review, 1993 (83), 1211 - 1219.

[20] EDWARD F, DENISON. The Unimprotance of the Embodied Question [J]. The American Economic Review, 1964, 54 (2): 90 - 93.

[21] ENRIQUE LERDAU. Some Notes on the Terms of Trade and Economic Dcvclopment [J]. The Quarterly Journal of Economics, 1962, 76 (3): 464 - 470.

[22] RODRIGUEZ F, RODRIK D. Trade Policy and Growth: A Skeptic's Guide to the Cross National Evidence [J]. NBER Macroeconomics Annual, 2000 (15): 261 - 326.

[23] EDGEWORTH F Y. On a Point in the Pure Theory of International Trade [J]. Economic, 1996 (11): 125 - 128.

[24] EDGEWORTH F Y. The Theory of International Values [J]. Economic Journal, 1894, 5 (4), 20 - 24.

[25] FRANCIS I, JAYANT M. The Long-Run Relationship between the Real Exchange Rate and Terms of Trade in OECD Countries [J]. Applied Economics, 1996 (28): 1075 - 1080.

[26] GROSSMAN G, HELPMAN E. Technology and Trade [J]. sec. 2, in Grossman and Rogoff (eds)//Handbook of Internatioanl Trade [M]. Vol. III. Amsterdam, North Holland, 1995.

[27] ELLIOTT G A. Transfer of Means-of-Payment and the Terms of International Trade [J]. Canadian Journal of Economic and Political Science, 1936 (2): 481 - 492.

[28] HUFBAUER G C. The Impact of National Characteristics & Technology

on the Commodity Compostion of Trade in Manufactures Goods [J]. in Raymond Vernon. // The Technology Factor in International Trade [M]. Columbia University Press, New York and London, 1970.

[29] REES G L. Country Size and the Terms of Trade [J]. Economica, New Series, 1961, 28 (109): 62-65.

[30] GABRIELLE ANTILLE, EMILIO FONTELA. The Terms of Trade and The International Transfers of Productivity Gains [J]. Economic Systems Research, 2003, 15 (1): 3-19.

[31] GENE M, GROSSMAN, KENNETH ROGOFF. Handbook of International Economics [M]. Volume Ⅲ. Amsterdam, Ausanne, New York, Ox-North Holland, 1995.

[32] GENE M, GROSSMAN, ELHANAN H. Quality Ladders in the Theory of Growth [J]. The Review of Economics Studies, 1991, 58 (1): 43-61.

[33] GIANCARLO C, LUCA D, SYLVAIN L. Producitvity, External Balance and Exchange Rates: Evidence on the Transmission Mechanism among G7 Countries [J/OL]. NBER Working Paper, No. 12483. http://www.nber. org/papers/w12483.

[34] GIANCARLO C, PHILIPPE M, PAOLO P. Productivity Spillovers, Terms of Trade and the "Home Market Effect" [J/OL]. NBER Working Paper, No. 11165. http://www.nber.org/papers/w11165.

[35] GROSSMAN G M, HELPMAN E. Quality Ladders and Product Cycles [J]. Quarterly Journal of Economics, 1991, 106 (2): 557-586.

[36] GROSSMAN G M, HELPMAN E. Endogenous Innovation in the Theory of Growth [J]. The Journal of Economic Perspectives, 1994, 8 (1): 23-44.

[37] GROSSMAN G M, HELPMAN E. Endogenous Product Cycles [J]. The Economic Journal, 1991, 101 (408): 1214-1229.

[38] GROSSMAN G M, HELPMAN E. Technology and Trade [J].

Handbook of International Economics, 1984, 3, 1281 -1334.

[39] JOHNSON H G. International Trade, Income Distribution and the Offer Curve [D]. The Manchester School of Economic and Social Studies, 1959.

[40] LIEBHAFSKY H H. New Thoughts about Inferior Goods [J]. The American Economic Review, 1969, 59 (5): 931 -934.

[41] SINGER H W, GERALD M. MEIER. The Terms of Trade and Economic Development: Comment [J]. The Review of Economics and Statistics, 40 (1).

[42] IRENE B. Product and Process Innovation as a Response to Increasing Imports and Foreign Direct Investment [J]. The Journal of Industrial Economics, 1995, 43 (4): 341 -357.

[43] BORKAKOTI J. International Trade: Causes and Consequences (An Empirical and Theoretical Text) [M]. Volume I. Macmillan Press, 1998.

[44] PETER N J. On the Short-Run Effects of Technological Progress [J]. Oxford Economic Papers (New Seriess), 1981, 38 (2): 224 -233.

[45] GOULD J R. On the Interpretation of Inferior Goods and Factors [J]. Economica (New Series), 1981, 48 (192): 397 -405.

[46] RHICKS J. An Inaugural Lecture [J]. Oxford Economic Papers (New Series), 1953, 5 (2): 117 -135.

[47] MILL J S. Principles of Political Economy [M]. Book Ⅲ, ⅷ, 2010, Nabu Press, 2010.

[48] JAGDISH B. The Theory of Commercial Poilcy: Essays in International Economic Theory [M]. America: The MIT Press, 1983.

[49] JAI-YOUNG CHOI, EDEN S H, YU. Technical Progress, Terms of Trade and Welfare under Variable Returns to Scale [J]. Economica (New Series), 1985, 52 (207): 365 -377.

[50] JAMES E, HARTLEY. Does the Solow Residual Actually Measure Changes in Technology? [J]. Review of political Economy, 2000, 12 (1):

110 - 121.

[51] JIAWEN YANG. Exchange Rate Pass-Through in U. S. Manufacturing Industrie [J]. The Review of Economics and Statistics, 1997, 79 (1): 95 - 104.

[52] JONATHAN E. Technology and the Global Economy [J]. NBER Reporter, 1999 (2): 12 - 15.

[53] JOSE D G, HOLGER C W. Terms of Trade, Productivity, and the Real Exchange Rate, NBER Working Paper Series, No. 4807. http: //www. nber. org/papers/w4807.

[54] JOSE M C, LINDA S. Exchange Rate Pass-Through into Import Prices: a Macro or Micro Phenomenon? [J/OL]. NBER Working Paper Series, No. 8934, http: //www. nber. org/papers/w8934.

[55] JOSEPH A. Schumpeter, Business Cycles: a Theoretical, Historical and Statistical Analysis of the Capitalist Process [M]. McGraw-Hill Book Company, Inc. New York and London, 1939.

[56] KRUGMAN P R. Endogenous Innovation, International Trade and Growth [J]. Journal of Political Economy, 1990 (98): 120 - 138.

[57] Luis A, Rivera-Batiz. Paul Romer. International Trade With Endogenous Technological Change [J/OL]. NBER Working paper Series, No. 3594. http: //www. nber. org/papers/w3594.

[58] MARIANNE B, MICHAEL A, KOUPARITSAS. What Causes Fluctuations in the Terms of Trade? [J/OL]. NBER Working Paper Series, No, 7462. http: //www. nber. org/papers/w7462.

[59] MICHAEL B. Exchange Rates, Import Costs. and Wage-Price Dynamics [J]. The Journal of Political Economy, 1978, 86 (3): 379 - 403.

[60] MICHAEL C, JOHN D. Commericial Policy, the Terms of Trade, and Real Exchange Rates [J]. Oxford Economic Papers (New Sries), 1992, 44 (3): 507 - 512.

[61] MICHELLE P, CONNOLLY. Technology, Trade and Growth: Some Empirical Findings [C]. Federal Reserve Bank of New York, Research Paper, No, 9727.

[62] MORRIS G, MOHSIN S. Khan. Income and Price Effects in Foreign Trade, Handbook of International Economics, 1041 -1105.

[63] MURRAY C KEMP. Technological Change, the Terms of Trade and Welfare [J]. The Economic Journal. 1955, 65 (259): 457 -473.

[64] MURRAY C, KEMP. The Relation Between Changes in International Demand and the Terms of Trade [J]. Ecomometrica, 1956, 24 (1): 41 -46.

[65] MURRAY KEMP. The Rate of Exchange, the Terms of Trade and the Balance of Payments in Fully Employed Economies [J]. International Economics Review, 1962, 3 (3): 314 -327.

[66] NICHOLSON. The Principles of Political Economy (London, 1897), Vo1. Ⅱ, Book Ⅲ, Chapter XXVⅡ, §8.

[67] KRUGMAN P. A Technology Gap Model of International Trade, in KA. Young, Learning by doing and the dynamic effects of international trade, QJE, 1991, 369 -405.

[68] KENEN P B. Distribution, Demand and Equilbrium in International Trade [M]. Kyklos, 1959.

[69] BARDHAN P K. A Short Note on Technical Progress and Terms of Trade [J]. Oxford Economic Papers (new Series), 1963, 15 (1): 59 -62.

[70] PARTHA S. Terms of Trade and Welfare for a Developing Economy with an Imperfectly Competitive Sector [J]. Review of Development Economics, 1998, 2 (1): 87 -93.

[71] PAUL KRUGMAN. Model of Innovation, Technology Transfer, and the World Distribution of Income [J]. The Journal of Political Economy, 1979, 87 (2): 253 -266.

[72] PAUL M. SWEEZY. Professor Schumpeter's Theory of Innovation

[J]. The Revies of Economic Statistics, 1943, 25 (1): 93 -96.

[73] PETER H, CATHERINE L, MANN. Exchange Rate Pass-Through in the 1980s, The Case of U. S. Imports of Maunfactures [J]. Brookings Papers on Economic Activity, 1989 (1): 279 -329.

[74] PRABIRJIT S. Technical Progress and the North-South Terms of Trade [J]. Review of Development Economics, 2001, 5 (3): 433 -443.

[75] PREMACHANDRA A, JAYANT M. Pricing to Market Behaviour and Exchange Rate Pass-Through in Japanes Exports [J]. The Economic Journal, 1994, 104 (423): 271 -281.

[76] DORNBUSCH R, FISCHER S, SAMUELSON P A. Comparative Advantage, Trade, and Payments in a Ricardian Model with a Continuum of Goods [J]. The American Economic Review, 1977, 65 (5): 823 -839.

[77] JONES R W. Factor Proportions and the Heckscher-Ohlin Theorem [J]. The Review of Economic Studies, 1956, 24 (1): 1 -10.

[78] RAUL PREBISCH. Commercial Policy in the Underdeveloped Countries [J]. The American Economic Review, 1959 (10): 251 -273.

[79] RAYMOND VERNON. The Technology Factor in International Trade, Columbia University Press [M]. New York and London, 1970.

[80] RICHARD E, BALDWIN. Measurable Synamic Gains from Trade [J]. The Journal of Political Economy, 1992, 100 (1): 162 -174.

[81] RICHARD E, BALDWIN. Measurable Dynamic Gains from Trade [J]. The Journal of Political Economy, 1992, 100 (1): 162 -174.

[82] ROBERT E, Baldwin. Long-Term Trends in International Trade Secular Movement in the Terms of Trade [J]. The American Economic Review, 1955: 259 -269.

[83] ROBERT E. Techincal Progress, Capital Formation, and Economic Growth [J]. The American Economic Review, 1962, 52 (2): 76 -86.

[84] ROBERTSON. The Terms of Trade [J]. International Social Science

Bulltin, 1951.

[85] ROD GARRATT. Indivisibilities, Inferior Goods, and Giffen Goods [J]. The Canadian Journal of Economics, 1997, 39 (1): 246-251.

[86] RONALD FINDLAY. The Terms of Trade and Equilibrium Growth in the World Economy [J]. The American Economic Review, 1980, 70 (3): 291-299.

[87] RONALD W J, PETER B K. Handbook of International Economics [M]. Volume Ⅱ. Norty-Holland, Oxford, 1984.

[88] RONALD W J. The Role of Technology in the Theory of International Trade [C]. Edited by Raymond Vernon//The Technology Factor in International Trade [M]. New York: Columbia University Press, 1970, 73-93.

[89] RYBCZYNSKI T M. Factor Endowment and Relative Commodity Prices [J]. Economic, 1995 (22): 336-341.

[90] SAJAL LAHIRI, YOSHIYASU ONO. Terms of Trade and Welfare: A Gerenal Analysis [J]. The Economic Record, 1989, 65 (1): 27-31.

[91] SAJAL LAHIRI, JEFFREY SHEEN. Terms of Trade Vulnerbility and National Welfare in a Small Open Economy [J]. Oxford Economic Papers (New Series), 1990, 42 (3): 526-543.

[92] SAMUL E, JUDITH T. On Measures of Productivity [J]. OMEGA, 1973, 1 (5): 128-148.

[93] SATISH CHAND. Trade and Endogenous Growth with Ricardo-Viner Production Technology [J]. The Economics Record, 1998, 74 (224): 15-23.

[94] STANLEY W, KARDASZ, KENNETH R, et al. Exchange Rate Pass-through and Its Determinants in Cansdian Manufacturing Industries [J]. The Canadian Journal of Economics, 2001, 34 (3): 719-738.

[95] STERIE T, BEZA. International Trade and Economic Expansion: Commen [J]. The American Economic Review, 1960, 50 (5): 1031-1033.

[96] STOLPER W F, SAMUELSON P A. Protection and Real Wage [J]. Review of Economic Studies, 1941 (19): 58 -73.

[97] TAKASHI F, MANOJ P. Economic Growth, Terms of Trade and Welfare in an Open Monetary Economy [J]. The Economic Record, 1982 (5): 134 -140.

[98] THOMAS C, LOWINGE R. The Neo-Factor Proportions Theory of International Trade: an Empirical Investigation [J]. The American Economic Review, 1971, 61 (4): 675 -681.

[99] ULRICH K. Real GDP, Real Domestic Income, and Terms-of-Trade Changes [J]. Journal of International Economics, 2001 (62): 83 -106.

[100] UIRCH K. Terms of Trade and Welfare: Estimates [J]. Kyklos, 1984, 37 (4): 577 -597.

[101] ROSTOW W. The Historical Analysis of Terms of Trade [J]. The Economic History Review (New Series), 1951, 4 (1): 53 -76.

[102] WILLIAM D J. The Fundamental Determinants of the Terms of Trade Reconsidered: Long-Run and Long-Period Equilibrium [J]. The American Economic Review, 1990, 80 (4): 816 -827.

[103] WILLIAM S, COMANOR F M, SCHERER. Patent Statistics as a Measure of Technical Change [J]. The Journal of Political Economy, 1969, 77 (3): 392 -398.

[104] YOONBAI K. Exchange Rates and Import Prices in the Unites States: A Varying-Parameter Estimation of Exchange-Rate Pass-through [J]. Journal of Business & Economic Statistics, 1990, 8 (3): 305 -315.

[105] ZHENG Z H, ZHAO Y. China's Terms of Trade in Manufactures 1993 -2000 [J]. United Nations Conference on Trade and Development, 2002 (161): 238 -258.